公允价值计量理论与实务

徐玉德 著

商務印書館

2009年·北京

图书在版编目(CIP)数据

公允价值计量理论与实务/徐玉德著. —北京：商务印书馆，2009
ISBN 978-7-100-05634-2

I.公… II.徐… III.会计—计量学—研究—中国 IV.F230

中国版本图书馆 CIP 数据核字(2008)第 175146 号

公允价值计量理论与实务
徐 玉 德 著

商 务 印 书 馆 出 版
(北京王府井大街36号 邮政编码 100710)
商 务 印 书 馆 发 行
北 京 瑞 古 冠 中 印 刷 厂 印 刷
ISBN 978-7-100-05634-2

2009 年 1 月第 1 版　　开本 880×1230 1/32
2009 年 1 月北京第 1 次印刷　　印张 12½
定价：25.00 元

前　　言

会计作为一个开放的系统，其存在、运行和发展与整个市场经济环境及科学技术的发展有着密切的联系，并随着生产的发展、经济环境的变化以及企业管理发展的需要而不断发展和完善。随着资本市场尤其是证券市场的深入发展，关注企业发展并与企业有利害关系的投资者和债权人演变成数量众多、地域分散、流动迅速的庞大群体。数量众多的企业投资者和债权人遍布世界各地，委托代理关系变得不像从前那样清晰、明确。这种经济背景要求财务会计面向资本市场提供信息，不但向现实的投资者和债权人提供信息，而且应提供给潜在的投资者和债权人。这些利益相关者不仅关注企业过去和现在的经营业绩，而且更关注企业未来的经营情况，尤其是企业创造未来现金流量的能力。在这种状况下，财务报告目标转向决策有用观也就顺理成章。

社会经济环境的变化与财务报告目标的革新对传统会计提出了以下要求：一是从面向过去到兼顾未来；二是从重视成本到兼顾价值；三是从货币计量到兼顾其他量度。上述需求是历史成本会计所不能满足的。公允价值会计体现了社会经济环境变化及财务报告目标转变的这一要求，代表财务会计未来发展方向，标志着会计正从成本计量走向价值计量。从 IASC/IASB 和 FASB 的努力动向和财务会计的发展方向看，准则制定机构在很多具体准则的制定上也都体现了历史成本计量向公允价值计量的变迁。从国际上应用的领域来看，公允价值呈现出从金融工具向其他领域延伸的发展趋势。公允价值在理论界和实务界研究与运用范围的逐渐扩大，表明公允价值计量已经进入运用阶段而超越了争论阶段。经济越发达，资本市场越完善，财务会计信息服务于经济决策的目标就越明确，财务会计对公允价值的依赖性也就越强。

为促进我国会计准则的国际协调，并使按照会计准则编制的财务报表能够更加真实、公允地反映企业的价值，财政部于 2006 年 2 月在京发布中国新会计审计准则体系。该体系在坚持历史成本基础的前提下，强化了为投资者和社会公众提供决策有用会计信息的新理念，在企业合并、投资性房地产、生物资产、股份支付、债务重组、非货币性交易、金融工具确认和计量等准则中采用了公允价值的概念或计量方法，成为一大亮点。与国际财务报告准则相比，我国新准则体系在确定公允价值的应用范围时，严格规范了运用公允价值的前提条件，即公允价值应当能够可靠计量。

新会计审计准则对公允价值的再次引入既是会计国际趋同的需要，也是市场经济发展和全球经济一体化基础加速的必然结果。但是公允价值在提高会计信息相关性的同时，也不可避免地损害了其可靠性。如果不对其进行合理的规范，公允价值很容易成为企业调节利润的工具。尤其是在上市公司经营管理不善或因外部因素的影响致使其财务状况发生严重困难，产权及生产要素等市场又不活跃的情况下。面对现实，如何解决公允价值会计信息的可靠性？公允价值会计方法的可操作性如何？对此仁者见仁、智者见智。

本专著即是作者近年来对公允价值计量研究的阶段性成果。作者以 FASB 和 IASB 的现行会计准则及最新研究成果和《中华人民共和国会计法》、《企业财务会计报告条例》、《公司法》、《证券法》、中国最新会计审计准则体系等国家有关法律法规以及资产评估准则体系与规范指南等行业规范为依据，基于经济全球化与会计国际趋同这一特定的背景，在对现有研究成果系统梳理和借鉴的基础上，以财务报告目标革新与会计计量属性的变迁为出发点，通过对公允价值的内涵及其确定途径的分析，阐明了公允价值兼具相关性与可靠性的质量特征。新会计审计准则对公允价值的再次引入为我国评估业既带来了发展的机遇，同时也必将加大资产评估师及审计师的执业风险。最后对我国新会计审计准则中再次引入公允价值后的动因及可能面临的现实困境进行了分析，并就如何提高公允价值信息质量提出了自己的见解。作者对公允价值理论基础及在实践中的使用情况的见解未必成熟和全面，仅以资商榷。倘若能对我国公允价值计量的理论研究和实务应用有所裨益，则是作者莫大的欣慰。

本书的出版得到了中国资产评估协会副会长兼秘书长刘萍、副秘书长岳公侠的大力支持，财政部科研所研究员、博士生导师王世定提出了诸多中肯修改意见。同时商务印书馆也对本书的出版提供了许多帮助，在此一并表示感谢。由于时间仓促及作者水平所限，书中不当之处，敬请专家和读者批评指正。

作　者

2008 年 4 月

序　言

（一）

会计计量是会计理论和方法的核心内容。财务会计的许多理论和方法都是围绕会计计量展开讨论的。徐玉德博士的专著《公允价值计量理论与实务》以现代会计理论为指导，借鉴国内外现有的研究成果，对公允价值计量及其对会计信息质量的影响等问题进行系统分析和研究，并通过对新会计准则再次引入公允价值计量后所面临的诸多问题进行了深刻剖析和论述，提出了在我国推广应用公允价值的一系列政策建议。全文在研究方法、研究内容、体系结构等方面不乏创新，具有重要的理论价值和现实指导意义。

首先，该书研究视野开阔、具有开拓性。公允价值的再次引入将给我国会计发展带来重大而深远的影响，同样也将给审计和资产评估行业产生重大影响。如何更好地提供公允价值计量的评估服务是当前我国资产评估行业面临的重要课题，而如何对采用公允价值计量后的财务报表进行审计并尽可能地规避审计风险，则是审计人员无法回避的问题。作者以开阔的、发展的眼光，力求更加深刻、全面、系统地分析和研究公允价值计量变革的内在规律，揭示了公允价值计量模式下会计与评估、审计等之间的衔接互动关系，从而避免了理论研究的片面性和局限性。

其次，该书实现了理论继承性与前瞻性的有机融合。学术的价值应主要体现在其对社会实践或理论研究的贡献上，会计学作为一门致用的学问尤其如此。本书既有理论继承性，又有发展、创新性。作者通过对财务报告目标革新与会计计量属性变迁的系统阐述特别是对公允价值内涵的界定及其确定途径等的创新性研究，指出“公允”只能是针对特定主体而言的，“公允价值”只能是评价主体从特定主体的利益出发进行公允的评价或意思表示，而作为计量目标的“公允价值”所要求的显然不仅仅是对于特定主体而言的公允；就决策有用而言，公允价值较之历史成本显然更具相关性和可靠性；评估作为一种价值发现的技术手段，在与会计计量技术更新发展的同时，能够为会计计量提供技术、市场和现实服务方面的帮助，但是评估结果并非就是公允价值；等等。这些观点颇有新意，并在一定程度上填补了我国该领域的研究空白，实现了理论、实践、创新三者的有机结合。

第三，该书不仅对公允价值计量的国际研究与发展动态及时跟踪和全面分析，而且还对我国新会计准则中再次引入公允价值后所面临的现实困境进行了分析和总结。众所周知，公允价值的确定首先离不开活跃的市场，如果市场不活跃、不健全，缺乏公平价格的形成机制，则对资产或负债市场价值的判断就难以进行。西方国家之所以在资产以及负债的计量方面广泛采用公允价值，一个主要原因就是西方市场经济比较发达，资本市场上提供的信息基本上能够准确地反映企业的价值。但在我国，现实生活中公允价值要求的有效市场环境难以真正达到，不具备或缺少公允价值赖以存在的完备的公平公正的市场体系，公允价值的准确获取仍然面临市场环境的巨大挑战。作者基于当前我国资本市场发展及公司治理结构与内部控制的改革实践，结合新会计准则尤其是公允价值应用后对上市公司年报影响的案例分析，探讨了转轨时期我国会计计量属性变迁以及如何创造条件、构建公允价值推广应用的长效机制等问题,增强了全书的可读性和吸引力。这种理论密切联系实践的研究方法值得肯定。

全书观点明确、思路清晰、逻辑严密、资料翔实、分析透彻,是一部具有一定学术价值、值得一读的会计著作。尽管书中的部分观点还有待于实践的检验,但是它毕竟为我们理解和深入研究公允价值计量提供了可资借鉴的成果。在该书即将付梓出版之际,我谨向会计、审计及评估理论界和实务界的同仁推荐,希望这部佳作能博得读者们的喜爱。学无止境!衷心地希望他在今后的学习和工作中再接再厉,刻苦钻研,取得更大的成绩。

财政部科研所研究员、博士生导师

王世定

序　言

（二）

2006年2月15日，财政部在京发布了中国新企业会计准则体系。新会计准则体系的最大亮点之一就是借鉴IAS/IFRS，在坚持历史成本的前提下，在企业合并、投资性房地产、生物资产、股份支付、债务重组、非货币性交易、金融工具确认和计量等相关准则中采用了公允价值的计量方法，从而强化了为投资者和社会公众提供决策有用会计信息的新理念。伴随中国新会计审计准则体系的发布实施，公允价值计量再次成为我国会计理论界和实务界研究的热点和关注的焦点。

资产评估与会计作为两门专业技能工作，尽管在工作方法或方式上各有特点，但从理论发展和现实需求来看，两者是分不开的。资产评估与会计工作是紧密相连、相辅相成的，并且随着公允价值计量的发展，也必然会对资产评估工作提出更高的要求。公允价值的再次引入为我国评估业既带来了发展的机遇，同时也是一个挑战。新会计准则规定，如果同类项目或类似项目均不存在可观察的市价，或者可观察的价格不能代表可靠的市价，则需要考虑采用估价技术法对所计量项目的公允价值做出估计。资产评估由于其专业性和独立性，在公允价值的确定过程中发挥着越来越重要的作用。从供需两方面来分析，企业为合理确定公允价值和提高披露效果，有要求独立评估师进行评估的需求；审计师也有为回避审计风险，建议客户聘请专业评估师独立评估的需求。“安然事件”等会计丑闻的发生也促进了美国会计准则体系积极借助于外部评估机构来确定资产的公允价值，以提高财务报告信息的可靠性。因此，如何理解公允价值、资产评估如何服务于新会计准则、如何提供公允价值计量的评估服务等，则是当前我国资产评估行业面临的重要课题。徐玉德博士的专著《公允价值计量理论与实务》可以说是应时之作。

该书在借鉴现有研究成果的基础上，及时跟踪公允价值计量的国际发展动态，坚持理论密切联系实际，对公允价值引入的经济后果及其影响进行了系统分析和论述。其中对公允价值引入后资产评估与会计的衔接互动关系的论述更有新意和实践价值。作者认为，公允价值作为一种特殊的会计计量属性，是具有一定的使用范围的，而且作为会计计量属性的公允价值是以整个市场为基础计量的，而不是基于个别的会计主体，即市场参与者假设。而在评估结果则代表着“公允的价值评估结论”或者“公允的评估价值结论”。尽管评估结果不一定是公允价值，但是评估作为一种价值发现的技术手段，在与会计计量技术更新发展的同时，能够为会计计量提供技术、市场和现实服务方面的帮助。如实编制和披露财务报告是会计人员的责任，而注册会计师则对审计报告（含公允价值的计量和审计）负法律责任，注册评估师对资产评估报告负法律责任。作者结合中国资产评估协会相继出台的《以财务报告为目的的评估指南》和相关资产评估准则，继而分析指出，从实务和理论方面，继续深入加强会计界与评估界的协调与合作，实现评估界与会计届的良性互动乃大势所趋。评估师则必须研究和理解公允价值与评估价值类型的概念及区别，研究资产的状态和交易条件，据以确定评估的价值类型,并对具体价值类型的评估结论是否符合公允价值计量做出判断。而从市场监管的角度来看,要做好会计监管工作,也必然要求进一步加强资产评估行业自律管理,构建与公允价值计量有效运用相适应的市场环境。

纵观全文,思路清晰、逻辑严密、阐述透彻、语言流畅。作者以历史的、开阔的、发展的眼光,全面、系统地分析和探讨了公允价值计量的理论基础和内在规律,揭示了会计计量属性发展的趋势。作为公允价值计量理论研究的一次勇敢的尝试尤为可喜,书中的部分观点将为以后的研究提供有益借鉴。相信该书的出版也必将对会计评估行业产生一定影响。当然在少有成熟成果可资借鉴的情况下,作品存在某些缺点在所难免,有的问题还有待进一步探讨,也真诚希望理论界和实务界给予关注和重视。最后在本书即将出版之际,衷心地向作者表示祝贺,并祝他在会计理论研究和探索中取得更大成绩。

中国资产评估协会副会长兼秘书长

刘 萍

目　录

第 1 章　财务报告目标革新与公允价值计量 …………………… 1
1.1　会计计量是会计系统的核心职能 …………………… 1
1.1.1 会计计量是会计管理职能的核心体现 …………… 1
1.1.2 会计计量在财务会计运行系统中处于核心地位 ………… 3
1.2　会计计量模式及其选择 …………………………… 6
1.2.1 会计计量模式的构成要素 ……………………… 6
1.2.2 会计计量模式选择的影响因素 …………………… 14
1.3　财务报告目标革新与公允价值的引入 ……………… 17
1.3.1 财务报告目标:受托责任观与决策有用观的有机融合 … 17
1.3.2 会计信息质量与财务报告目标的交叉相关性 ………… 23
1.3.3 财务报告目标革新与历史成本计量属性的冲突 ……… 26
1.3.4 会计计量属性:从历史成本到公允价值 ……………… 31
1.4　本章小结 ………………………………………… 37

第 2 章　公允价值计量的理论基础与确定方法选择 ………… 39
2.1　公允价值计量的理论基础 ………………………… 39
2.1.1 现代产权理论奠定了公允价值计量的制度基础 ……… 39
2.1.2 资本保全理论是选择公允价值计量属性的重要原因 … 40
2.1.3 财务报告目标革新引致了公允价值计量的现实需求 … 41
2.1.4 资产计价模式转变及资产负债观的确立扫清了公允价值运用

的理论障碍 …………………………………………………… 42
2.2 公允价值的内涵及其本质特征………………………………… 45
2.2.1 公允价值的内涵及特点 ………………………………… 45
2.2.2 公允价值本质的多维透视 ……………………………… 55
2.3 公允价值确定的基本途径分析和方法选择…………………… 64
2.3.1 公允价值确定的基本途径 ……………………………… 64
2.3.2 三种确定模式的利弊分析与选择 ……………………… 75
2.4 公允价值计量:基于会计信息质量的理论分析 ……… 76
2.4.1 会计信息质量:相关性与可靠性的权衡 ……………… 76
2.4.2 公允价值兼具相关性与可靠性质量特征 ……………… 83
2.5 本章小结……………………………………………………… 94

第3章 公允价值计量的国际应用及研究进展 ………………… 98
3.1 FASB关于公允价值计量的实务应用及研究进展…… 99
3.1.1 美国关于公允价值计量的实务应用 …………………… 99
3.1.2 FASB关于公允价值研究的最新进展及主要内容 …… 108
3.1.3 SFAS157的主要贡献 ………………………………… 120
3.2 IASB关于公允价值计量的应用及其国际推广 …… 124
3.2.1 IASB关于公允价值计量的实务应用………………… 124
3.2.2 IASB关于公允价值计量研究的最新进展 …………… 128
3.2.3 公允价值会计的国际推广——以欧盟为例 ………… 129
3.3 本章小结 ………………………………………………… 134

第4章 CAS中公允价值计量的应用及国际比较 ………… 136
4.1 公允价值在CAS中应用的变迁分析……………………… 136
4.1.1 公允价值在CAS中应用的变迁历程 ………………… 136

4.1.2 新会计准则体系再次引入公允价值的背景分析 ……… 142
4.2 公允价值在新会计准则中的应用及会计处理 ……… 148
4.2.1 公允价值在 CAS 中的应用:初始计量和后续计量 …… 148
4.2.2 新会计准则对公允价值应用的基本要求 …………… 151
4.2.3 公允价值计量模式下的账户设置及其会计处理……… 154
4.3 IAS/IFRS 与 CAS 关于公允价值应用的比较分析 ……………………………………………………… 159
4.3.1 IAS/IFRS 与 CAS 关于公允价值应用的总体比较 …… 159
4.3.2 公允价值在 IAS/IFRS 和 CAS 中应用的具体比较…… 169
4.4 本章小结 ……………………………………………… 194

第5章 公允价值计量与专业评估的融合与衔接互动……… 198
5.1 资产评估是对评估对象价值估算的活动过程 ……… 198
5.1.1 资产评估既依赖于会计又能为会计提供技术支持 …… 198
5.1.2 资产评估的“价值”并非会计计量中的“公允价值” …… 202
5.2 公允价值计量模式下专业评估作用凸显 …………… 205
5.2.1 公允价值的引入为评估业带来机遇和挑战 ………… 205
5.2.2 专业评估能够为公允价值计量提供强力支持………… 208
5.2.3 评估行业服务于公允价值计量需要研究和解决的问题……………………………………………………… 212
5.3 美欧关于公允价值计量及评估的实践经验 ………… 214
5.3.1 美国关于公允价值的计量及其与专业评估的衔接互动……………………………………………………… 215
5.3.2 欧盟关于公允价值计量及评估的实践:以德英为例 … 218
5.4 我国关于公允价值评估的实践、规范及发展动向…… 223
5.4.1 我国现行法规下,专业评估与会计计量之间的对接 … 223

5.4.2 公允价值模式下专业评估的规范及发展动向………… 227
5.5 本章小结 …………………………………………………… 233

第6章 公允价值计量和披露的审计……………………………… 236
6.1 执业审计:提高会计信息质量的重要保障………………… 237
6.2 公允价值计量或将引发审计风险 ………………………… 239
6.2.1 公允价值计量加大审计风险………………………………… 239
6.2.2 审计风险评价 …………………………………………… 242
6.3 公允价值计量与披露的审计责任及关注重点 ……… 243
6.3.1 公允价值计量模式下的审计责任 ………………………… 243
6.3.2 公允价值计量和披露的审计重点 ………………………… 244
6.4 CIAS1322:公允价值审计的操作指南 ………………… 251
6.4.1 公允价值计量和披露及重大错报风险的审计……………… 252
6.4.2 利用专家的工作 ………………………………………… 260
6.4.3 评价审计程序实施的结果 ……………………………… 263
6.4.4 与治理层的沟通 ………………………………………… 267
6.5 本章小结 …………………………………………………… 272

第7章 公允价值运用:影响、现实障碍及未来展望………… 275
7.1 公允价值运用的经济后果及其表现分析 …………… 275
7.1.1 公允价值运用的经济后果及总体表现 …………………… 275
7.1.2 CAS引入公允价值后对企业的具体影响及案例分析 ……
…………………………………………………………………… 279
7.2 公允价值在我国运用的现实障碍分析 ……………… 288
7.2.1 缺乏健全、成熟、有效的市场经济环境 ………………… 288
7.2.2 公允价值的认定缺乏应有的技术支持 ………………… 291

7.2.3 会计准则体系尚不健全，执行与监管机制有待完善 …… 293
7.2.4 管理层及从业人员素质水平成为其全面推行的直接障碍 …… 299
7.2.5 职业判断空间的加大使其易成为管理当局操纵利润的工具 …… 301
7.3 适时创造有利条件，构建公允价值有效运用的长效机制 …… 303
7.3.1 健全和完善市场机制，创建公平、有效的市场经济环境 …… 304
7.3.2 优化和改善制度安排，构建公允价值运用的制度基础 …… 305
7.3.3 加强专业技能和职业道德培训，提高从业人员执业水平 …… 317
7.3.4 培育和完善中介机构，营造诚信执业的社会环境 …… 320
7.3.5 建立市场信息数据库，搭建信息网络技术支撑平台 …… 328
7.3.6 完善会计监管体系，构筑防范公允价值滥用的屏障 …… 330
7.4 公允价值计量及其应用的未来展望 …… 333
7.5 本章小结 …… 335

结　语 …… 338
附件 1：企业会计准则——基本准则 …… 344
附件 2：中国注册会计师审计准则第 1322 号——公允价值计量和披露的审计 …… 353
附件 3：以财务报告为目的的评估指南（试行） …… 365
主要参考文献 …… 375

第1章 财务报告目标革新与公允价值计量

1.1 会计计量是会计系统的核心职能

1.1.1 会计计量是会计管理职能的核心体现

“会计是人们管理生产过程的一种社会活动，其职能一是反映（观念总结），二是监督（控制）；……无论从理论上看还是从实践上看，会计不仅是管理经济的一个工具，它本身就具有管理的职能，是人们从事管理的一种活动。”（杨纪琬、闫达五，1980）它是随着生产力的发展而发展的，由人们直接参加的讲求效果并体现一定的生产关系的社会实践与管理活动。本质而言，在现实经济生活中，任何经济活动、任何资金运动的背后实质上则是一种“权利”的变更。企业在一定时期的生产经营过程和结果都由财务会计报告，以价值形式综合地反映出来，它是一种抽象，一种价值抽象。目的是总结过去、控制现在、规划未来。但是资金运动或价值运动不过是对千差万别的再生产过程所进行的货币性“观念总结”，价值运动背后体现的是产权关系，会计的对象就是社会再生产过程及其所体现的产权关系。换句话说，会计的对象已不仅包括物质或价值的运动过程，还应包括与物质流、资金流和信息流时刻相伴的并体现出资者、经营者、职工等各利益相关者经济关系的产权流。

"信息流"也只是会计管理活动过程的外在表现;"价值流"是会计核算对象量的属性和"观念总结",其背后所体现的人的行为及产权关系,即"行为流"、"产权流"才是会计本质的起点,同时也是会计研究的重点和终点。

因此,会计本身是确认、计量和传递经济信息的过程,这个过程也是对各种经营行为及产权关系进行确认、计量、记录和报告的过程。会计与产权的这种关系是通过会计核算联系起来的。会计核算既是对物的核算,更是对产权的核算,价值流规定着物流的量的属性,而产权流则规定着其质的属性。在财务会计的静态方程式中,资产代表了企业的总体经营规模,是企业对自己名下的资产拥有的法人财产权,是企业投资决策的结果;负债反映了企业法人所欠付的、具有法定求偿力的债务金额;所有者权益则表明企业净资产的归属。财务会计运用专门的方法进行确认、计量、记录、报告,反映资产与负债的来源和构成,以揭示企业及各相关者所享有的权利或应承担的义务。显然,财务会计已不再局限于传统的单纯核算工作,确认、计量、报告会计事项的目的在于认定或确认产权关系,反映产权结构的变化,并将结果输出给各产权主体;会计监督的直接目的也是为了检查、验证企业法人与各利益相关者是否按既定的制度或契约运行以及界定好的产权结构是否遭到了破坏,产权主体的利益有无受到侵蚀。管理会计通过预测、决策、规划控制、分析评价等合理运用和配置企业的以智力资本为核心的各项资源要素,对企业筹资、投资等过程进行能动的反映,从而直接或间接影响到各产权主体的切身利益。在这个过程中,财务会计侧重于实际运行状态的记录和总结;管理会计中的预测、决策和预算编制等是设定目标所必需的技术。记录、分类、报告企业财务状况和计算期间损益并非会计的根本目的,而是管理控制企业再生产过程的必然要求，即观念总结是手段，过程控制才是根本目的。

会计要反映和监督资金及其运动，揭示要素之间的变化规律及其所体现的产权关系，首先需要分析各项资产和负债及各种营业收入和费用的性质，确认其存在的标准；然后必须选择据以计量各种资产的属性——原始成本、现时重置成本、市场价值、预计可变现净值或期望的现金流量现值等。如果成本要在各产品之间、各期间进行分配（如计算折旧），或者在各工序之间进行分配，还必须从可供选择的众多方法中选择合理的分配方法。也就是说，会计要发挥“反映及监督、预测、规定和分析等”控制职能，就必须对交易业务或会计事项进行恰当计量。可以说，人们在改造世界，确认和维护各产权主体的利益过程中首先离不开对纷繁复杂的客体的计量。对客体的定量化认识更为精确，也是人们参与经济活动并改造客观世界的基础。

1.1.2　会计计量在财务会计运行系统中处于核心地位

1. 会计计量的本质是一种确定价值运动量值的技术手段

迄今已有不少会计学家曾试图对会计计量做出一般性的概述。井尻雄士(1975)在《会计计量理论》一书中认为：“会计计量就是以数量关系来确定物品或事项之间的内在数量关系，而把数据额分配于具体事项的过程。”国际会计准则理事会(IASB)在《关于编制和提供财务报表的框架》中提出：“计量是指为了在资产负债表和收益表中确认和计列财务报表而确定其金额的过程。这一过程涉及具体的计量基础。”美国会计学会(AAA)在 1966 年公布的《基本会计理论说明书》中指出：“会计就是要计量和传递一个经济主体活动中的数量方面，虽然定性信息是重要的，但会计职能强调通过数量表示有意义的定量信息来增进有用性。会计从历史上来看，主要是一种以货币形式来反映经济活动的手段。”亨德里克森则认为：“会计上的计量是指给那些与企业有关的事物确定其数值而按适合于加计总数或分开总数的方式来求得。”我国会计学家葛家澍教授(1992)认为：“计量，是指在财务会计中对会计对象的内在数量关系加以衡量、计算并予以确认，使其转换为可以用货币表现的信息。”

尽管到目前为止，对会计计量一直存在不同的理解和认识，在对会计计量的表述上也不尽相同，但对会计计量的本质认识还是基本一致的：会计计量就是以数量关系来确定物品或事项之间的内在数量关系，并把数额分配于具体事项的过程。即在企业会计核算中对会计对象的内在数量关系加以衡量、计算和确定，使其转化为能用货币表现的财务信息和其他有关的经济信息，以便集中和综合反映企业的财务状况、经营成果及现金流量等。

2. 会计计量处于会计系统运行的中心，是会计理论和方法的核心内容

会计运行过程的确认、计量、记录和报告四个环节有其各自的职能，四个环节相互联系、环环相扣，但不能相互取代。它们都以会计要素为其共同的对象，以会计信息的有用性为共同的目标，统一于会计运行的过程之中。20世纪80年代美国财务会计准则委员会(FASB)和国际会计准则委员会(IASC)曾分别在有关公告中定义了会计系统运行的四个主要环节——会计确认、会计计量、会计记录、会计报告。会计确认、计量、记录、报告相互联系，共同完成会计整个循环过程，其中会计确认是会计计量的前提，会计计量是会计确认的结果，如果没有会计计量，会计确认也就没有意义，这两个环节始终贯穿整个会计系统。同时，会计计量又是会计记录和会计报告的前提,如果没有会计计量,已经确认的经济事项就不可能以定量的金额转为会计信息并向外报告。可见,在整个财务会计程序中,确认和计量最为重要,而确认离不开计量。会计计量在财务会计运行系统中处于核心地位。换而言之,会计计量是会计系统的核心职能①,会计计量技术是会计基础理论的自然延伸,也是实现会计目标的手段。亨德里克森也指出:"会计上的计量应指向为特定用途提供相关的信息,帮助会计目标的实现。"

会计本质上也是一个计量的过程。会计计量着眼于会计要素的计量,会计准则规定了各种会计要素如何、何时计量及计量时变通的方法,原则还影响会计计量信息的质量状况,这些原则从不同的角度对会计计量行为进行了规范和约束。事实上,财务会计的许多理论和方法都是围绕会计计量展开讨论的。财务会计理论的改革也一直是以会计计量为中心的。会计计量理论和方法在会计理论研究中居于重要的地位。正如美国经济学家 R. 斯特林所言:没有计量的理论只是猜测……而没有理论的计量则只是无目的的彷徨。查特菲尔德更是直言:"会计理论的根本改善将始于资产计价程序的变革。"

会计计量本身不仅是会计处理程序中的一个重要环节,而且也是会计系统不可缺少的技术方法。财务会计对外提供的企业的财务状况、经营成果和现金流量等方面的信息都离不开会计计量。会计计量是进行会计核算的基础和前提,其准确与否,直接关系到会计信息的真实可靠和内容完整,并将直接影响会计信息使用者对企业过去、现在或将来的财务状况、经营成果、现金流量等做出正确的评价、预测和决策。而且经济发展水平决定会计发展水平,

---

① YuriIriji: *Theory of Accounting Measurement*, 1979, p. 29。

企业核心竞争力决定宏观经济发展水平，而核心竞争力的提高依赖会计核算尤其是会计计量。会计计量的直接目的是减少交易费用，也就是维持"产权域秩序"，提高企业绩效，最终提高经济运行效率，而准确计量和核算交易费用的内在要求则促进了会计计量方法和技术的进一步变革。也正因如此，多年来会计计量一直处于不断改革之中。

1.2 会计计量模式及其选择

1.2.1 会计计量模式的构成要素

会计计量是运用一定的计量单位，选择被计量对象的合理计量属性，确定应予记录的各经济项目金额的会计处理过程。葛家澍在其主持的题为《会计要素及其确认与计量》的课题研究报告中将财务会计计量的特点总结为：①没有一种计量能离开数字的计算过程；②没有一种计量不存在不同程度的估计；③（财务会计的）计量对象是企业交易或事项产生的个中要素，每项要素都有自己的特征，计量必须同应予计量的要素特征相适应；④财务会计的计量，既然同价值有关，由于货币是价值唯一的可以捉摸的形式，与价值有关的计量就必须而且只能用货币作为同价值密切相关的各项会计要素的计量的单位，当然在财务报告中也包括一些非财务信息；⑤财务会计的计量还必须在以货币为计量单位的基础上运用一定的计量特征或者形式或属性来反映计量对象的价值量。据此推断，一个完整的会计计量模式通常应涵盖计量对象、计量属性、计量单位、计量尺度、时间以及规则等。其中主要构成要素有三个：一是时间因素，二是数量因素，三是单位因素。一言以蔽之，即在适当之时以特定的单位作出数量表示。

1. 会计计量的对象

会计计量的对象即是会计对象。会计对象是指“在市场经济条件下，在每一个会计主体范围内，财务会计能够反映和控制的经济事物与经济行为，通常被称为价值运动或价值增值运动”②。为了计量的方便，现行会计系统将会计对象按照其性质分为资产、负债、权益、收入、费用和利润六类要素。因此，会计计量实际上主要就是对会计要素的计量，而相关的会计准则或规范则进一步对会计计量行为进行了规范和约束，规定了各种会计要素如何、何时计量及计量时变通的处理方法，从而影响着企业会计计量信息的质量状况。其中资产计价和收益确定是会计计量的主要内容。资产是可能的未来经济利益，它是特定个体从已经发生的交易或事项所取得或加以控制的；收益则是指一个主体在某一期间与非业主方面进行交易或发生其他事项和情况所引起的权益（净资产）变动，它包括这一期间内除业主投资和派给业主款以外的权益的一

---

② 什么是价值？目前，比较流行的观点有两种：(1)劳动价值论。马克思劳动价值论的核心思想是：①商品的价值量是由社会必要劳动时间决定的；②商品价值以交换价值为表现形式，在商品社会，即货币价值形式；③商品按照价值实行等价交换，价格围绕价值上下波动是价值规律的表现形式。劳动价值论有以下特点：①价值是面向过去和现在的（劳动创造价值，没有劳动当然没有价值），价值量建立在客观交易的基础上，比较可靠；②无法解释当今众多的创新金融工具的价值。(2)边际效用价值论。由新古典经济学派代表萨缪尔森（Samulson，B. A）继承和发展的边际效用价值论的核心思想是：①效用（类似马克思的“使用价值”）是物品能满足人们某种需要的能力，效用和稀缺性构成价值的充分条件；②价值是人们对物品效用的主观心理评价，效用决定物品的价值；③边际效用（一定量某种物品中最后一单位物品所提供的效用）是衡量价值量的尺度；④边际效用递减规律和边际效用均等定律。边际效用价值论有以下特点：①价值不仅面向过去和现在，还面向未来。价值量建立在对效用的主观评价的基础上，可靠性差；②解释了创新金融工具的价值问题。两种观点的共同之处在于：无法给出价值的具体量化模式，一般借用价格来表现价值；在非垄断条件下，交换价值近似地代表了双方对价值的共同认识，是主观心理评价的现实表现。

切变化(FASB,1980)。

2. 会计计量单位

计量单位(Measurement Unit)是指对计量对象采用某种属性进行计量时,具体使用的标准量度,如米、克等。会计计量单位主要采用货币单位。货币本质上是充当一般等价物的商品,其本身的价值也在不断变动。会计上可供选择的计量单位通常有两种:名义货币单位和一般购买力货币单位。名义货币单位是指各国主要流通货币的法定单位。会计计量通常使用的是名义货币,并且假定其价值不变。一般购买力货币单位则是以各国货币的一般购买力或实际交换比率作为计量单位。它是以一定时日的货币的价值为基础,将其他时日的名义货币单位调整(用物价指数来测算)到该基础上,从而使不同时期的货币保持在不变价值的基础上。

比较而言,一般购买力货币单位较之于名义货币单位,更能真实反映物价变动对会计信息的影响,但其存在是以物价发生变动或发生持续通货膨胀为前提的。倘若物价不发生变动(实际上不可能),也就无所谓计量单位的选择问题③。在会计理论和实务中,除非一个国家或地区发生恶性通货膨胀,计量尺度通常使用的都是这个国家或地区的名义货币,并且假定其价值不变。比如在通过跨国股权投资形成的国际企业集团中,不同国度的企业一般都采用东道国的名义货币作为计量单位。因此,在会计计量中,需要重点研究的是计量属性问题。

---

③ 采用一般购买力货币单位进行计量,也是物价变动下寻求会计信息相关性的重要途径之一。当然,一般购买力货币单位也是以名义货币单位为基础的,即它是在名义货币单位的基础上,按一般物价指数进行调整,来实现计量目的。

3. 计量属性:会计计量模式的核心要素

(1) 会计计量属性及其分类

会计计量是财务会计的一个基本特征,计量属性(Measurement Attributes)又是会计计量的重要组成部分之一。计量属性又称计量基础,是指被计量对象的可计量的某一方面的特性或外在表现形式,即被计量对象予以数量化的特征或方面。计量对象往往有多种特性,因而可以从多方面按不同计量尺度加以计量。从更深层次看,一种计量属性实际上是事物的某一内在特征;计量,就是要以选定的某种能计量该内在特征的计量尺度,将该内在特征表现为(外在行为)某一数量化的结果。对会计而言,作为资产计量属性,就是被计量对象(资产)的价值特征。这个特征(即计量属性),是资产自身能予以货币化的特性,是内在于资产的,会计就是要借助于货币这个计量尺度,将资产自身的这种特征(即资产的价值属性)外在化④。

FASB在1984年发布的第5号概念公告《企业财务报表的确认和计量》中详细论述了5种计量属性:历史成本/历史收入、现行成本、现行市价、可变现净值、未来现金流量的现值,其中历史成本主要用于初始确认和以后各期的摊销或分配;现行成本、现行市价、可变现净值主要用于初始确认时的计量和以后各期的新起点计量;现值计量主要是一种对某项资产或负债进行历史成本、现行成本、现行市价的计量后被使用的摊销方法。IASB(2004)在《编报财务报表的框架》则规定了历史成本、现行成本、可变现净值、现值四种计量属性。

④　资产计量属性必须是内在于资产的、是资产自身的某种特征,这也是一种资产计量属性得以成立的基本前提。

我国1992年11月30日颁布的《企业会计准则——基本准则》,以会计原则的形式,对会计计量属性做了如下规定:"各项财产物资应当按取得时的实际成本计价,物价变动时,除国家另有规定者外,不得调整其账面价值。"这就是通常所说的历史成本原则。2001年的《企业会计制度》基本仍坚持了这一原则性规定。但在具体项目的计量时,也不同程度地涉及重置成本、可变现净值等计量基础。2006年颁布的新企业会计准则体系对会计计量属性进行了科学合理的规范。新基本准则第四十三条规定:企业在对会计要素进行计量时,一般应当采用历史成本,采用重置成本、可变现净值、现值、公允价值计量的,应当保证所确定的会计要素金额能够取得并能可靠计量。

在此需加说明的是,FASB和IASB虽然没有在编报框架中明确提出公允价值计量属性,但在其颁布的许多会计准则中都已经运用了公允价值计量某些项目。FASB、IASB和CASC关于会计计量属性的基本分类如表1—1所示。

表1—1 美国、国际准则及我国新准则会计计量属性分类对照表

	FASB	IASB	CASC
历史成本/历史收入	√	√	√
重置成本(现行成本)	√	√	√
现行市价	√	×	×
可变现净值	√	√	√
现值	√	√	√
公允价值	×	×	√

说明:√表示直接规定某种计量属性,×表示没有规定。

(2) 对各种计量属性的简要评价

历史成本——指各项财产物资和负债应当以交易发生时的实际成本或交换价格计价。历史成本是经由真实交易取得资产所实际支付的代价，代表取得资产当时的公允价格。除了资产的消耗而将部分成本转为费用，或用于资产价值的减低必须承担损失外，原始成本不得调整。负债的计量也适用历史成本原则，一般以取得资产时的交换价格，也即实际所欠的债务金额入账。历史成本原则是传统会计理论的一大基石，其有以下优点：具有可靠性，比较客观；数据比较容易取得，简便易行；具有可验证性，所提供的会计报表有凭有据，便于考核和验证。随着会计环境不断变迁和人们对会计资料的不同需求，历史成本原则也面临重大挑战：一是物价变动的现实。按历史成本原则编制企业会计报表，势必影响会计报表的相关性、客观性、真实性；二是衍生金融工具的冲击。衍生金融工具风险和报酬的不确定性带来了何时确认、确认什么、如何计量以及怎样披露等一系列问题；三是知识经济的冲击。历史成本计量模式下企业取得的资产以其购进的原始成本计价，企业内部自创的专有技术、人力资源和商誉等无形资产缺乏较为客观和公允的评估价值。

现行成本——又称为现行重置成本。当企业的资产或负债的历史成本不易确定或者物价变动幅度较大，其历史成本不足以反映资产或负债的现行价值时，就需要运用重置成本法对资产或负债进行计量。该种计量属性能够避免因为物价变动造成的虚增收益，反映的财务报表比较真实，能够公正、客观地评价经营管理业绩。不足之处：确定重置成本较困难，影响了会计信息的可靠性，无法以持有资本的形式解决资本保全的问题，以后的生产能力难以得到补偿，影响企业正常生产经营等。

现行市价——在持续经营情况下，销售某项资产可望获得的现金数额或其他等值物。它通常指有价证券之类资产的现行市场交易价。因为它反映资产的现实价值，所以与决策的相关性较强，能够客观反映企业的财务状况，消除了费用分摊的主观随意性。其缺点：对企业预期资产的价值无法反映，况且并非所有的资产和负债都具有变现价值。

可变现净值——指企业各项资产在现有的市场经济条件下，按资产变现后的价值扣除将资产变现时发生的相关成本后的金额进行计量。此时，资产按照其正常对外销售所能收到现金或者现金等价物的金额扣减该资产至完工时估计将要发生的成本、估计的销售费用以及相关税费后的金额计量。采用该计量属性，按照可变现净值确认资产的价值，将可变现净值低于资产账面价值的差额计入当期损益，充分体现了谨慎性原则和客观性原则的要求，使各项资产的价值建立在确实可靠的基础之上，避免了资产泡沫现象的发生。缺点是不适合企业的所有资产。

未来现金流量现值——资产在其合理的预期使用年限内可望带来的现金流入净额换算成当前价值的合计数，又称为资本化价值。该属性考虑了货币的时间价值，对企业的经营决策具有很强的相关。其缺点：第一，对未来现金流量、折现率和收益期限的预计，存在一定的主观因素。因而，必然存在着计量的误差或风险。在充满不确定性的现实世界中，企业所预计的未来现金流量不可能那样准确。因此，它通常仅用于评价投资效果和产品开发决策等计划目的，而不用于反映企业财务状况和编制会计报表；第二，忽视了其他因素对未来现金流量所起的作用。因为影响未来现金流量的不仅包括实物资产，还有其他许多因素，且其中某些因素对企业未来现金流量的影响是很难计量的。

公允价值——我国财政部 2006 年 2 月颁布的《企业会计准

则——基本准则》中将公允价值作为第五种计量属性。在公允价值计量下，资产和负债应按照在公平交易中，熟悉情况的交易双方自愿进行资产交换或者债务清偿的金额计量。在现代会计环境下会计观念也在彻底变革，公允价值更能体现相关性和实质重于形式的原则，其优越性体现在：一是符合会计的相关性、客观性、真实性、一致性等会计信息质量要求；二是适应经济形势发展和金融工具计量的需要，提供企业公允的财务状况和经营成果有利于信息使用者做出相关决策。不足之处在于：首先，公允价值具有主观随意性，可靠性难以保证，且极有可能成为调节利润的工具，使"公允价值"难达公允；其次，公允价值计量的实际操作难度大，有许多会计要素在市场上很难找到可供参考的价格，未来现金流量的金额、时点和货币的时间价值等等都是不确定的；第三，在公允价值计量模式下，经济风险状况的变化以及企业自身信用的变化，都会引起企业财务报表的波动，甚至可能误导报表使用者。

通过对上述各种计量属性的剖析可以看出，每一种计量属性各有优劣，没有一种是绝对理想化的。历史地看，一种自然的选择就是：取长补短、兼容并处，即多种计量属性共存将是一种趋势。至于如何选择计量属性则要视具体主体、具体要素项目并具体分析之后才能确定。在计量属性的具体选择上，至少应遵循以下原则：一是在相关性和可靠性之间进行权衡，沟通会计计量属性的事实基础和决策价值。这样既有助于评估企业资产的经营效益，衡量企业资产的经管责任，落实履行情况，又有助于未来实施正确的经济决策；二是选择的会计计量方法具备充分的可操作性和现实可能性，能为会计人员熟练掌握且不影响提供信息的及时性；三是根据资产的不同性质和特点，选用最能说明其价值和状况的计量方法;四是遵循成本效益原则和重要性原则。以产生的边际效益是否大于边际成本为界,即衡量该计量模式所提供的信息能获得的效益是否大于或能否补偿为提供信息所需付出的成本代价,以免得不偿失。

1.2.2 会计计量模式选择的影响因素

会计计量模式的选择就是:确定计量对象;选取恰当的计量属性和量度单位,从而形成计量模式。由于会计计量模式主要涉及两个问题:计量单位和计量属性(或称计量基础)。计量单位主要是解决计量尺度的选择问题,在会计的理论和实务上,除非一个国家或地区发生恶性通货膨胀,计量单位都是这个国家或地区的名义货币。因此在会计计量中,重点是计量属性问题。而影响其择用的因素通常主要有:

1. 会计目标

会计计量模式的选择,最终服务于财务报告目标。多年来财务报告目标一直是各国会计学界研究的焦点,其中,以美国的研究最为突出。美国会计界在20世纪70、80年代形成了两个代表性的财务报告目标流派,受托责任学派和决策有用学派。受托责任观要求会计能真实、客观地反映经营者受托经济责任的履行情况,因此历史成本是最好的选择;决策有用观则认为会计应向会计信息使用者提供对他们决策有用的信息,强调会计信息的决策有用性,因而面向未来的价值计量可以更好地满足使用者的需要。在资本市场成为企业的主要筹资场所以后,决策有用观得到更多的认同。从决策有用论的角度看,信息质量的相关性是首要的特征,在当今充满风险和不确定的经济竞争环境中,投资者和管理人员最关心的是决策中所需要的现实价值信息,而不是历史成本数据,要求提供的信息必须具有预测价值、反馈价值和及时性，这样才可避免或减少由于决策失误而造成的投资和信贷风险以及不确定性。因此，会计信息质量的相关性要求选用现行价值或资本化价值作为计量属性。但是从受托责任的角度看，采用历史成本计量属性当为最佳选择，因为由此反映的企业财务状况和经营成果最客观、可靠、有据可查、不偏不倚，能较好地向所有者反映受托责任的履行情况和解脱管理者的责任。

因此，我们认为，会计计量属性的选择，最终取决于计量的目标，即看计量属性（满足体现计量对象的经济实质）的选择能否满足会计信息使用者对会计信息的要求。无论哪个信息使用者所需要的会计信息，它都是以会计信息的高质量为前提的。即会计信息应能客观反映企业的实际情况，它应具有可靠性、充分性、相关性和可比性，从而在总体上体现为有用性。由于会计信息使用者的会计信息需求各不相同，各种计量属性都有其存在的价值。选择是一个权衡利弊，趋利避害的过程。每种计量属性各有优缺点，在享受其优点的同时，就必须承受和设法克服其缺点。而单纯地选择一种计量属性对于整个会计工作而言都不可能永远体现其连续、系统、全面计量特征，也不可能始终使会计信息正如原则要求的那样准确、真实、相关等。

2. 社会经济环境

社会经济环境对会计计量模式的影响表现在许多方面。物价稳定或物价持续变动的不同的特定经济环境，必然会要求选择用不同的适用该经济环境的会计计量模式。如物价稳定的经济环境下，通常要求采用历史成本来计量，会计核算资料具有较高的可靠性；而在物价持续变动、波动幅度较大，尤其是恶性通货膨胀时期，就应采用能反映物价变动的计量属性。又如在经济环境稳定、竞争压力不大的情况下，对稳健性原则的要求不高；反之，当经济环境波动较大，不确定性和风险性较强时，实务上就要求应用稳健性原则。在当前金融工具和衍生金融工具不断推陈出新，企业金融资产和金融负债日益增多的情况下，历史成本计量属性的不足也愈加明显，采用新的计量属性如公允价值等势在必行。而且由于会计计量直接影响会计信息，会计信息又具有很强的经济后果，并代表了一定的经济利益关系。因而各种利益主体为了自身的经济利益，必然通过各种方式，直接或间接地影响以至于干预会计准则的制定过程，从而影响了计量模式和方法的选择。

3. 技术发展及会计人员素质等因素

互联网的普及使信息的沟通更加快捷，信息技术的飞速发展、统计与预测技术的进步为预测企业未来现金流量创造了条件。但这种预测从技术上讲，只能说明“是 X 的概率为 Y”这样的问题，仍存在较大的不确定性。从预测的主体讲，信息提供者在信息不对称条件下，由于败德行为(Moral Hazard)和逆向选择(Adverse Selection)的存在，数据预测的客观性难以确保。信息使用者期望有关未来的信息，并不意味期望着以未来现金流量现值作为会计计量属性，非定量化信息或许更受关注。所以，使用者有时可能倾向于企业提供有关前瞻性的信息，由他们自己来做财务预测或分析。Jenkins 的报告验证了这一结果：“使用者并不主张以公允价值模式代替历史成本模式，其理由主要是出于保证财务信息的一贯性、可靠性和成本效益原则。而借助高级数学运算工具，则可以采用更精确地计量固定资产折旧、债券溢(折)价摊销等的数额，使财务信息的相关性与可靠性大大提高。”因此，如果会计理论研究和技术发展滞后，会计人员素质低下，也不可能要求实务中采用复杂的计量模式。

1.3　财务报告目标革新与公允价值的引入[⑤]

1.3.1　财务报告目标:受托责任观与决策有用观的有机融合

1. 企业各利益相关者的信息需求不尽相同

按照契约理论,企业是由投资者、债权人、政府部门、企业管理人员以及其他社会公众等各利益相关者以明示或暗示合约的形式缔结在一起的特别契约。基于不同的目标导向,各利益相关者需要的会计信息不尽相同。

(1)投资者。作为企业资金的主要来源之一,投资者主要关注投资的内在风险和投资报酬率。因此,在选择投资对象、衡量投资风险、作出投资决策时,投资者不仅需要了解企业包括毛利率、资产收益率、权益收益率等指标在内的盈利能力和发展趋势方面的信息,也需要了解有关企业经营情况方面的信息及其所处行业的信息。为了了解企业当年度经营活动成果和当年度的资产保值和增值情况,投资者不仅需要了解利润表各项目的具体构成情况,以反映企业当年度的经营活动成果和盈利发展趋势;也需要将利润表中的净利润与上年度进行对比,以反映企业资产的保值增值情况。

(2)债权人。作为企业资金的另一个主要来源,债权人主要关注其提供给企业的资金是否安全,债权能否按期收回。因此,在选

---

⑤　本书对财务会计目标、财务报告目标及会计目标未作详细区分。

择贷款(赊销)对象、衡量贷款(赊销)风险、作出贷款(赊销)决策,债权人不仅需要了解企业包括流动比率、速动比率、资产负债率等指标在内的短期偿债能力和长期偿债能力,也需要了解企业所处行业的基本情况及其在与同行业竞争时所处的地位。

(3)政府部门。政府部门主要关注国家资源的分配和运用情况。对于财政部门而言,在制定经济政策、进行宏观调控、配置社会资源时,他们需要从总体上掌握企业的资产负债结构、损益状况和现金流转情况,进而为宏观经济决策提供依据;对于证券市场监管部门而言,在证券市场监管过程中,他们需要企业提供有关资产、负债、所有者权益等方面的信息,进而为其市场监管提供依据;对于税收征管部门而言,在税收征管过程中,他们需要企业提供有关其经营成果方面的信息,为税收征管提供依据。

(4)企业管理人员。企业管理人员主要关注企业财务状况的好坏、经营业绩的大小以及现金流量的变动情况。因此,需要财务会计提供有关企业财务状况、经营成果和现金流量方面的信息。

(5)其他利益相关者。对于监管部门而言,他们主要关注企业的生产经营行为是否合法,是否存在违法情况;对于企业职工而言,他们主要关注企业为其提供的就业机会及其稳定性、劳动报酬的高低和职工福利的好坏;对于社会公众而言,他们主要关注企业的兴衰、社会贡献及其发展情况;等等。

2. 新经济下财务的报告目标是履行受托责任与决策有用性的有机融合

财务报告目标是会计管理意欲达到的境地或实现的要求,也就是会计核算的最终目的。财务报告目标一直是当今会计理论和实践中关注的焦点问题,其研究的主要问题是:①谁是财务报告提供信息的使用者?②使用者对信息的主要用途是什么?③使用者需要什么样的信息？④现行财务报告能提供哪些主要信息？其中核心问题是向谁提供信息和提供什么信息。对这两个问题的不同回答，美国会计界形成了两个代表性的流派，即受托责任学派和决策有用学派。受托责任观认为，财务会计的主要目标是管理当局向投资者、债权人等报告资源的运用情况，即评价受托经济责任。决策有用观认为，财务会计的目标就是向会计信息使用者提供对其决策有用的信息，即会计应当为现时的和潜在的投资者、信贷者和其他信息使用者提供有利于其投资和信贷决策及其他决策的信息，决策有用观认为，资源的所有权与经营权分离，在资本市场介入的情况下，会使资源所有者对受托资源的管理淡化，转而更关注资本市场的平均风险与报酬水平以及所投资企业在资本市场上的风险与报酬。而受托方的管理重心也从有效管理受托资源转向在资本市场上使报酬与风险的比例最优。因而，财务报告目标应是为信息使用者（包括现在的和潜在的）提供有助于其作出合理决策的信息。从时间上，受托责任观主要是面向过去和现在的，而决策有用观则是面向未来的。

美国的资本市场高度发达尤其是证券市场，这使得企业的投资者和债权人数量众多且遍布世界各地。在这种情况下，委托代理关系变得不像从前那样清晰、明确。这样的经济环境要求财务会计面向资本市场提供信息，不但提供给现实的投资者和债权人，而且应提供给潜在的投资者和债权人，以有利于其作出决策。这些人不仅关注企业过去和现在的经营业绩，而且更为关注企业未来的经营情况，尤其是企业创造未来现金流量的能力。由于美国投资型业主关注所得股利和证券市价升值的兴趣大于参与公司事务，在这种经济背景下，财务报告目标定位于“决策有用观”是合乎逻辑的，它解决了潜在投资者对会计信息使用的问题，不需要了解受托责任履行情况，而是利用信息作出投资决策。因此，FASB(1978)在其《论财务会计概念》中指出：①编制财务报告应为现在的和潜在的投资者、信贷者以及其他用户，提供有用的信息，以便作出合理的投资、信贷和类似的决策；②编制财务报告应为现在的和潜在的投资者、信贷者以及其他用户提供信息。所提供的信息要有助于他们对以下各种期望的现金流入来源，估量其金额、时间和偶然性；股利或利息、出售或赎卖证券所得、到期证券或借款的清偿；③编制财务报告应提供以下信息：关于企业的经济资源、对这些资源的要求权（企业把资源转移给其他主体的责任和业主权益）以及使资源和对这些资源的要求权发生变动的交易、事项和情况的影响⑥。概括地讲，财务报告的目标就是向信息使用者提供决策有用信息，而 FASB 的概念公告对决策有用信息分别从现金流量的金额、时间分布及不确定性的信息和企业经济资源的信息等角度来界定。

知识经济下财务资本作用的减弱与智力资本作用的增强使得企业的制度模式发生了变革。企业成为财务资本所有者和智力资本所有者结成的一个契约集合体，其中智力资本所有者不仅在企业中占有主导地位，而且也是企业剩余的主要索取者之一。产权归属理论的变迁必然要求财务报告目标的变革。财务报告目标由过去向股东、债权人提供信息为主，转变为以计量和反映企业主体资源、权益的变动情况、收益的形成及有效控制以人力资本为核心的智力资源（谭劲松、林静容，2000）。信息使用者所关注的重点除了“企业创造未来有利现金流动的能力”的信息外，还关注“企业知

---

⑥ 〔美〕FASB 编，娄尔行译：《论财务会计概念》，中国财政经济出版社，1992 年版 p.9。

识创新能力"及社会责任履行情况的信息，这也是新经济下信息使用者共同关心的核心信息。

从理论上讲，新经济下理想的会计具体目标应是决策有用性与受托责任性的融合。这是因为：①会计发展到一定阶段，效率和效益成为会计管理活动的终极目标。按照西蒙的决策理论，决策是一个复杂的过程而非拍板定案的一瞬间。会计管理活动之初，人们首先设立目标，而后将实际执行情况与预定目标相对比，通过实施反馈、控制来决定控制的强度和方向。因而，决策只是为更好地实现"效率和效益"这个终极目标的一个过程而非终点。在此过程中，人们借助于一系列特定的方法和技术，对经济活动过程或交易事项予以反映，并据此进行分析评价（分析经济活动的效率与效益以及评价受托责任的完成情况等）。由此可以断定，会计系统所提供的信息必然是有用的，否则，经济系统的"效率性与效益性"也就无从谈起。显然，以"提供决策有用的信息"作为会计的具体目标有失偏颇。更何况，无论是"受托责任观"还是"决策有用观"，都需借助于所提供的会计信息来实现。就这个意义而言，会计反映受托经管责任和有助于经济决策可以看成是会计系统的两个相互补充的具体目标。②本质而言，只要存在"委托—受托关系"，受托经管责任的履行情况必然受到各产权主体的密切关注，并设法在会计确认、计量和报告中得到体现。用会计等式表示就是"资产＝负债＋所有者权益"，该式左边体现的是经营权，右边体现的是所有权，这一等式完全是工业经济社会财务资本在生产领域"两权分离"的产物。受托方也有义务和责任借助于会计系统向委托方报告受托经管责任及其履行情况。因此，反映受托经管责任必然成为会计的目标取向。但是会计反映受托经管责任具有不完全性，即不能涵盖财务报告目标的所有方面。因为新经济下会计信息的使用者除资源的出资者、企业管理当局之外，还有政府部门和社会公众等。但是后者与企业经营者之间并没有真正意义上的“委托—受托”责任关系，而仅仅是一种经济往来关系或义务关系。因而将受托经管责任扩展到经营者与政府、公众的广义的责任关系，显然是不恰当的。③这些利益相关者(包括潜在的相关者)为在非此即彼的多种方案中提高资源配置的效率，不得不广泛利用会计信息，以便评价各种可供选择的行动方案。对投资者和债权人而言，其主要用途在于作出投资和信贷决策；对企业经营者而言，主要用途在于作出提高企业经济效益与社会效益的决策和完成与解除受托责任；对员工而言，主要在于了解和监督企业对职工的技术文化培训及福利待遇等方面的情况；对供应商而言，主要在于了解企业的付款能力，以便作出向企业是否供货或提供劳务的决策；对用户而言，主要在于作出是否购买企业产品或接受企业劳务的决策；对政府而言，主要在于考核监督企业的经营责任完成、税款征收、财经纪律遵守等情况；对社会公众而言主要在于评价监督企业对社会作出的贡献和履行社会责任的情况。但是“决策有用观”却偏重于提供信息，“受托责任观”则主要强调揭示受托经管责任。而实际上，会计系统在提供“有用信息”的同时，就已经为“判明受托方是否完成了受托责任、是否继续给委托方以信任”提供了决策依据。可见，“决策有用观”与“受托责任观”并不矛盾，而应融为一体。

在此我们应注意的是，新经济下的受托责任应是双重的，包括：①对托付的财产或资源的安全完整和充分运用、实现经营目标具有经管与监控的经济责任；②对职工的福利待遇、消费者的产品或服务的质量、政府的税收和社会公众的就业与公益事业以及生态环境的保护等具有测算与监督的社会责任(劳秦汉，1998)。即以委托—受托关系为存在前提，以财务会计与管理会计的融合为基本特征，以维护和协调委托与受托双方的经济利益和社会利益为目的，适时向各相关者进行报告的一种会计所应承担和履行的经济责任与社会责任。因此，会计人员一方面要对日常的经济活动进行确认、计量、记录和汇总、分析，然后定期或不定期向负有直接或间接受托关系的委托人报告相关可靠的信息；另一方面又要对整个经济活动过程进行预测、决策和监控，直接参与经营管理，然后不断向受托代理人提供有助于提高经济效益与社会效益的会计信息。

1.3.2 会计信息质量与财务报告目标的交叉相关性

由于财务报告目标是财务会计概念结构的中心和起点，因此不同的财务报告目标对会计信息的质量特征、会计要素的确认、计量和报告都产生了根本的影响，并在会计确认标准和计量基础的取舍方面形成了很大差异。会计信息的质量特征如果不能满足与其目标相一致的质量要求，则会计信息就不能实现其既定的目标。FASB 的概念结构公告中，财务报告目标被确定为“决策有用性”，首先，他们认为对决策最有用的信息是能“帮助信息使用者在预测未来时可导致决策差别”的信息。因此，相关性是保证信息对决策有用的最重要的质量特征；其次，决策有用性还要求会计信息能反映“意欲反映”，做到不偏不倚，这就要求会计信息具备可靠性的标准。将相关性排在可靠性之前，这与相应的法律制度环境能有效保障财务报表的可靠性有关。1933 年的《证券法》将注册会计师承担的法律责任扩大到所有推定的报表信息使用者，同时要求注册会计师承担举证责任，并辅之以高昂的惩罚性赔偿制度，其出发点就是希望相对有效地保证财务报表的可靠性，以维护利益相关者的权益。

然而，在对财务报告目标与信息质量关系的认识中存在着一种两分法的误区：受托责任只强调可靠性，决策有用仅关心相关性。相关性通常由及时性、预测价值和反馈价值三个要素组成，可靠性一般由真实性、可核性和中立性三个要素组成。随着近来对会计信息失去相关性的批评和改进财务报告建议的日益增加，相关性与可靠性之争再次成为人们关注的焦点，具有代表意义的是沃尔曼(1996)提出的彩色报告模式⑦。按照"彩色模式"，充分披露尽可能多的会计信息，即可从传统财务报告的墨守成规中"解套"，较好地适应知识经济的要求。充分披露相关信息，不仅能有效抑制内幕交易，而且还能有效释放市场风险。所谓充分揭示是指凡是为达到公正表达企业经济事项所必要的信息，均应完整提供并使用户易于理解，换言之，若某项信息被忽略或遗漏将引起用户对财务报告的误解或误导决策。可见，"彩色模式"也并没有将"可靠性"和"相关性"完全对立起来，而只是将"相关性"置于首要层次而已。实际上，相关性和可靠性并列为决策有用性的两个主要质量特征，只有同时具备相关性和可靠性的信息才可能有用，大

⑦ "彩色模式"将财务报告的内容分为五个层次，以全面报告与企业相关的各类信息：第一层次，报告那些符合可定义性、相关性、可靠性和可计量性等特征的信息，主要指在目前的会计准则体系下，财务报表所提供的以绝对数量货币额来表达的信息；第二层次，报告那些只符合可定义性、相关性和可计量性的事项，如将自创商誉当作资产来计量；第三层次，报告那些只符合相关性、可计量性的事项，如顾客满意度等；第四层次，报告那些只符合相关性、可靠性和可计量性的事项，如近年来"互换期权"等衍生金融工具的不断推出对报告使用者构成的潜在风险等。对此可借鉴 FASB 和 IASC 在金融工具上的做法，先将衍生金融工具的数量、价值、风险、未来收益可能性在这一层次披露，待时机成熟后，再研究确认与计量的实务操作；第五层次，报告那些只符合相关性的事项，如企业背景、关联方信息、企业主要股东、投资者、顾客满意度、市场份额等非财务信息。这一层次的披露可以帮助信息使用者更全面地理解企业的经营理念，有利于会计信息使用者对企业的综合分析评价及对企业前景的判断，弥补财务数据信息的不足。

量的实证研究也证明了这一点。我们不应该仅为了区别“决策有用观”与“受托责任观”而将二者对立起来。

IASC(2004)在其《编制财务报表的框架》中曾明确指出:①财务报表的目标,是提供在经济决策中有助于一系列使用者的关于企业财务状况、经营业绩和财务状况变动的信息。为此目的编制的财务报表,能够满足大多数使用者的共同需要;②财务报表还反映企业管理层对交托给他的资源的经管成果或受托责任[8]。我国新准则——基本准则第四条也规定:财务会计报告的目标是向财务会计报告使用者提供与企业财务状况、经营成果和现金流量等有关的会计信息,反映企业管理层受托责任履行情况,帮助财务会计报告使用者做出经济决策。由此可见,虽然决策有用和受托责任对相关性与可靠性各有其具体的要求及其侧重点,但二者可以统一于财务报告目标融合观之下。会计信息质量与财务报告目标的交叉相关性可用图 1—1 描述如下:

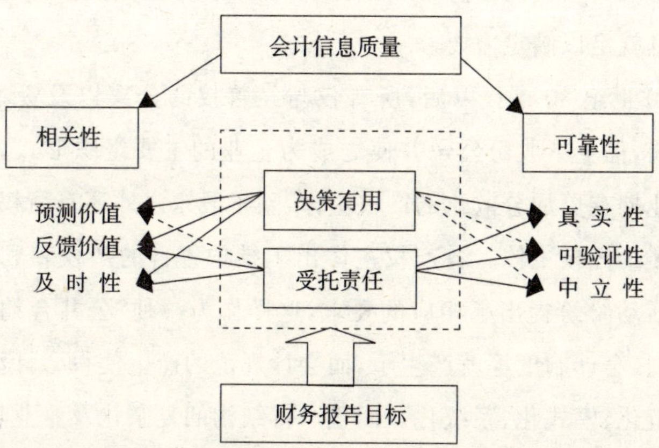

图 1—1　会计信息质量与财务报告目标的交叉相关性

---

⑧ IASC 编:《国际财务报告准则 2004》,中国财政经济出版社,2004 年版 p. 25。

1.3.3 财务报告目标革新与历史成本计量属性的冲突

财务报告是会计准则规范的成果，是会计行为的一种结果表述、汇总的一种手段。编制财务报告的目标要受财务报告所由产生的经济、法律、政治、社会环境的影响⑨。在不同的社会经济时期，因企业合约性质之不同，财务报告目标并非一成不变，它随着社会经济环境、科学技术等的变迁而变迁，亦即财务报告目标直接反映着社会经济环境的变化，并随着外部环境的变化而不断得到调整。在资本主义发展的早期，企业或商人运用历史成本会计的初衷是一种防止财产和物资的误用、挪用的监测系统，而不是为了记录公司经济价值的变化。历史成本会计强调数据的精确性和可验证性，通常记录原始的购买价或交易价格。这种基于历史成本的财务会计对于为商人或企业提供其所拥有的所有财产和所进行的交易及其损益的信息，以及为经济往来各方提供债权、债务方面的信息就足以满足需要。

20 世纪 30 年代以后，所有权与经营权的分离以及资本市场的发展，催生了股份公司并使之成为企业的主要组织形式。公司制企业拥有更加分散化的产权主体，除了股东之外还有债权人、政府等多个产权主体。各产权主体出于维护各自的产权和利益，对会计活动纷纷提出了相应的要求，这样作为一种“公共合约”的会计准则、会计制度等就产生了，而会计规范的产生使得会计活动逐步规范化、模式化、系统化。而且产权结构的复杂化及企业规模的扩大又使得所有者对经理层、经理层对下属的监督变得愈加困难

---

⑨ 〔美〕FASB 编，娄尔行译：《论财务会计概念》，中国财政经济出版社，1992 年版 p.8。

和代价高昂，故而人们开始热衷于采用一系列的控制、考核及评价措施。此时财务报告的主要目标就是向投资者、债权人等报告资源的运用情况，即评价受托经济责任。受托责任之所以存在，主要原因在于资源的所有权与经营权的分离。资源受托方接受委托，就此承担了合理、有效管理和利用资源并使其尽可能保值增值的责任。现实的投资者和债权人，是通过过去的、已经发生的经济活动，评价企业管理当局对其投入资源的利用效果的。所以，财务报表中的信息是反映过去的，并且为了保证财务报表信息的可靠性、可比性和相关性，进入财务报表的信息都经过严格的确认和计量程序，并需经过审计的审核和鉴证。这种经过严格的确认、计量程序，并经过独立、公正的注册会计师的审计后所提供的信息具有较强的真实性、可核实性和可比性，从而能较好地协调与处理同企业有错综复杂联系的各利益集团之间的关系。

随着资本市场尤其是证券市场的深入发展，关注企业发展并与企业有利害关系的投资者和债权人演变成数量众多、地域分散、流动迅速的庞大群体。数量众多的企业投资者和债权人遍布世界各地，委托代理关系变得不像从前那样清晰、明确。这种经济背景要求财务会计面向资本市场提供信息，不但向现实的投资者和债权人提供信息，而且应提供给潜在的投资者和债权人，以利于他们作出“购买、持有、抛售”企业证券的决策。这些利益相关者不仅关注企业过去和现在的经营业绩，而且更关注企业未来的经营情况，尤其是企业创造未来现金流量的能力。在这种背景下，财务报告目标的决策有用观的出现也就顺理成章。

世界经济一体化进程的加速及信息网络技术的普及应用，使世界各国社会经济结构都发生了深刻变化。高新技术被大量地采用，大规模的企业联合和兼并，以及衍生金融工具的不断创新，现代会计环境及有关利益各方对会计信息的相关性及充分披露的要求越来越高。因此,未来财务报告的目标将逐渐定位在为企业各相关利益者决策提供快捷灵敏的相关信息,并真正使提供有关现金流量的数量、时间分布及其不确定性的信息这一目标成为可以操作的现实。此时,会计信息的质量特征仍然要坚持可靠性、相关性、及时性与可比性,尤其是在可靠性与相关性的权衡中更偏向于相关性。相关性就是会计信息所表现出的这种影响判断和决策及决策差别的能力。通常由及时性、预测性和反馈价值三个要素组成。相关性是面向未来的会计信息质量特征,其目的在于决策;相关性中的预测和及时性要求,可能影响信息的可靠性,而为了追求完全可靠而忽略了信息的及时性和预测性,再可靠的信息,其相关性也会大大削弱。

财务报告目标的革新对传统会计提出了以下要求:一是从面向过去到兼顾未来;二是从重视成本到兼顾价值;三是从货币计量到兼顾其他量度。而上述需求是历史成本会计所不能满足的。这种模式在计量利润和现金流量方面是比较成功的,但在计量企业资产价值、企业价值等方面的局限性却日渐明显。因为,以货币计量并运用实际交易时的价格(即历史成本)作为计量属性的财务报表,主要反映企业过去的历史。在传统会计模式下,可靠性是最重要的会计信息质量要求。所谓可靠性是指会计信息应如实表达所要反映的对象,一般由客观性、可验证性和中立性三个要素组成。"可靠性"质量要求反映了会计人员传统的价值取向,即会计应以事后反映为主,而这种反映必须是客观、中立、证据确凿的,且排斥主观的估计和预测,以降低会计报表使用者的财务风险,更进一步说就是降低会计人员的职业风险。而且这一计量属性是工业经济的产物。工业经济社会,企业经营的目标是有形财富最大化,由于有形资产具有有用性和稀缺性，决定了它们可用于市场交换。这也是传统会计采用以交易为基础的历史成本计价原则的理由。因此，历史成本计量成为传统会计计量的核心。

历史成本会计主要包括两个内容：一是以历史成本为计量属性；二是以名义货币为计量单位。按照历史成本原则进行会计核算时，某项资产要求按其取得或交换时的实际价格计价入账，入账后的账面价值（历史成本）在该资产存续期间内一般不作调整。在强调收益计量且相对稳定的传统会计环境中，历史成本因其客观性、可验证性和有利于反映资产经营责任履行情况的优势而被广为推崇。然而，现代会计环境及信息需求者对会计信息的需求量，自 20 世纪 70 年代以来发生了根本变化。而且，通货膨胀和知识经济的冲击，也使历史成本法的根本优势——可靠性受到致命的打击，以名义货币为计量单位，历史成本为计量属性，在物价变动的环境中，既不能反映由于通货膨胀引起的一般物价变动，也不能反映被计量对象的个别价值变动，这样，历史成本不再可靠。

现实经济生活中不断涌现的一些新的经济业务与经营活动，进一步动摇了历史成本的计价基础。比如衍生金融工具是一种预期合约，在签订时就会产生相应的权利与义务，由于交易事项尚未发生，自然无历史成本可言。而且任何一项金融工具从合约的签订到最后的平仓、交割都要经过一段时间，在此期间内，衍生金融工具的市场价格在不断发生变化。如果以签订合约时的价格入账，就无法反映衍生金融工具的市场风险，金融监管更是无从说起。在 20 世纪 80 年代，美国 2000 多家金融机构因从事金融工具交易而陷入财务困境，但建立在历史成本计量模式上的财务报告，在这些金融机构陷入财务危机之前，往往还显示着“良好”的经营业绩和“健康”的财务状况。再比如以智力资本为核心的无形资产在企业资产中所占的比重大幅度上升，甚至在某些高科技企业中绝大多数资产是无形资产。但如果对智力资本按历史成本计价，无疑将极大地歪曲了智力资本的价值，比如微软公司的市场价值在1995年是就已经接近其账面价值的十倍。更何况许多无形资产是很难确定其历史成本的（如商誉），却能给企业带来丰厚的经济利益。

因此，财务报告目标的革新必将带来对会计计量理论及实务框架做相应变革的客观需求。历史成本计量是所有会计计量方法中最具可靠性的，而更具相关性的价值计量将取代其成为会计计量的中心，无疑是可靠性与相关性权衡的结果。历史成本会计强调数据的精确性和可验证性，通常记录原始的购买价就足以满足需要。历史成本原则符合受托责任观而与决策有用观相背离。在财务报告目标定位于决策有用观时，历史成本会计的缺陷就非常明显。但从西方国家尤其是美国的情况来看，基于决策有用观，人们对公允价值计量的偏爱主要来自于它能提高会计信息的相关性，而对相关会计信息的需求是美国会计信息使用者的一贯追求。以SEC和投资者为代表的支持者认为，公允价值会计将极大提高财务信息的相关性，使会计信息反映资产和负债的真实价值，且有助于防范和化解金融风险。由于公允价值是以市场定价为基础的，所以其决策价值要明显优于历史成本。

会计领域一直沿用历史成本的计量模式，遵循稳健原则和追求客观性原则。随着经济的发展，特别是金融市场的发展，历史成本的计量模式受到前所未有的挑战。由于财务报告中的资产是以历史成本计价，并没有考虑一些重要因素影响，如通货膨胀和过时贬值，所以资产的账面价值与现行的市场价格有差异。资产的历史成本很容易误导人们，尤其是在价格上涨时期。在一些国家，如英国，土地和建筑物有时被重新估价以反映假设其出售的价值增值。但是，在大多数国家，公司不对资产的历史成本作任何调整。对于不同的资产，以历史成本为基础的财务报表缺乏可比性。这种现象不仅存在于某一特定时点的不同公司之间，同一公司拥有的不同资产之间也存在这样的问题。相比之下，公允市场价值具有与经营现状相关的特点。在此背景下，公允价值引入了会计系统。

1.3.4　会计计量属性：从历史成本到公允价值

1. 传统会计计量基础的局限性

(1) 传统的会计计量基础理论难以适应

传统的会计计量是基于投入价值观，它是以一个投资主体取得或建造某项财产物资时实际支付的现金及其等价物即投入价值为资产价值计量的标准，从而形成历史成本计量基础。对"历史成本"的确认标准有两个，即"收付实现制"和"权责发生制"。这种观念是建立在劳动价值理论基础上的。只有用于交换的商品，其价值才能以社会必要劳动时间来衡量；只有在对投入价值补偿保全的基础上，才算增值。计量的内容是劳动创造和转移的价值，计量的时间是交易实际发生时，并且不再作重新计量。这只能量度经济事项的一个侧面或一部分经济事项，不能对经济事项作全面、立体、动态的衡量。因为历史成本属于过去时态，只能用于初始计量并供以后各期进行摊销和分配，对后期发生的不确定性不予考虑，如通货膨胀、科学技术进步、企业追加价值等。有些经济资源具有稀缺性、效用性的特点，稀缺性、效用性就成为价值的主要源泉，如珍奇资源、环境资源。有些经济资源具有未来创造价值的能力，未来经济利益的流入就体现了该资源的价值，如人力资源。有些交易结果只有未来才能证实,交易双方相互认可的价值就可以作为计量的依据,如衍生金融工具。凡此种种,都需要新的计量基础理论来支持。

(2) 资产不能反映其真实价值,收益难以反映其经营成果

传统会计模式下,资产以取得或发生劳务时的代价而不是该资产或劳务的现时价值入账。这一原则贯穿于会计处理的全过程,直至资产被销售或处理。这期间不论物价如何变动,都不再修正该项资产的账面价值。这样按照原始成本会计的计价原则,当物价持续上涨或下跌时,原始成本就无法反映资产价值的变动。

资产计价模式的变化必然引起收益决定方法随之变化。传统的收益/费用观确认的会计学收益(又称为利润或盈利),通常是指来自期间交易的已实现收入和相应费用之间的差额。但是,由于在传统会计下,收入的确认应遵循实现原则,资产在其消耗时按原始成本转销,所求得收益是按现时价格计量的收入与已耗资产的原始成本相配比的结果。未实现的资产价值或产生的贬值,会计上都不予承认。在物价上涨时,收入与较低的原始成本相配比,产生出较高的利润;当物价下跌时,收入与较高的原始成本相配比,产生出较低的利润。而事实上,较高的利润中有一部分是物价上涨的结果(即持产利得),较低的利润是物价下跌的结果(即资产贬值损失),而不是企业真实的经营业绩,从而影响对企业经营成果的评估和预测。因此,会计学收益无法确认在既定期间内持有资产的价值增减,从而不利于反映本期的实际收益。同时,由于资产成本的计算方法不同,基于历史成本的传统会计收益也不便于比较。有时甚至相同的会计经济事项在不同会计期间的损益表中会产生不同的结果。

(3) 企业资本难以保全,再生产能力下降

在传统会计计量模式下,与收入配比的是所消耗生产要素的原始成本。在物价持续上涨时,按现值计价的收入与按原始成本结转的成本或费用,两者之间的差额会很大,导致利润增加,而实际上原始成本和现行成本、重置成本相差也很大,企业可能缺乏补充存货和更新固定资产的能力。如果企业按报表列示的虚假收益来计算缴纳所得税和进行利润分配,企业的财力就会越来越弱,严重的甚至威胁企业的持续经营和发展后劲。所有这些,历史成本会计难辞其咎。历史成本会计难以解决因物价变动所产生的在资产计价和收益计量上的矛盾,同时在物价变动条件下,历史成本会计的可靠性和相关性两个主要的信息质量特征也受到了严重的损害。为了弥补历史成本会计的不足,人们提出了许多建议,试图在不动摇历史成本会计基本框架的前提下做出局部的改革,如对存货的计量采取后进先出法,对固定资产采用加速折旧法等。这些方法从局部改善了会计信息的质量,但未能从根本上解决问题。

2. 公允价值计量的渐入历程

前文已述,历史成本作为现行财务会计中应用最为广泛的一种计价方式,其相关性较弱,这主要是因为作为一种静态的计量属性,历史成本并不能公允地反映其财务状况和经营成果:①历史信息资料使信息使用者难以据此做出对未来的准确决策;②在物价变动的情况下,尤其是恶性通货膨胀时期,历史成本不能为信息的使用者真实提供企业期末资产以及本期取得的净收益等有用的信息;③由于没有考虑时间价值和现金流动信息,因而不能真实反映企业的财务状况和经营成果。更何况诸如商誉、技术、人力资源、衍生金融工具等根本无历史成本可循。因而,无论从客观实际还是从历史成本法的本身性能上看,以可靠性为借口强调成本计量而排斥价值计量是站不住脚的。

长期以来，FASB一直比较重视除历史成本以外的其他计量属性的运用。其中比较有代表性的是FASB在1984年发表的第5号财务会计概念公告“企业财务报表的确认与计量”中所表述的五种计量属性：①历史成本是会计计量中的最重要、最基本和最普遍采用的属性。当价格变化较小时，它可用以提供相关、可靠而有用的会计信息，且信息成本较低；否则，在价格变动明显时，相关信息的质量就会大大降低；②现行成本又称重置成本或现实投入成本，是假定在某期取得相同或类似资产时将支出的现金数额或其他等值物。如重新购置或制造同类新资产或具有相同生产能力的资产的市场价格或成本；③现行市价又称脱手价值，指在正常清算情况下，销售资产时可望获得的现金或其他等值物；④可实现净值又称预期脱手价值，是资产在正常经营过程中可带来的未来现金流入或将要支付的现金流出；⑤未来现金流量的现值，指资产在正常经营性使用中可望带来未来现金流入的现值（或贴现值）减去为实现这一流入所需的现金流出的现值后的净额。FASB1991年发布的No.107，则要求某些公司在其财务报告中不仅要报告资产的历史成本，还要在会计报表附注中说明其资产的现行重置成本。

现行成本法按照现在购买价为计量基础，可变现价值按照现在正常变卖价或正常经营中的偿还价为计量基础，因此，二者的计量基础较为相似——基于现实基准。这一基于现实基准的计量基础的主要优点是：①期末财务报表提供非过去的历史信息，能够提供较真实、客观的关于企业财务状况等的信息，增强了财务报告的可分析性及报表信息的相关性；②可以较客观分析、评价企业的财务状况及经营业绩，有利于加强企业的经营管理，合理分配企业资源；③能够真实地反映企业的所有者权益；④可以避免在价格变动时虚计收益，能确切反映企业维护再生产能力所需生产耗费的补偿。这两种计量属性的上述特点，决定了它对利益相关者的决策具有较强的相关性，但是在物价信息等数据资料难以完全取得和计算技术较差的情况下，现行成本及可变现净值法下会使用大量的人为估计，从而造成主观随意性较大。可变现净值法虽然考虑了资产能导致经营性收入或支出这一资源特征，但只适应于计划未来销售的资产或未来清偿既定数额的负债，且未考虑货币的时间价值，因而其适应范围无法囊括全部资产。而且由于各期的现行成本或可变现净值只反映了资产和负债在不同时期的现行价值或可变现净值，这种数据在不同时期缺乏可比性，从而使会计核算资料在财务预测中缺乏可靠性和实用性。更何况，要确定与现有资产具有相同服务潜力（即可带有相同的未来经济利益）的同类资产的现行购买金额并不是一件容易的事情。也就是说，用现行成本取代历史成本计量，未必符合效益大于成本的原则。因此通常情况下，除英国、荷兰等少数国家外，大多数国家的财务报表已很少按现行成本或可变现净值表述财务报表。未来现金流量的现值考虑了现金流量的时间分布以及货币的时间价值等因素，在理论上较全面，但确定性差，且计算过程较为繁琐。

随着社会的发展，知识经济和信息社会的浪潮开始冲击财务会计原有的概念和原则，对企业的商誉、衍生金融工具等软资产的确认和计量问题，日益受到会计界和其他领域人士的关注。FASB 在经过 10 年酝酿和反复讨论后，于 2000 年 2 月推出了第 7 辑财务会计概念公告——《在会计计量中使用现金流量信息和现值》（*Using Cash Flow Information and Present Value in Accounting Measurement*），为在初始确认或新起点计量（fresh start measurement）时使用未来现金流量作为会计计量基础提供了一个比较完整的指导框架。该公告指出，在初始确认或新起点计量中使用现值的唯一目的是估计公允价值。“安然事件”发生后，FASB逐步确立了以公允价值计量所有金融工具的目标，并要求进一步强化财务报告中公允价值的确定和披露。2006年9月，FASB正式对外发布了《财务会计准则公告第157号——公允价值计量》，该公告基于公认会计原则建立了计量公允价值的框架，并加强了对公允价值计量的披露。在制定本公告的过程中，FASB考虑到了在公允价值计量中需要增强一致性和可比性，并需要增强对评估公允价值计量的披露，以为财务报表使用者（现有的和潜在的投资者、债权人及其他人员）提供有用的信息，有助于他们做出理性投资决策、贷款决策和类似决策。该公告适用于其他要求或允许以公允价值计量的会计公告，对自2007年11月15日后起始的会计年度及这些年度中期发布的财务报表有效。

除美国外，其他国家和国际组织也在积极地考虑现金流量信息和现值技术在会计计量中的应用问题。1997年4月，英国会计准则委员会（UKASB）发表了一个工作稿——《财务报告中的折现》（*Discounting in Financial Reporting*）“G4+1”集团（指美国、澳大利亚、加拿大、英国的准则制定机构和国际会计准则委员会）的一个工作小组就现值问题也进行了多次讨论。国际会计准则委员会也建议企业资产使用公允价值为基础记账，这一点已经在其公布的众多准则中有所体现，如IAS37－41等。其中在国际会计准则第37号《准备、或有负债和或有资产》中，现值技术也得到了更广泛的应用。

我国会计界也已认识到公允价值计量的优越性，并于1999年发布实施的《债务重组》、《非货币性交易》等准则中首次引入公允价值计量属性。但是考虑到我国现实的经济发展状况，以压缩企业利用公允价值操纵利润的空间，财政部于2001年发布实施的

《企业会计制度》和修订的相关准则中，废弃公允价值计量，代之以账面价值。但实际情况是，不使用公允价值给会计核算和审计验证带来很多困难，比如一项未折现的计量可能使不可比的资产和负债变得可比，或使可比的资产或负债变得不可比。因此，新会计准则体系在坚持历史成本基础的前提下，在企业合并、投资性房地产、生物资产、股份支付、债务重组、非货币性交易、金融工具确认和计量等准则中采用了公允价值的概念或计量方法，成为一大亮点。新企业会计准则体系制定的主要思路之一是参照国际财务报告准则，并充分考虑我国的现阶段国情，以使按照企业会计准则体系编制的财务报表能够更加真实、公允地反映企业的价值。因此，《企业会计准则——基本准则》中明确指出"企业财务报告的目标，是必须为报告使用者作出科学决策提供相关、真实、可靠、公允的会计信息"，并为此对确认、计量原则作了系统严格的规定。基于这一目标导向，新准则还从信息披露这一关键环节入手，对原有财务报告披露要求作了全面梳理和显著改进，创建了比较完整的财务报告体系，并对信息披露时间、空间、范围、内容作了全面系统的规定。新准则体系目标的确立和理念的升华，将促进企业不断提高会计信息质量和透明度，从而为维护投资者和社会公众利益、促进资本市场健康稳定发展提供了制度保证，体现了维护投资者和社会公众利益的政策导向和基本原则。

1.4　本章小结

会计计量处于会计系统运行的中心，是会计理论和方法的核心内容。财务会计的许多理论和方法都是围绕会计计量展开讨论的。财务会计理论的改革也一直是以会计计量为中心的。会计理论的变革实质上就是试图改变传统会计理论强调成本的状况，代之以价值为中心的符合逻辑的结构。财务报告目标的革新带来了对会计计量理论及实务框架做相应变革的客观需求。历史成本计量是所有会计计量方法中最具可靠性的，而更具相关性的价值计量将取代其成为会计计量的中心，无疑是可靠性与相关性权衡的结果。历史成本会计强调数据的精确性和可验证性，通常记录原始的购买价就足以满足需要。历史成本原则符合受托责任观而与决策有用观相背离。在财务报告目标定位于决策有用观时，历史成本会计的缺陷就非常明显。

公允价值计量体现了财务报告目标转变的这一要求。可以说，资本市场的发展、股权分散程度的提高是推动会计调整目标，进而改革其计量体系的最根本因素。资本市场越发达，社会对财务信息决策有用性的要求越高，公允价值也将越受重视。同时，公允价值计量反映了计量属性的多元化趋势，也填补了历史成本无法客观反映的领域的空缺。公允价值由于高度的相关性，越来越受到相关方面的青睐，在 20 世纪 90 年代得到长足的发展。与传统计量属性相比，公允价值计量是面向市场的，它强调公平交易和市场完善，并且能够客观地反映当前经济环境下资产或负债的真实价值，因而其决策的相关性大大提高。

第2章 公允价值计量的理论基础与确定方法选择

2.1 公允价值计量的理论基础

2.1.1 现代产权理论奠定了公允价值计量的制度基础

现代经济学对企业理论的主流解释是以科斯为代表的交易费用理论。该理论的最大贡献在于从交易费用的角度解释了企业为什么存在以及企业的边界等问题。交易费用理论认为,企业的显著特征就是作为价格机制的替代物,替代程度取决于交易费用的大小。根据科斯定理,企业优于市场交易中的地方是来自于交易费用的降低所带来的利益(科斯,1960)。因此,企业必须明确界定其与外部的产权关系,确立企业的目标,同时设计好内部治理结构,贯彻权责利相互制衡原则,其落脚点则在降低交易费用,维持"产权域秩序",实现其既定的目标。而降低交易成本的强烈要求,促使会计计量方法和技术的不断创新,以对具体交易活动的成本进行比较准确的计量。

从新制度经济学来看,为了维护各产权主体的根本利益,在产权优化的前提下,会计信息必须具备相关性和可靠性,从而提供对各产权主体决策有用的信息,使会计信息产生"正"经济后果。现有产权会计理论对交易费用如何从会计的角度予以量化,沿用历史成本计量属性给出了一些基本思想。对交易费用(大部分是沉没成本)采用历史成本计量属性是合理的、正确的,因为此时公允价值计量与历史成本计量结果往往一致。但是,对财产如何计价,理论界和实务界实际上默认了主要采用的历史成本计量属性。我们认为,真实公允地反映产权流,维护外部产权主体的财务分配和财务决策等产权利益决定的必须采用公允价值计量属性对"财产"进行计价。因为一旦财产计价不相关,不客观公允,那么对围绕财产而内化的一系列权利束(产权)边界的明确界定、动态调整,以准确界定产权主体的权利和利益边界,使权责利相互制衡等,都将是"纸上谈兵"。产权优化和建立高质量的产权制度也就不可能实现。计价不相关,企业内部治理结构中的权利安排也不可能协调好,这反过来又将加大内部管理成本,降低企业绩效。

2.1.2 资本保全理论是选择公允价值计量属性的重要原因

资本与收益有着密切的联系,只有维护好资本,才谈得上确认收益,即真实的收益应当建立在资本完整无损和保持企业同样的生产经营能力的基础之上。西方会计理论把资本保全分为两类,即财务资本保全和实物资本保全,前者认为如果期末投资总额等于或超过了按名义货币单位计量的期初投资总额,资本就得到了维护,超出部分就确认为收益;后者认为收益只有在期末投资总额超过能保持与期初相同生产能力所必需的投资总额后才能予以确认。采用何种计量属性进行会计计量,取决于其赖以坚持的资本保全观点。在物价稳定时期,财务资本保全和实物资本保全趋于一致,这时选用历史成本计量属性就足以满足需要。但在物价上涨的经济条件下，如果采用历史成本计量耗费的生产能力，在价值补偿中收回的金额将不足以维护企业的再生产，即只能维护财务资本，难以补偿实物耗费。要维护实物资本，往往需采用现行成本、现行市价等现行价值作为计量基础。在采用公允价值计量下，所耗费的生产能力是按现行市价或未来现金流量的现值计价，即使在物价上涨时，不管何时耗费的生产能力一律按现行市价或未来现金流量现值计量，生产能力的耗费即能在销售中得到补偿，企业得以维持正常生产，实物资本从而得到维护。

2.1.3　财务报告目标革新引致了公允价值计量的现实需求

前文已述及，历史成本是资产实际发生的成本，反映了资产或负债在实际交易中的历史记录，是以反映受托责任为会计目标的。按照历史成本计量时，只能反映已发生的成本，而不是未来可能发生的成本。然而，随着市场经济的发展，在计量衍生金融工具、人力资源等时，历史成本难以追踪市场价值的变动情况而使相关性和可靠性受到很大影响。人们开始更加关注如何使会计计量能够为投资者、债权人以及其他会计信息的使用者提供对其投资、信贷等活动更为有用的信息，会计目标开始更多地倾向于决策有用观。因此，社会经济环境的变化要求财务会计面向资本市场提供信息，不但提供给现实的投资者和债权人，而且应提供给潜在的投资者和债权人，以有利于其作出决策。这些人不仅关注企业过去和现在的经营业绩，而且更为关注企业未来的经营情况，尤其是企业创造未来现金流量的能力。所以，财务报告应更关注有关企业未来现金流动金额、时间分布及其不确定性的信息，以为信息使用者（包括现在的和潜在的）作出合理决策。

由于财务报告目标是财务会计概念结构的中心和起点，因此其变迁对会计信息的质量特征、会计要素的确认、计量和报告都产生了根本的影响。

从时间上，受托责任观主要是面向过去和现在的，而决策有用观则是面向未来的。与历史成本计量相比，公允价值计量就是面向市场的，它强调公平交易和市场完善，并且能够客观地反映当前经济环境下资产和负债的真实价值，决策的相关性很高。而且随着资本市场的进一步完善，相关性的质量特征在会计信息质量系统中的地位也越来越重要。资本市场越发达，财务信息的决策作用越重要，社会对财务信息的相关性要求就越高。可见，财务报告目标的这种转变，是公允价值这一计量模式产生的重要前提条件。

2.1.4 资产计价模式转变及资产负债观的确立扫清了公允价值运用的理论障碍

20 世纪 50 年代以前，人们普遍倾向于从成本的角度理解、界定资产，因而当时资产一般都是指企业通过实际交换行为所取得的实际资产，或是通过一定簿记规则形成的账户借方余额(CAP,1953)。但随着各个不同学科的相互渗透，会计学界在此后的理论研究中，也开始逐渐接受经济学中关于资产的概念。这体现在美国会计学会(AAA)在 1957 年的一份报告中，该报告指出："资产是一个特定个体从事经营所需的经济资源，是可用于未来经营的服务潜力总量。"该定义强调了资产的价值，而不是企业为取得该资产所实际耗费的支出。但是，该定义只重视资产的存量特征，却忽视了企业拥有资产的目的，即为企业带来经济利益。于是，到了 80 年代，美国会计准则委员会则把资产定义为"因过去的交易或事项而由某一特定主体所拥有或控制的可能的未来经济利益”。根据这一定义，资产计价应选择最能反映资产给企业带来的“未来经济利益”的计量属性。因此，理想的计量属性应当是该资产未来现金流量的现值。这一变化不仅影响到整个资产计价模式的选择，而且为公允价值在资产计价上的应用提供了理论依据。

资产计价模式的变化必然引起收益决定方法随之变化。在确认和计量企业净损益问题上，有收入费用观（损益观）和资产负债观两种方法。传统的收益费用观确认的会计学收益（又称为利润或盈利），通常是指来自期间交易的已实现收入和相应费用之间的差额。但是，由于历史成本和实现原则的限制，会计学收益无法确认在既定期间内持有资产的价值增减，从而不利于反映本期的实际收益。同时，由于资产成本的计算方法不同，基于历史成本的传统会计收益也不便于比较。鉴于会计学收益的种种弊端，不少西方学者逐渐吸收了经济学中收益的概念，认为收益中应列入资产的持有利得和损失。此后，FASB 在 1980 年发表的财务会计概念公告第三号（SFAC No. 3）《企业财务报表的要素》中提出两个不同的收益概念：盈利（earnings）和全面收益（comprehensive income）。其中，关于全面收益的表述是：“在一个期间内来自非业主交易的权益（净资产）的全部变动”，也就是要包括已实现和未实现的业主权益（净资产）的变动。由此收益计量的方式也由收入费用观转向资产负债观。在资产负债观的理念下，对企业某类交易或事项进行会计处理时，先确认该类交易或事项产生的相关资产和负债，或对相关资产或负债造成的影响进行确认和计量，然后再根据资产或负债的变化来确认净收益。二者的区别如图 2—1 所示。

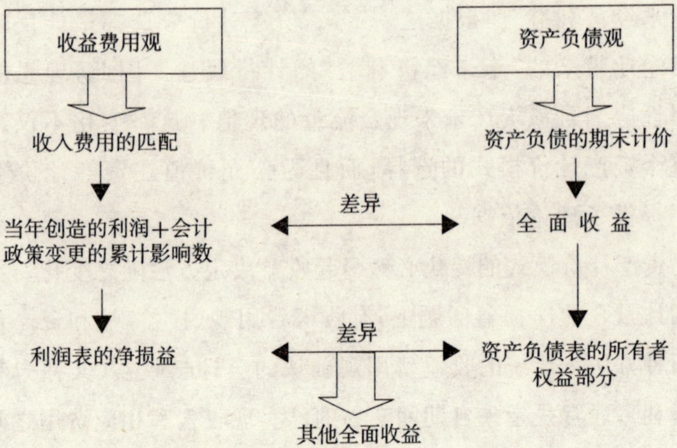

图 2—1 收益费用观与资产负债观的比较示意图

会计理论的变革实质上是试图改变传统会计理论强调成本的状况，代之以价值为中心的符合逻辑的结构。资产负债观注重资产的真正价值，认为企业收益是当期净资产的净增长额，对企业持有的金融性质的资产，在资产负债表日因公允价值变动引起未实现的损益（公允价值与账面价值之差）确认为当期损益（或计入权益）。这样可弥补会计收益的不足而向经济收益看齐，更加准确地披露企业获得的现金流量，更确切地反映企业的经营能力、偿债能力及所承担的财务风险，更合理地反映企业的财务状况以及企业的真实收益，可以全面评价企业管理当局的经营绩效。因此，资产负债观的确立及其应用为公允价值会计的进一步推行扫清了障碍，而公允价值因此也成为体现全面收益的最佳计量模式。

2.2　公允价值的内涵及其本质特征

2.2.1　公允价值的内涵及特点

1. "Fair Value"的渊源："True and Fair"

最先提出"公允"(Fair)概念的国家是英国。早在1844年，英国股份公司法就规定，公司的资产负债表必须"充分和公允"(Full and Fair)。1900年，英国公司法中出现了对公司财务状况的报告要符合"真实与正确"(True and Correct)的要求，这一要求持续到二战结束。1945年，英格兰和威尔士特许会计师协会提议用"真实与公允"(True and Fair)取代"真实与正确"。1948年，英国在修订公司法时正式提出"真实与公允"理念，要求在会计年度结束时，公司必须按照"真实与公允"的理念，提供资产负债表以表达公司的财务状况，提供损益表以披露会计年度中的利润和亏损。1967年，英国公司法又要求审计师必须在审计报告中说明客户的年度财务报告是否符合"真实与公允"的要求。

1973年初，英国和爱尔兰加入欧共体(EEC，1993年后改称欧盟)，其"真实与公允"理念逐渐影响欧洲大陆。1978年7月欧共体通过的《第四号理事会指令》，则开始将"真实和公允"观念向其他欧共体国家推销、移植。欧共体当时发布的《第四号理事会指令》将"真实与公允"理念作为评价财务报告编制的最高标准，甚至可以凌驾于欧盟指令之上。该指令规定："年度报告应当按真实、公允的观点反映公司的资产、负债、财务状况和盈亏"；"若财务报告披露不充分，不足以满足真实与公允的披露要求时，必须提供补充的信息"；"如果执行欧盟的某一指令条款，不利于主体真实与公允地编制财务报告，则可以背离这一条款，但任何背离欧盟指令的做法，都必须在报表附注中说明，并披露该项背离对资产、负债和损益的影响。”1948 年的英国公司法将其改为“真实和公允”(True and Fair)，并一直沿用至今，成为编制和评价财务报表最重要的原则。

“真实与公允”理念的目标是为会计职业界处理经济业务、编制财务报表提供一个最高的判断标准，这个标准就是促进财务报表各项质量特征最大程度地实现，满足财务信息的透明披露。目前，“True and Fair”已成为各国会计规范引导企业进行财务报表编制的思想和灵魂。IASC 在 1989 年 4 月份发布的《编制财务报表的框架》中提到了“真实与公允”的观点，认为财务报表应“真实与公允”地反映主体的财务状况、经营业绩和财务状况变动。这一理念被改组后的 IASB 继续沿用，并得以发扬。IASB 于 2003 年 12 月发布了《国际会计准则第 1 号——财务报表的列报》(IAS1)的修订稿。IAS1 为主体编制财务报表，最大程度地实现真实与公允列报提供了一个整体框架。实际上“True and Fair”即是“Fair Value”的渊源和基本特征。

2. 对“公允”概念的辨析

(1) 公允并不仅针对会计计量属性，讨论公允首先应明确是针对哪一项工作而言的。实践中有针对会计职业判断而言的公允、针对审计意见而言的公允、针对资产评估工作过程而言的公允以及针对其他事项需要做出评价而言的公允等等。“公允”这一概念无论是在理论界还是在实务中，使用得都较为广泛。作为一般需要评价事项而言的“公允”，表明了一种无偏的主张，即出于独立、客观、公正立场的意思表示。其中针对会计而言的公允，是指所提出会计认定层次或报表层次的信息在主观上是无偏的，即出于独立客观公正的立场。但是由于会计职业判断贯穿于会计的确认、计量、记录和报告等的全过程,涉及方方面面。这就意味着会计人员需在已有的规则范围内作出选择,而选择的标准和依据可能是客观,也可能是主观的,基于客观标准所能作出的选择仍不唯一时就需要进一步的主观判断。所以对此问题的公允与否的评价,首先是表明其选择(包括运用判断后的决定)所依据的标准是相对客观、无偏的;其次表明其依据公允标准所作出的选择是恰当的。而且,"价值"受制于评价主体的主观判断,而"公允"只能是针对特定主体而言的,"公允价值"只能是评价主体从特定主体的利益出发进行公允的评价或意思表示,而作为计量目标的"公允价值"所要求的显然不仅仅是对于特定主体而言的公允。针对审计意见而言的公允,则是评判审计意见的发布是基于无偏立场作出的,这种情况下无偏的立场表明审计师针对会计报表所发布的审计意见是符合会计准则规范或实际情况的,因而公允与否才是对审计意见的准确评价(唐爱军,2006)。

(2) **对公允的评判和讨论通常都会涉及标准问题。**标准既有成文的规范,如审计师评价会计报表是否公允的标准是会计准则以及会计制度等,也有不成文的规则,如专业评估结论是否公允的标准通常要经受市场检验——评估准则只是在程序或方法方面,提供一个尽可能形成公允意见的规范,而不是可以直接依据的价值标准。有标准可依的判断相对简单、容易操作,而没有标准或者标准不明晰时,则对人的要求尤其是专业胜任能力和职业道德方面的要求相对较高。标准通常不是客观存在的,而是人们改造客观世界过程中认识的具体化、规范化和系统化。因此,标准必然涉及人们的认识水平问题,包括现时人类总体认识水平、制定标准者以及执行标准者的认识水平——也就是人们的认识是否符合事物内在的客观规律，制定标准者的认识是否有超前或滞后现象以及将客观规律转化为标准时有无偏差，标准执行者的认识是否同步且执行中无偏差。这一点在审计师对审计意见的评价中体现得尤为突出。比如，审计范围受到限制时，审计师可以视其影响大小而选择解除约定、出具无法表示意见的审计报告或出具保留意见审计报告。如果按照通常的判断尺度，如重要性标准和性质标准双重标准进行判断，绝大多数审计师会出具保留意见的审计报告，那么这种意见即是针对这一特定情况的公允；相反，如果某审计师一定要发表否定意见或者拒绝表示意见，那就有失公允了（唐爱军，2006）。这个过程就涉及人为制定而非客观存在的标准、对标准的理解、对标准的执行和评价等一系列问题。当然，充分理解概念是必要的，在现实中灵活运用更重要，而最重要的则是要在充分理解规则本质出发点的基础上运用和执行规则，而不能拘泥于现成的规则条文，否则，表面的公允实质上极可能是本末倒置的。

（3）道德水准往往是影响公允评判的重要因素之一。人是社会关系的总和，在一个人身上集中了复杂的社会关系，因此影响一个人发表公允意见的道德因素总是客观存在的。实务中要求有利益关系者保持绝对超然的态度去发表意见是不现实的；而没有利益关系者发表意见的内在积极性显然不如利益相关者，所以其能否恪尽职责地评判问题尤其是复杂的现实问题值得怀疑。通常而言，凡涉及选择或作出评判且要求给出明确评判意见的情况，均涉及道德问题，包括社会伦理道德和职业道德。对于一般人而言，伦理道德虽普遍有效但不能保证始终公允，比如，一个不说假话的人，并不意味着他所说的“真话”一定是正确的（即符合客观事实）的。相反，说假话的结果通常则不符合客观事实。对于职业人士而言，职业道德和伦理道德是双重的考验，因为有些情况下虽不违背伦理道德但违背职业道德，比如一位审计师或者专业评估师在工作期间忽然爱上了客户的财务总监，从伦理道德方面看只要不涉及婚外恋，这通常不应成为一个问题，但就职业道德而言其问题则在于，将原本没有利益相关的关系发展成为利益攸关后，立场可能会随之发生变化，因为受到利益牵制情况下所作出的判断和发表的意见能否保证公允令人怀疑(唐爱军，2006)。

3. "公允价值"的内涵分析

公允价值的英文是"Fair Value"。"Fair"乃"公平、公正"之意。中文将其翻译成"公允"实际上内含了"公平、公正、允当"⑩。在汉语中，对于"公正"，《辞海》有两种解释：一种解释是"人们从既定概念出发对某种现象的评价，亦指一种被认为是应有的社会状况，反映社会生活中人们的权利和义务、作用和地位、行为和结果之间某种相适应的关系。公正观念和标准受社会历史条件的制约，具有时代性和阶级性"；另一种解释是指"道德要求和品质要求，即坚持原则，按照一定的社会标准(法律、道德、政策等)实事求是地为人处世"。"允当"则有"适宜、得当"之意。因此，从词义上理解，公允至少有以下三个方面的含义：一是公允即公平，指在经

⑩ "公平"和"允当"都表示一种主观上的评价，至少包含两层含义：第一，公平与允当具有时代性和阶级性。从微观看，更具有个体特征，受个体的背景、环境、立场等多方面因素的影响，不可能对所有个体都公允，更不可能形成定量的分析标准。以被认为是最为公允的市场价格为例，它在存货、短期有价证券中得到了广泛的使用，然而市场价格的选择也有着相当大的弹性。会计主体在选择市场价格时就可以充分利用对己有利的因素，甚至制造对己有利的因素，排斥对己不利的因素。所以，公允是针对特定主体而言的。而企业是利益相关者之间一系列契约的结合体，各利益相关者的目标不尽相同，他们的经济利益通常会发生冲突，因此要对所有利益相关者做到公允的可能性就微乎其微了。"公允"可望而不可及，也就成了一个空泛的口号，甚至成为某些特定主体操控交易和损害其他利益相关者的工具。第二，如果对其他主体不公平、不允当，特别是在其行为没有超出一定范围而法律、法规又尚未涉及的情况下，只能从道德、道义上加以约束，而这种约束的力量有多大也就可想而知了。

济活动中应以利益均衡作为价值判断标准，并确定经济活动中各主体的权利与义务关系；二是公允即公正，是指会计信息应做到不偏不倚地表述经济活动的过程和结果，避免倾向于某一特定利益集团的需要；三是公允即公认，是指企业采用的会计处理方法所生成的信息能被利益相关者所认可，从而有助于实现企业多元产权主体的利益均衡。

公允原则强调的重点表面上是公允表达，即财务报告应客观公正、不偏不倚，但公允表述离不开公允计量，而公允计量最根本的途径就是以公允价值作为会计的计量属性进行计量，因此，公允表述与公允价值计量是一个问题的两个方面，公允价值计量是公允表述的内核；公允表述则是公允价值计量的结果，二者均以实现企业利益相关者的利益均衡为目标。FASB认为，公允价值是指在计量日的有序交易中，市场参与者卖出某项资产所能收到的价格或为转移债务所愿意支付的价格（FASB，2006）。英国会计准则委员会（UKASB）将公允价值定义为："在公平交易中，亦即在非强制或非清算性销售中，熟悉情况的当事人自愿据以交易的金额。"IASB在IAS32《金融工具：披露与列报》中将公允价值定义为："在公平交易中，熟悉情况的当事人自愿据以进行资产交换或负债清偿的金额。"我国新颁布的《基本准则》和《第22号——金融工具确认和计量》则指出："公允价值，是指在公平交易中，熟悉情况的交易双方自愿进行资产交换或者债务清偿的金额。在公平交易中，交易双方应当是持续经营企业，不打算或不需要进行清算、重大缩减经营规模，或在不利条件下仍进行交易。"

从以上的各种表述不难看出，尽管国际及各国对公允价值的界定不尽相同，但并无实质性差异，即都强调公允价值的交易性质必须是"公平交易"；交易主体必须是"熟悉情况"和"双方自愿"；交易主体的前提状态必须是"持续经营"。我们认为,公允的本意即要符合(保护)交易各方利益,偏离公允价值必定导致一方(或多方)受损,它隐含着依存于社会正义与相应制度的假定。有大量市场参加者的市场价格给出最好的公允价值参照,是公允价值的良好发现机制,并为所有的市场参与者提供了公正、公平和公开的保护。外在干预导致偏离公允价值而最终可能导致交易某方拒绝接受后果,甚至致使市场失效,最终影响资源配置的效率。因此,准确理解公允价值的内涵应把握以下要点:

第一,公允价值是交易双方自愿进行交易的价格。从经济学的角度来看,最能公允反映一项资产真实价值的是公平交易市场上的价格。在充分有效的理想市场状态下,供给与需求的均衡点的价格最完美地表现价值的全部经济内涵,换言之,均衡的市场价格即等于"公允价值"。在一个完全竞争的市场上,由于集中了来自各方面的供给者和需求者,人们通过各自掌握的信息和估计进行竞价,从而消除了个别供给者或需求者的偏见,即买方或卖方能够按自己的意愿选择对象进行交易。因此,完全竞争市场上的交换价格能够公允地反映人们对该项目真实价值的估计,可以看作是公允价值。即使在垄断市场上,交易双方如果最终在自愿的情况下进行交易,则垄断价格仍可作为公允价值,因为市场始终是资产或负债价格的决定者,价格的垄断源于市场的缺陷,而非背离市场评价。

第二,公允价值在本质上是与公平交易相关联的。公允价值所指双方自愿成交的价格,属于"阳光价格"。从外部条件看,只要有公平交易就可以有公允价值。而所谓开放的、不受干扰的市场,即活跃的市场也只是相对的,没有一个国家或地区,其所有种类的资产或负债都存在活跃市场,也没有一个国家或地区,其所有种类的资产或负债都不存在活跃市场;每个国家或地区,总是某些资产或负债的市场较活跃,某些资产或负债的市场较不活跃,这两者间的比例决定了该国家或地区市场的总体的相对活跃程度。市场越活跃对公允价值的采用越有利。关联方之间的交易并非完全的公平交易,尽管是自愿的,但可能交易双方达成协议,对资产或负债采用不合理的定价基础,实现相互间经济利益的转移,并向市场上的其他参与者传递对该项资产或负债的风险与收益有误导作用的信息,从而背离市场评价。

第三,公允价值的内涵隐含着一系列假定。公平交易的前提是存在市场,而且是完全市场。也就是说市场存在竞争,买方或卖方对交易的对方有充分的选择余地;市场的信息是完备的、对称的。交易参与者根据市场上的信息考察某项资产或负债的风险与收益,最终对交易价格达成共识。任何一方所掌握的特定信息并不能左右市场的价格,也不会影响正常交易的进行。在这样的前提下,存在交易或事项尚未发生时,对市场价值发生变化的资产和负债以当前市场情况为依据进行重新计量,有时在缺乏市场价格时还要应用估计技术。IASB 在其发布的《国际会计准则第 39 号——金融工具:确认和计量》即指出,在公允价值定义中隐含着一项假定,即企业是持续经营的,不打算或不需要清算,不会大幅度缩减其经营规模,或按不利条件进行交易。因此,公允价值不是企业在强制性交易,非自愿清算或亏本销售中收到或支付的金额(IASC,1999)。但是在现实经济生活中,市场不可能是绝对完善和完全的,因而绝对"公允"并不存在,应理性认识公允价值所强调的"公允性"。

4. 公允价值的内涵特点

从对公允价值内涵的上述分析,我们可以将公允价值的特点概括如下：

(1) 公平交易(正常交易)。IFRS、SFAS和CAS都强调公允价值是“公平交易(an arm’s length transaction)”或称之为“正常交易(an orderly transaction)”中的价值。公平交易是在交易双方自愿和熟悉市场情况下进行的，从而形成的交易价格是具有一臂之隔距离的交易，而不是手挽手的关联交易，应当是公允的。但在关联方交易中，特别应关注的是关联方的资本交易、非货币性交易、企业并购交易、资产租赁交易、金融工具交易等的计价是否公允。在这些交易中，交易双方要熟悉市场情况，往往需要依靠诸如资产评估、证券评价等中介机构的专业判断(估计)，再由当事人做出最终决定，定义中所说的“自愿”，在实务操作中就蕴涵了这层含义。FASB在定义中虽然没有提到公平交易，但也强调了熟悉情况、没有关联的条件。因此，交易的“公平”与“正常”通常将体现在以下四个方面：①交易各方没有直接利益关系；②交易各方完全出于自愿(即无外部强制)，以实现各自的利益为目标；③交易各方理解自己的利益所在，即所实现的交易价格被交易各方均确认符合自己的利益；④交易各方理解自己利益所在的基本条件是有足够的交易知识和有关信息。公平交易或正常交易并不一定是在活跃市场上进行的交易。当然，活跃市场的资产价格信息是公允价值的最好依据，但并非是唯一依据。在不存在活跃市场时(如在“公允价值层级”的第二和第三层级)，只要符合公平交易的基本条件，所形成的交易价格就可以认为是公允价值；相反，若不符合这些条件，即使是实际发生的市场价格，也不能认为是公允价值。

(2) 持续经营。FASB和JWG在公允价值定义中均强调“持续经营”。无论是FASB的“排除强迫或清算的情况”还是JWG的“由正常的商业考虑推动的”都在暗示：公允价值概念中的交易必须本着自愿原则进行，清算及其他非持续经营下的价格或强迫交易的价格不是公允价值。IASC虽没有在定义中强调持续经营，但IAS39对公允价值定义不明确的部分进行了补充，IAS39明确指出：在公允价值中隐含着一项假设，即企业是持续经营的，不打算或不需要清算，不会大幅度缩减其经营规模，或按不利的条件进行交易。我国会计基本准则中也有持续经营的假设。

(3) 时点计量。FASB和JWG在制定公允价值定义时考虑了计量属性的时态观。FASB在2006年之前在对公允价值的定义中使用的术语是“在当前交易中”，JWG则使用了“在计量日”。SFAS157(2006)也提出了“计量日”(measurement date)的概念。IFRS中虽然在公允价值的定义中无此类表述，但其在2004年6月发布的对修改IAS39的征求意见稿中却使用了与JWG的公允价值定义极为相似的词句对其公允价值计量的目标进行解释，“使用评估技术的目的是为了确定于计量日以正常的商业考虑为动机的公平交易条件下的交易价格”(The objective is to establish what the transaction price would have been on the measurement date in an arm's length exchange motivated by normal business considerations)。这说明IASC也认为公允价值计量中需要时点的理念。我国财政部2006颁布的新企业会计准则中对公允价值的定义也无“计量日”这一表述，但在各具体准则中也有诸如“转换日”、“确认日”、“授予日”等公允价值计量和确认的时点要求。总之，公允价值计量中的时态观是跳跃性的，同样的资产和负债在不同的计量日或者不同的交易日，其公允价值可能是不同的；而历史成本会计模式，不能反映物价变动与经济环境的变化，这也是公允价值计量优于历史成本计量属性的主要原因。公允价值会计使会计反映从静止走向运动，更能准确反映会计信息质量。正是因为公允价值动态地、及时地反映了企业各项资产和负债价值的变化，才会使会计报表的信息更相关，对决策才会更有用。

(4)客观性。公允价值的实质是客观价值，公允价值在本质上强调对资产客观价值进行计量。在资产计价究竟是价值还是价格的问题上，价值计量与价格反映并不矛盾。从货币作为统一的计量尺度以来，资产计价就是价值计量，而价值计量的结果是价格。对资产公允价值计量的结果是资产的现行市价。因此，如果我们能采用各种科学的手段，通过专业人员评估出的公允价值在一定程度上就可以准确反映资产的客观价值。

2.2.2 公允价值本质的多维透视

1. 公允价值在本质上是市场而非特定主体对资产或负债的价值的认定

公允价值的认定依据是理性双方自愿达成的交易价格或市场上对资产和负债公平、自愿的交易金额，其最大特征是来自于公平交易市场的确认，是一种具有明显可观察性和决策相关性的会计信息。其确定的基础是现行的或正在进行的交易，而不是已有的交易意愿以及由此达成的契约。由于市场以价格为信号传递信息，市价则是所有市场参与者充分考虑了某项资产或负债未来现金流量及其不确定风险之后所形成的共识。若没有相反的证据表明所进行的交易是不公平的或出于非自愿的，市场交易价格即为资产或负债的公允价值。当不存在实际交易事项的情况下，应采取其他的计量办法，如考虑在市场上寻找是否存在相类似的交易，如果存在，则应以类似交易的价格作为计量基础。

由此可见，公允价值的确定并不在于业务是否真正发生，其交换性质可以是实际交易，但更多的则是假定交易和预期交易。它反映的是现有市场参与者关于一项资产未来的相关流入(未来经济收益)或一项负债未来的相关流出(未来经济收益的抵减)的假定。而且,一般情况下,这一交易不是被计量资产或负债所实际进行的交易,而是主要市场或最有利市场中的假定交易;从交易主体来看,公允价值计量应当以"市场参与者定价资产或负债时所使用的假设为基础"(FASB,2006),而不是以参与实际交易的特定买方或卖方的假设为基础。因此,公允价值是市场参与者充分考虑了市场信息后所达成共识的市场交易价格,它本质上是一种市场评价,是市场而非特定主体对资产或负债价值的认定。比如采用现值技术估计公允价值时。因现值涉及不同主体(市场或企业个体)对未来现金流入(出)的金额、时间、风险及不确定性的预期,而不同主体对上述各因素的预期是不一样的。其中根据市场上对上述因素的预期所计算的现值就是以公允价值为目标的现值,根据企业个体对上述因素的预期所计算的现值则是以特定个体计量为目标的现值。而企业个体对某一项目现金流量现值的最佳估计不一定等于该项目的公允价值。在这种情况之下,就需要对企业个体所计算的预期现值进行适当调整后即得出所计量项目的公允价值。

2. "公允价值"并非真正的"价值",而是对真实价值的"点估计"

公允价值在本质上是一种价值计量。按照传统会计学收益的概念,会计收益是指来自于交易期间已实现的收入和相对应费用之间的差额。经济学的收益概念除包括会计收益外,还包括非交易和未实现的资产价值变动所形成的利得或损失,较之会计收益在内容上更为真实和全面。公允价值计量正是既要计量资产和负债在资产负债表日的公允价值,还要计量公允价值变动所造成的利得和损失。因此,公允价值是对资产和负债以当前市场情况为依据进行价值计量(或估计)的结果。这种计量的时态观是跳跃的,它强调动态、及时地反映企业资产和负债的价值变化。所以,在公允价值计量理念下,在编制报告日或交易日以后的任何新计量日,企业必须根据新情况,对各项资产和负债项目进行重新计量,及时、动态地反映企业各项资产和负债价值的变化,并在报表中予以反映。建立在公允价值计量基础上的收益更符合经济学收益概念,因而能提供更真实、相关的收益信息。

但是会计学中所讲的"公允价值"并非真正的"价值",而是基于新古典经济学的价格或马克思所讲的交换价值。实际上公允价值这一提法忽视了价值与价格的区别。会计学中的"公允价值"主要从短期,从资产的需求方面(效用函数,主观的)解释价格的形成;而相对忽视了长期内供给方面(成本函数,客观的)的作用。这和财务信息及时性要求是一致的。但由于公允价值的"价值"归根结底是一种效用价值。同一物体的效用对不同的人是不一样的,甚至对相同的人在不同的环境下差异也是很大的,因此也就难以形成统一、稳定的评价尺度。这是公允价值导致资本市场混乱及其面临困难的根本原因(陈敏,2005)。实际上马克思所称的"等价交换"和会计中所讲的"公平交易"是一致的。但是市场交易的价格是一个随机变量。即使交易双方都是"熟悉情况的当事人",由于不确定性及现实中存在交易成本和人的有限理性,"等价交换"不可能存在于每一个场合。正如马克思所说:"在商品交换中,等价交换只存在于平均数中,并不存在于每个个别场合。"而价值是客观的,但我们无法直接观测到,需要通过统计学中的"试验"获得"样本"来进行估计。如果没有活跃的交易市场,用统计学语言表述就是:通过有限次试验获得的样本不是足够大,对价值的估计误差就会大。如果交易活跃，通过“反复试验”，“等价交换”就“存在于平均数中”了。

因此，“公允价值”实际上是在资产负债表日对有关资产或负债价值的估计（而不是真实价值本身），即根据当时的交易状况对资产或负债价值所作的点估计。所谓点估计，就是从样本中（某些市场交易）获得信息构成一个统计量 $\hat{\theta}$（公允价值），以 $\hat{\theta}$ 作为总体 X 中某一待估参数 θ（真实价值）的估计量。简单地说，就是求参数 θ 的一个“近似值” $\hat{\theta}$。点估计简单易懂，但不科学。因为任何一种“近似”，若不附加“误差范围”，这种近似是没有意义的。同样，对于用 $\hat{\theta}$ 去估计 θ 必须按一定的置信度（即概率）去估计 $\hat{\theta}$ 落在 θ 的某个范围内。某项资产或负债存在“活跃市场”的情况下，可以将“交易价格”认定为公允价值。但是对于某项独一无二的资产或负债往往意味着不存在活跃市场，此时交易双方在公开市场上所达成的交易价格并不能成为公允价值。总之，公允价值只是一种近似相对的真正价值，它围绕真正价值波动。趋近真正价值是公允价值的理想追求，但并非其实际目的。

3. 公允价值模式下的会计信息并非绝对真实

公允价值在理论上反映了市场对资产或负债的风险和收益的评价，即直接反映有关资产所带来的未来经济利益、有关负债所牺牲的未来经济利益的信息，因而能够真实公允地反映企业资产或负债的价值。但是公允价值计价的基础是市场机制以及完备的会计理论体系。如果市场不活跃、不健全，缺乏公平价格的形成机制，对市场价值的判断就难以进行。在发达的市场经济条件下，公允价值比较容易确认，但是在市场不充分的情况下，如何确认公允价值则是一个难题。尤其是我国经济发展的市场化程度不高，很多资产还没有形成活跃的交易市场，对于会计人员而言，采用估值技术和未来现金流折现计算以及公允价值的后续计量难度较大，未来现金流量和折现系数的确定主要依赖于职业判断，且较多地受管理层和会计人员素质的影响。由此人们认为公允价值的运用必然需要引入除了市场之外的特定主体来做出判断、评价，这显然会引起公允价值的操纵问题，影响会计信息的真实性。

理论而言，无论会计系统在哪个环节采用何种方法，都必须以保证会计信息的客观真实为准绳。但现实总是与理论存在一定的差距。会计信息，从哲学层次讲，属于意识范畴，是观念上或主观的东西。主观能否反映客观以及在多大程度上反映客观，直接影响着会计信息的质量，从而影响到会计工作的成败和效率。会计反映真实的基本含义为，以真实地反映它意在反映的情况为基础，同时又通过核实向用户保证，它具有这种反映情况的质量。这其中有两层意思，一是要求会计人员在工作中严守职业道德，依据会计准则实事求是地确认、计量、报告或披露企业的财务状况和经营成果；二是要求财务报告中的每一项指标，都可以追溯到原始记录，即可以通过一定方法去核实验证(王世定，2000)。我们通常所说的真实都是指“形式的真实”，而“实质的真实”实际上难以实现，只是人们设定的一个理想目标。即使严格按准则行事，对相同的会计原始资料进行处理，不同的会计人员也会得出不同的结果。但是哪一个结果更接近于客观性，哪一个结果是更真实的信息，有时很难有一个客观标准。因为会计的确认、计量和披露过程中的主观因素在所难免，这有如唱歌，同一首歌曲不同的演员会唱出不同的风格。因个人知识水平、经验、习惯等主观因素的影响，会计人员的每一次职业判断也并非都能做到恰如其分、整齐划一。例如一台机器，尽管其历史成本是确定的，但在计算折旧时，有人可能选择直线法，其他人可能选择双倍余额递减法，致使每年的折旧额有所差别，利润作为收入和费用的配比结果，自然也就不同了。但是只要本着公允的原则，判断所产生的会计资料能客观、公正地反映会计主体的财务状况和经营成果，不同的处理结果也是可以理解和接受的。

从公允价值的内涵分析可以看出，公允价值作为新的计量属性，最大的特征就是来自于公平交易市场的确认，是一种具有明显可观察性和决策相关性的会计信息。正是由于公允价值是理性双方自愿达成的交易价格，其确定并不在于业务是否真正发生，而在于双方一致性而形成的价值。其本质特点是在交易或事项尚未发生时，对市场价值发生变化的资产和负债以当前市场情况为依据所作的估计。除非公允价值的计量日和资产的实际交易日在同一天，否则公允价值并不是所计量资产已经发生的实际交易价格。因此在公允价值计量实务中，很多情况下，主体很难找到相同或相似资产（资产组合）的市场报价，公允价值计量不可避免地带有较强的主观判断。有时许多资产和负债在市场上很难找到可供观察的交易价格，将未来现金流量按一定的折现率折算成现值计价，往往就成为公允价值计价的重要技术手段，但是未来现金流量的金额、时点和货币的时间价值等都是不确定的。而且因不同投资者之间、投资者与管理当局之间对投资的期望报酬率不可能完全统一，未来现金流量的估计和内含于资产或负债价格中的不确定性以及市场中的其他难以识别的因素也很多，所以在计价的具体技术操作上往往难度很大，获取的信息成本亦较高。更何况会计中的公允价值实际上是点估计，点估计既不能够说明估计的准确度，也不能说明估计的精确度，这也是许多人士抱怨公允价值“不公允”或不真实的根源之一。但是，不能因此否认公允价值计量的优越性。实际上正是因为我们采用了各种科学的估价技术，才使我们对企业各种资产和负债的计量更接近当前的实际情况，才使财务报表信息更公正、更允当。

本质而言，会计信息的真实有“形式的真实”与“实质的真实”之分。实质的真实是一种理想化的状态，是指会计信息描绘的形象与事物的客观存在高度吻合，通过会计信息能够准确、完整地了解企业。形式的真实是指会计信息的加工符合制度规范的要求。正如一张人物照片并非100%地“符合”其本人一样，会计在对企业的生产经营活动进行“观念总结”时，通过确认、计量、记录和报告等程序所反映出的信息也不可能100%地绝对“真实”。如果把“会计真实”解释为可验证的数据，历史成本则是最真实的，有证可查，有据可考，但可以验证的数据并不能代表反映真实；如果把会计真实性解释为如实反映，则历史成本多数情况下是不真实的，当现行价格远离历史成本时，历史成本就没有真实反映项目价值。在公允价值计量模式下，只要基于客观的观察方法与各种科学的评估技术，就可以使资产和负债的计量更接近当前的真实情况，更能动态地、及时地反映资产和负债价值的变化，由此提供的会计信息也就有利于利益相关方进行判断和决策。

4. 公允价值并非特指某种计量属性，而是会计计量属性体系的一个总称

根据第1章的分析，我们知道，计量属性是指被计量对象的特性或外在表现形式。换而言之，作为一个计量属性，它必须能够反映被计量对象予以数量化的在某一方面的特征，这一特征应是独特的，不能与被计量对象的其他特征重合。即它应该能够分别反映被计量对象的不同特征或方面；在时间上，要分清过去、现在与未来；在交易性质上，要分清实际交易、假设现时交易和预期交易；

在交易类型上，要分清投入价值和产出价值。历史成本、重置成本、现行市价、可变现净值、未来现金流量现值即具备了一种计量属性的上述特征(表2—1)。

表2—1 五种计量属性特征

计量属性	特征		
	时间界定	交易性质	交易类型
历史成本	过去	实际	投入
重置成本	现在	假设	投入
现行市价	现在	实际	投入
可变现净值	将来	预期	产出
未来现金流量现值	将来	预期	产出

从公允价值的定义可以看出，与上述五种计量属性相比，公允价值确实是一个比较笼统的概念，它并不能反映作为一种计量属性所应有的在时间界定、交易性质、交易类型等方面的特征：①它在时间界定上没有限定，可以是过去的，也可以是现在的和未来的交易，因此历史成本常被称为过去时点的公允价值，重置成本是现在时点的公允价值，而可变现净值和未来现金流量的现值是根据预期的未来现金流量估计的公允价值(现值是折现后的结果，可实现净值不考虑折现)；②其交易性质可以是实际交易，也可以且更多的是假定的或预期交易；③其交易类型可以是投入价值也可以是产出价值。因此，我们认为，严格地说，公允价值并不是单独的一种计量属性，它与各种计价属性相联系，是各种计价属性的综合，或仅仅是对五种计量属性在某种市场交易条件下的一种再现与重复，比如：只要没有相反证据，在初始确认时已付或已收现金或现金等价物即历史成本或收入通常被假定为近似公允价值；现行成本和现行市价因是市场确定或是可观察的市场金额，可以看作是公允价值；现值只需排除以特定个体为计量目标，采用市场上

达成的价格即以公允价值为计量目标的现值，亦符合公允价值的定义；可变现净值虽是未经贴现的现金或现金等价物，但只要物价相对稳定且时间不长，一些短期的应收、应付项目的可变现净值也可视为公允价值。所以，公允价值应涵盖下列计量属性：历史成本、现行成本、现行市价、可变现净值（短期项目，如应收应付款）、现值（以公允价值为计量目的）⑪。

当然，公允价值并非仅仅是上述五种计量属性体系的一个简单汇总，因为历史成本、现行成本、现行市价、可变现净值和未来现金流量现值5种计量属性可以从不同时态、空间、交易或事项的发生情况角度去体现各自的内涵特征，而公允价值则是从一个全新的角度——公允的市场价格，即“公允性”来突出其内涵特征。所以，综合比较而言，公允价值显示出其特有的内涵特征：

第一，从计量前提看，历史成本是对已经发生的经济事项进行初始计量；而公允价值是对已经发生和将要发生的经济事项进行初始计量和后续计量；历史成本是以实际发生的交易为前提并从企业投入价值角度所进行的计量，而公允价值既可以基于实际交易也可以是假定的，是站在市场的角度采用公平成交价来计量。

第二，从计量角度看，现行成本强调站在企业主体角度的投入价值，而公允价值强调站在独立于企业主体的市场角度的市场价值。

第三，从计量依据看，现行市价完全依赖于可观察的市场价格而并不强调市价的“公允性”，因此对于无形资产、专用设备或厂房

---

⑪　SFAC7指出的5种计量属性中，历史成本、现行成本、现行市价三种计量属性实质上与公允价值是一致的。但是，可变现净值是未折现的现金或现金等价物，不是公允价值；现值也不是公允价值，因为现值包括以公允价值为计量目的的现值和以特定个体价值为计量目的的现值（FASB，2000）。

等无现行市价的资产进行恰当计量往往较难;公允价值则强调市价的"公允性",当不能得到可观察的相同或类似项目的市场价格时,还可基于可得到的最佳信息进行估计确定。

第四,从价值计算上看,可变现净值是扣除了预计变现过程中的直接成本后的净值,不考虑货币的时间价值;而公允价值通常不考虑直接成本,其直接以市场评价为基础。

第五,从表现属性看,未来现金流量的现值本身包含了两种不同的表现属性:即根据管理当局的特定用途来估计资产的未来现金流量的现值(即"特定主体价值")和从市场参与者对资产未来现金流量的预期的角度所估计的现值(即"市场预期价值")。只有公允价值则能够反映被计量的资产或负债的某些可观察的计量属性。而且按照 SFAC7 的规定,未来现金流量现值本身不能称为计量属性,在初次确认和新起点计量中,它仅仅是确定公允价值计量金额的一种手段。

2.3 公允价值确定的基本途径分析和方法选择

2.3.1 公允价值确定的基本途径

公允价值计量假定实体是持续经营的,不打算也不需要清算。其计量的目的是估计不存在强制清算或亏本销售的交易中,自愿的当事人协商一致的单一的交易价格。其中,自愿的当事人都是市场参与者(进入同一市场的假设的买卖双方),他们自愿并且从法律和财务上有能力完成交易。如果符合公允价值交易条件的交易已经发生,确定资产或负债的公允价值相对比较容易。从目前世界各国惯例来看，确定公允价值的方式主要有三种：存在市场交易的情况下，若没有相反证据表明所进行的交易是不公正或非出于自愿，市场交易价格即为资产或负债的公允价值；在不存在活跃市场交易的情况下，应寻找市场上相类似的交易，以类似交易的价格作为公允价值的计量基础；如果资产或负债（包括类似项目）没有交易价格可供参考，此时确定公允价值的最好方式就是采用定价模型或未来现金流量折现等估值技术估计公允价值（图 2—2）。我国新准则体系基本沿用了国际惯例。

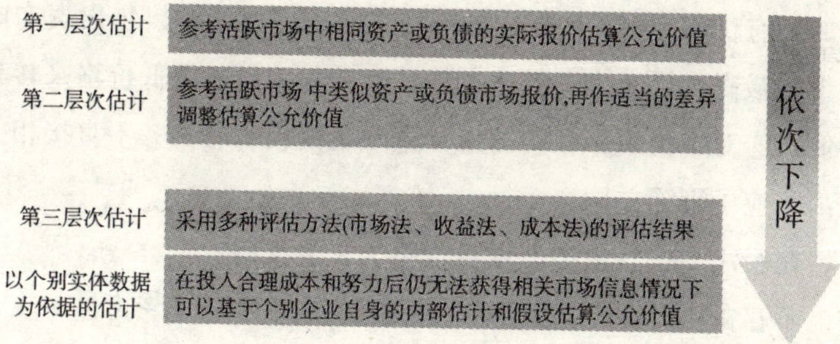

图 2—2　公允价值确定层次图

途径之一——相同项目的市场报价。

市场以价格为信号传递信息，市场根据不同资产的风险与收益决定其具有不同的交换价格。因此，市价是所有市场参与者充分考虑了某项资产或负债未来现金流量及其不确定性风险之后所形成的共识，若没有相反的证据表明所进行的交易是不公正的或非出于自愿的，市场交易价格即为资产或负债的公允价值。IASC36 即指出：如果金融工具在活跃和透明的市场上交易，其市场报价提供了公允价值的最好依据。FASB 也支持并采用“当信息可以获得，公允价值应运用活跃市场中相同资产或负债的报价进行估计，且这一报价不应进行调整(2006)的确定途径。”

实际应用该方法应注意以下几点：①所采用的市场价格最好是活跃市场中的交易价格（活跃市场是指市场中交易的项目是同质的、通常可在任何时候找到自愿的买方和卖方且价格公开）；②应采用相同项目最近的市场价格作为该项目的市场价格，并最好是计量当日的市场报价；③对计量日与市价日之间由于时间流逝或市场条件变化而对公允价值产生的影响，应当加以估计并对市价作相应调整；④当存在不止一个市场价格时，应选取资产或负债的最有优势市场（最有优势市场上报告主体能够以售出资产时获得的最高价格卖出资产或以转让负债时支付的最低价格来转移负债）；⑤对市价中存在的与所计量项目的权利与义务不直接相关的部分应予剔除。

途径之二——以类似项目价格为计量基础。

不存在相同资产或负债市场报价的情况下，首先考虑的是在市场上寻找是否存在相类似的交易，如果存在，则以类似资产或负债的价格作为计量基础。例如，当接受股票捐赠时，应采用市场股票的现行交易价格。类似项目法是找不到所计量项目市场价格情况下的一种替代方法，它通过参考类似项目的市场价格确定所计量项目的公允价值。FASB157 规定：如果活跃市场中相同资产或负债的报价不可获得，公允价值应运用活跃市场中相似资产或负债的报价进行估计，并对差异进行适当的调整（如果这些信息可以获得）。

这种方法应用时最为关键的就是类似项目的确定。通常判断两个项目是否相似的具体步骤如下：①确定所要计量项目的期望现金流量；②选定另外一个初步认为具有相似特征的资产或负债；③比较两个项目的现金流量以确保它们是相同的；④评价在一个项目中影响其价值的因素在另一个项目中是否全部得到反映；

⑤判断两个项目的现金流量面对经济状况变化时是否按照同样的方式变化，在判定一个项目是所计量项目的类似项目之后，还应该参照前述市价法注意事项做出判断和调整。

途径之三——估价技术确定。

当难于取得相同或类似项目该报价时，采用公允价值的估测值是其可行的方法。估价技术法指当一项资产或负债不存在或只有很少的市场价格信息时，采用一定的估价技术对所计量项目的公允价值做出估计。目前 IASC36 要求“如果市场不够活跃、市场没有完备地建立，估计技术可用于确定公允价值并使其具有足够的可靠性，这些技术包括：参照几乎同样的另一种工具的当前市场价值、折现现金流量分析和期权定价模式(1998)”。修订后的 IAS(2004)继续沿用了上述规定。FASB157 更是明确指出“如果活跃市场中相同或相似资产或负债的报价不可获得，或者相似资产或负债的差异不能客观地确定，公允价值应运用市场法、收入法和/或成本法等多种估价技术进行估计，并且这些估价技术应强调来源于市场的信息，包括通过实际(可观察)的市场交易产生的报价，并进行适当的调整”。

企业选择计量公允价值的估价技术时，应确保该估价技术反映了所计量项目公允价值的下列要素：①对未来现金流量的估计，或者在更复杂的情况下，一连串不同时间的未来现金流量；②对这些现金流量金额或时间可能的差异的预期；③以无风险利率表示的货币的时间价值；④包括了资产或负债中内在不确定性的价格；⑤包括非流动性和市场非完美性的其他因素，有时这些因素是不可确指的。只有反映了这五个要素的估价技术才是恰当的估价技术。同时，企业还应确保所使用的估计应当与市场的参与者所使用的估计和假设相一致，例如市场利率、外汇汇率、商品价格以及政府和行业的统计数据等。即使在对于某些影响公允价值的因素,企业自身的估计和假设是其唯一的信息来源的情况下,也要保证这些假设与市场参与者所使用的估计和假设是一致的。正如FASB157 所要求的:企业应最大限度地依据活跃市场信息,最小限度地参照企业自己的判断。

公允价值的估价技术通常主要包括与市场法、收益法和成本法一致的估价技术。如果某一估价技术为大多数的市场参与者用来对某一类资产或负债进行估价,那么企业也应当使用这一估价技术对该类资产或负债进行估价,除非有证据表明,存在更为成熟的估价技术可能得到更为精确的结果,否则企业不应随意改变所选用的估价技术。如果对某一类资产或负债的估价不存在为大多数市场参与者共同接受的估价技术,那么企业应当发展自己的估价技术。企业所采用的估价技术应当与对该类资产或负债进行估价时所采用的经济方法保持一致,并且还应该将运用估价技术所得到的公允价值与实际交易中的价格相比较,以验证估价技术的有效性。但是,无论是运用市场法、收益法或成本法,估计公允价值的估价技术都应强调来源于市场的信息,包括来源于活跃市场的信息,且被用来估计公允价值的上述估价技术应一致地运用。

1. 市场法

市场法是在无法为所计量项目找到市场价格,也找不到可参考的类似项目的时候,通过参考类似项目的市场信息,来进行公允价值估价的方法。市场法通常利用价格和涉及可比资产或负债(包括企业)的市场交易所产生的其他相关信息,例如,与市场法相一致的估值技术通常使用的市场倍数源自一系列可比资产或负债。该倍数位于各项可比资产或负债的不同倍数系列当中。适当倍数的选择位于系列中哪个为止需要进行判断,并需考虑计量(定性和定量)的具体因素[12]。公允价值的估计应基于这些交易所显示的价值,并且在必要时进行适当的价格调整。因而运用市价法有两个步骤:一是确定价格可比的资产或负债(即参照物);二是选择适当的价格,并对参照物的不可比因素进行调整。其中在确定参照物时必须考虑以下四个方面的因素:①真实交易资料的可获得性。一些不能反映市场行为的报价是无效的,而从管理机构以及私人那里获得的交易资料必须真实合理;②应尽可能多地获得交易实例。较多的交易实例将有助于减少市价法的误差。在正常情况下,至少需要四到五个交易实例才能有效运用市价法;③应当考虑被计量资产或负债与参照物的相似程度。在理想情况下,所有参照物不应该仅仅相似,而应该完全相同。但在现实中往往是不可能的,此时,参照物与被计量资产的相似程度越高,则交易实例的资料越具有价值[13];④应当考虑交易实例的交易环境和交易条款。交易必须能反映类似市场的谈判情况和销售情况,没有内部因素的影响,而且还必须了解其付款方式。因为如果付款方式不同,价格可能发生很大变化。例如全部支付现金与部分支付现金、部分支付票据或者以股票支付,不同的付款方式下的交易价格可能相差很大(威廉,2001)。

市场法中所参考的类似项目的价格一般不能被直接引用作为所计量项目的公允价值,而需要运用一定的模型,结合准类似项目

---

⑫ 与市价法相一致的估值技术包括矩阵定价。矩阵定价是一种主要用于估值债券的数学技术,它并不仅仅依赖于特定证券的开列价格,还依赖于证券与其他基准有价证券之间的关系。

⑬ 在有些情况下,参照物可能与被计量的资产或负债不完全相同,从而需要对可观察的价格进行调整。例如对有形资产,进行价格调整时必须考虑以下因素:资产年限、交易时间、实物状况、功能性损耗和可能的优惠条款等等。对参照物的调整将取决于具体情况,应尽可能选择最接近的、需要调整最少的参照物。

的市场信息估计调整。其应用范围主要是在企业购并中对购并企业的公允价值进行估价。该法通过寻找与所购并的A企业具有可比性的B企业，按照B企业被并购的价格，经过一定的调整得到A企业的购并价格。在比较两个企业是否具有可比性时，可以从财务和非财务两方面考虑。主要考虑的因素包括：①现金流量；②收益；③资产或权益；④收入；⑤投入资本的市场价格与息税前收益之比；⑥投入资本的市场价格与收入之比；⑦投入资本的市场价格与下一年度预计收入之比；⑧员工数量；⑨厂房、机器和设备。而且选择的参照企业不仅在行业、企业大小、产品、服务的市场以及管理团队方面是类似的，企业的发展阶段也应尽可能类似。但是该方法往往不适用于初创期的企业，对于初创期的企业而言，其产品、服务都还没确定，相关的数据也难以获得，通常很难确定哪些企业能够与其具有可比性。

2. 收益法

收益法是将未来金额（例如现金流量或盈余）转换为单一的现值金额（折现）。这些估值技术包括现值技术、期权定价模型，例如布莱克—斯科尔斯模型以及二项式模型（网格模型）等。目前，金融市场中较为成熟、使用较多的估价技术有现金流量现值技术和期权定价模型。

(1) 现值技术

理论上企业运用现值估价技术时所使用的估计应当与市场一般参与者所使用的估计和假设相一致，并应确保其能反映计量项目公允价值的下列要素：①对未来现金流量的估计；②对这些现金流量金额或时间可能的差异预期；③以无风险利率表示的货币的时间价值；④包括资产或负债中内在不确定性的价格；⑤包括非流动性和市场非完美性的其他因素。

通常而言，如果现金流量是由一项或多项经济合同规定的，或虽然经济合同不存在，但可以预测最可能或者最低的现金流量，则直接采用传统法即可。按照传统法计算现值，通常只考虑一种可能，即最大可能或者合同约定的现金流量。例如，某项投资预计 3 年后将带来一项现金流量，有 200 元、400 元和 600 元三种可能，其概率分别为 10%、60%和 30%。按照传统法，因此，预计现金流量是概率为 60%（最大可能）的 400 元，其现值为 400×0.744＝297.6 元（假设折现率为 10%）。

传统法的优点是简单易行，但相对精确的估计应考虑所有可能的结果及每一种可能的现金流量的发生概率，而不仅仅是合同约定的或最可能的结果，通过加权平均以求得可能的现金流量的平均期望值，即采用预期现金流量法。该方法将风险体现在现金流量中，应用时要求估计现金流量的同时就要考虑到风险的大小，而折现率通常采用的是无风险利率，不体现任何风险因素。当然，期望现金流现值有可能与最佳估计现金流现值相差较大，因为它取决于时间和金额的概率分布。根据现金流量上不确定性的差异，预计现金流量法又可以分为两种情况：

一是现金流量金额上存在不确定性。例如某项投资预计 3 年后将带来一项现金流量，有 200 元、400 元和 600 元三种可能，其概率分别为 10%、60%和 30%。假设折现率为 10%，则其 3 年后预计的现金流量为 440 元（200×0.1＋400×0.6＋600×0.3），其现值为 440×0.744＝327.36 元。

二是现金流量时间上存在不确定性。例如某项投资预计将带来 500 元的现金流量，但具体在哪一年收到仍很难确定。预计其可能在第 1 年、第 2 年或第 3 年未收到，概率分别为 10%、60%、30%，1 年、2 年和 3 年期的利率分别为 5%、5.25%、5.5%，则该项预计现金流量的现值为446.18元[$500\times10\%\div(1+5\%)+500\times60\%\div(1+5.25\%)^2+500\times30\%\div(1+5.5\%)^3$]。

(2) B－S期权定价模型

期权定价模型是对很多金融资产和金融负债的公允价值进行计量的重要方法。期权是指投资者拥有在特定时期以某种价格购买某种资产(包括投票)的权利。期权的价格是指在买卖期权中，合同买入者支付给卖出者的一定的费用。买入者因支付了期权费而获得了权利，卖出者因收取了期权费而承担了风险和责任。期权是一种选择权，其价值由期权的内在价值和时间价值两部分组成。期权的内在价格是期权本身所具有的价值，即期权的协定价格与该金融工具的即期价格或市场价格的差额。目前两个经典的期权定价模型是 Black-Scholes 期权定价模型和 Cox-Ross-Rubinstein 二项式期权定价公式。

二项式期权定价模型中的主要假设是股票价格的变动呈二次分布的模式。二项式模型是一个资产价格运动的离散时间模型，设资产价格运动的时间间隔为 T，随着时间间隔 T 的缩短，有限分布可能变为两种形式。如果随着 T 趋于零，资产价格变动的幅度逐步缩小，则成为正态分布，价格变动的幅度是连续的；如果随着 T 趋于零，资产价格的变动幅度仍然较大，则变为泊松分布，是允许价格发生跳跃的分布。

B-S 期权定价模型则是在上述假设的基础上提出来的标准期权定价模型，通常适用于不付红利的欧式期权的定价。模型可表示为下式：

$$C(E)=SN(d_1)-\frac{E}{e^{rt}}N(d_2) \qquad (1)$$

$$d_1=\frac{\ln(S/E)+(r+0.5\sigma^2)t}{\sigma\sqrt{t}} \qquad (2)$$

$$d_2=\frac{\ln(S/E)+(r-0.5\sigma^2)t}{\sigma\sqrt{t}}=d_1-\sigma\sqrt{t} \qquad (3)$$

式中，S 为即期价格（Spot Price）；E 为期权的协定价格（Exercise Price or Strike Price）；$C(E)$为期权在规定协定价格情况下的期权价格，即期权费（Premium）；e 为自然对数的底的近似值 2.71828；t 为到期日以前的剩余时间，用年表示；$\ln(1+R)$为复利计算的自然对数值，其中 R 是单利年利率，用小数表示；ln 为自然对数；δ 为即期价格的波动幅度；$N(d)$为对于给定变量 d，服从平均值为 0，标准差为 1 的标准正态分布 $N(0,1)$的概率。这个公式的计算最好能使用计算机的程序。由于波动率 δ 可以通过历史数据进行，这样就可以算出无风险利率为 R 时的不支付红利股票欧式看涨期权的价格。对欧式看跌期权或美式期权而言，可以通过上述公式的变形而求得。

上述模型没有考虑到提前执行和红利支付的情况，但这两者都将影响到期权的价值。因此需要通过适当的调整方法进行解决[14]。具体利用该模型估计公允价值时需要考虑的因素主要包括：期权授权日的股票市价、预计股票价格的波动幅度、预计授权日到股票期权行使日的时间、行权价格和无风险利润等。现实生活中公允价值要求的有效市场环境难以真正达到，大量的物价资料难以公允取得，加之受会计审计及评估执业人员业务水平的影

---

⑭　红利的支付会降低标的资产的价值，因此随着红利支付的增加，看涨期权的价格就会下降，看跌期权的价格则会上升。对红利的调整可以通过以下两种方法：一种适用于短期期权，另一种适用于长期期权。如果期权的有效期很短，如小于一年，可以估计期权有效期内红利的现值，并将其从资产的现有价值中扣除，得到“经红利调整的价值”，并作为计算 B-S 模型中 S 的一个变量（调整公式略）。在长期期权的情况下，如果在期权的有效期内，标的资产的红利率（y=红利/资产现有价值）预期保持不变，则调整时首先应将资产的现值按照红利折现成现值，以反映红利支付所带来的预期价值的降低，之后再从利率中减去红利率，以反映复制资产组合中红利更低的持有成本。

响，使其在实际操作中应用性相对较差。

3. 成本法

对一项资产，成本法是指现在更换服务能力所需的金额（通常指现时重置成本）。从一个市场参与者（卖方）的角度来说，资产的可接受价格基于另一市场参与者（买方）获得或构建可比效用替代资产的成本，并调整资产陈旧贬值而决定。其计算公式为：

$$A(e)=A(r)-L-D$$

式中，A(e)——资产评估价值，A(r)——完全重置成本，L——资产损耗，D——资产贬值。贬值包括实体性损耗、功能性（技术）贬值以及经济性（外部）贬值。

采用成本法时，通常应按被评估资产的现时完全重置成本减去应扣损耗或贬值等因素后来确定被评估资产的价格。一般需要剔除的因素包括：①特定物理状况（如物理折旧）引起的价值损失；②机器或设备的内在退化引起的价值损失；③机器或设备的外在的经济退化引起的价值损失等。

在某些情况下，将历史成本按照相关的物价指数进行调整也可以得到重置成本。典型的例子是房地产，比如有账面记录资料时，以账面历史价格为基础，乘以自购置日至评估日的物价指数，将房地产账面历史成本调整为重置成本。其公式为：重置成本＝账面成本×评估日物价指数。

若无该项目的账面历史成本资料，企业也可搜集市场同类项目的交易价格资料，并根据其功能以及技术先进性和适应性等进行调整求得现行购买价格，然后根据被估项目的实际情况和现行标准，按购买价格的一定比例，确定该项目的购置费用，进而确定其重置成本：重置成本＝同类项目现行购买价格＋估计现行购置费用。或者按市场同类项目的交易价格，以及企业自制成本与售价的一定比率调整，求得企业该项目的重置成本：重置成本＝同类项目市价×成本售价系数。

有时企业还可以在估价日，按照现行价格，使用类似的原材料，按实际工时消耗数量和费用标准，重新制造估价项目所耗用的成本：重置成本＝原材料实际消耗量×现行价格＋实耗工时×现行费用标准。这种方法主要对一些稀有项目或不需要考虑技术进步和生产力提高等因素的情形下使用。

2.3.2　三种确定模式的利弊分析与选择

上述确定公允价值的三种途径按市场因素运用的程度归纳如下：三种途径的主观成分和应用难度依次增加。通常情况下，首选的方法应是活跃市场中的市场报价。因为最能代表公允价值的，是可以观察到的、由市场价格机制所决定的市场价格，市场价格是市场交易各方承认和接受的。但是大多情况下，会计人员无法观察到这种由市场机制决定、双方均可接受的金额，从而不能直接用来计量。例如交易双方签订一项合同，一方有权收取金融资产，另一方有义务在未来支付金融负债，其偿付的金额、时间安排均不确定。因此在找不到所计量项目的市场价格的情况下，往往需要采用类似项目法，通过按照严格条件选取的类似项目的市场价格来决定所计量项目的公允价值。如果同类项目或类似项目均不存在可观察的市价，或者可观察的价格不能代表可靠的市价，则需要考虑采用估价技术法对所计量项目的公允价值做出估计。

在具体运用估价技术法时，企业首先要明确其应用条件：不存在或只有很少的市场价格信息的情况。这一应用条件是指至少存在下述情况之一的情形：①一项现时或近期的交易是不可能或很困难的；②该资产或负债是独特的或非常的不寻常；③虽然存在交易,但市场参与者对其交易的价格或估价技术保密。上述情况下,企业就不得不考虑采用适当的估价技术来确定资产或负债的公允价值。在选择估计方法时还应遵循一些原则,强调市场参与者的评价,要求运用的估计方法应当经过实际交易的检验。目前,广泛运用的公允价值估计方法是市场法和现值技术法,其中最常用的就是采用未来现金流量的估计值计算现值,进而确定交易双方均认可的公允价值。对于传统法而言,主要的估计包括预计现金流量和各自的可能性;对于预计现金流量法而言,主要的估计包括预计现金流量的金额、每期的价值增长率和折现率或资本化率。在计算现金流量时应考虑风险、市场缺陷等因素的影响,如果这些信息可以获得,则应据以对现值进行调整。其他方法如期权定价模型、矩阵定价模型等主要用于金融工具(尤其是衍生工具)公允价值的确定。实务中,人们在公允价值的估价时有时甚至同时使用三种方法,并将所得到的结果进行比较,从而得到一个相对精确的计价结果。

2.4 公允价值计量:基于会计信息质量的理论分析

2.4.1 会计信息质量:相关性与可靠性的权衡

1. 相关性和可靠性是会计信息的基本质量特征

会计信息质量是指会计信息满足信息使用者需求特征的总和。会计学界对会计信息质量的关注早在20世纪50年代就开始了,利特尔顿(1953)在《会计理论结构》中提出:“正因为财务报表能够以通俗易懂的方式反映企业的大量经济活动,所以人们通过财务报表就有可能了解企业经营活动的基本情况。……充分披露所有重要和重大的会计信息是财务报表的一个重要规则”。可见那时的会计学界已经意识到会计信息质量的问题并提出了充分披露和重要性两项质量要求。在会计信息失真现象严重，会计舞弊和造假频繁的现实社会环境下，会计信息的质量更加受人关注。

会计信息质量特征就是会计信息所应当达到或满足的基本质量要求，它是会计系统为达到会计目标而对会计信息的约束。与普通产品不同，会计信息的质量很难通过技术手段进行量化衡量。迄今为止，人们用于评价会计信息质量高低的标准依然是：信息是否真实、是否可靠、是否相关、是否有用、是否合规，等等。这种据以判断会计信息质量高低的标准，称之为会计信息质量特征。会计信息质量特征因国而异，其中美国财务会计准则委员会(FASB)与国际会计准则理事会(IASB)的会计信息质量特征体系最具影响力。FASB认为：会计信息的首要质量特征包括相关性和可靠性两项，其中，相关性包括反馈价值、预测价值和及时性，可靠性包括可验证性、中立性和反映真实性；可比性是会计信息的次要质量特征；可理解性是针对用户的质量特征。IASB则认为会计信息的主要质量特征包括可理解性、相关性、可靠性和可比性四项，相关性包括重要性，可靠性包括真实反映、实质重于形式、中立性、审慎及完整性等次级质量特征。

尽管分歧和争论仍然存在，但会计界对会计信息质量基本特征的认同基本一致，即会计信息质量的基本特征是相关性和可靠性。会计信息的相关性和可靠性程度越高，则会计信息质量越好，会计信息产品的可信赖程度越高。相关性是指会计信息与决策相关，是服务于投资者经济决策，面向未来的质量要求，具体而言指的是信息具有导致“差别决策”的能力。可靠性是指信息能免于错误及偏差，并能忠实反映它意欲反映的现象或状况的质量，即所表达的应是意欲表达的，应做到中立和不偏不倚。可靠性是面向过去的质量要求，信息如果不可靠，不仅无助于决策，而且还可能误导信息使用者。

若进一步分析，我们认为，相关的信息具备了决策有用的性质和前提，相关性是对会计信息有用的质的规定，可靠的信息具有决策有用的内容，可靠性是对会计信息有用的量的规定；相关性只表明信息有用的可能，可靠性才使得决策有用性成为现实。按照IASB和FASB的理念，相关的信息必须具有预测价值、反馈价值和及时性。因为决策立足现在，面向未来，基于过去，对过去的反馈是预测未来的基础，而及时是对过去、现在、未来的一种链接，因此预测价值、反馈价值、及时性在时间上构成了会计信息决策相关的一个完整体系。可靠的信息必须是中立的，如实反映经济事实并可验证。如实反映是对结果真实的要求，中立性和可验证性是对处理程序客观的要求，因此，可靠性是对结果性和程序理性的综合要求。根据以上论述，上述信息质量特征体系可用图 2—3 表示如下：

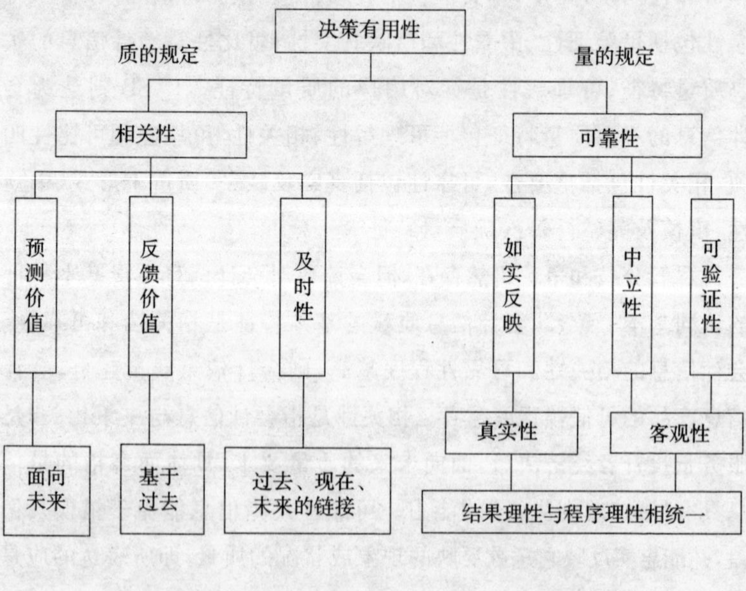

图 2—3 会计信息质量特征体系简图

2. 会计信息质量特征的具体确定与会计目标紧密相联

传统观点认为,相关性和可靠性存在着此消彼长的矛盾,无法做到协调一致。我们认为,相关性是会计信息有用的本质,可靠性是会计信息有用的基础,二者必须兼顾。会计主要信息质量的关系权衡应服务于会计目标并受到会计环境的影响。

(1)提供财务信息不是盲目的,而是服务于会计目标的。会计信息质量特征是对制定会计准则与会计制度、选择会计政策起根本性指导作用,是编制、审核和评判会计报表质量的综合性标准,对会计的确认、计量和披露具有引导和约束功能。会计目标由产生会计信息的经济、法律、政治等社会环境决定。会计信息质量特征受制于会计目标,它是为维护会计目标服务的,会计信息质量特征的具体确定就必然与会计目标紧密相联。会计目标有受托责任与决策有用两种观点,受托责任观要求会计能真实、客观地反映经营者受托经济责任的履行情况,因此对可靠性的要求较高;决策有用观认为应向信息使用者提供对他们决策有用的信息,强调会计信息的相关性。在资本市场成为企业主要筹资场所以后,决策有用观得到更多的认同,相关性受到更多的重视。

(2)知识经济对会计信息质量产生了较大影响。随着知识经济时代的到来,企业竞争日趋激烈,资本市场的日益发展,风险和不确定性加大,无形资产、衍生金融工具等软资产大量涌现,对会计信息系统提出了更高的要求。相应地对会计信息的质量要求也从可靠性转向了以可靠性为前提的相关性。以知识为基础的、以智力为支撑的面向未来的知识经济对会计环境产生的重大影响,从而给会计信息质量特征至少带来了以下两大挑战:一是国际需求与国内需求的挑战。知识经济时代,经济全球化、企业跨国化的发展造成资本和信用的跨国流动,各国经济与他国的联系更加紧密，因此会计信息质量特征既要满足本国会计目标的需要，也要满足国际经济环境和国际资本市场的需要，财务报告使用者广泛化和多样化，使会计信息质量特征受到严峻挑战；二是不确定性和风险因素的挑战。知识经济时代的一个重要特征是信息不完全导致经济活动的不确定性，而信息不对称是导致不确定性的主要原因。信息不对称表现为事前和事后不对称，相应地带来了两种不同的后果：一种是由于信息事前不对称引起的逆向选择问题，另一种是由于信息事后不对称引起的道德风险问题。这些都使会计环境的风险加剧，会计信息质量特征如何应对环境变化显得十分迫切。

从哲学上说，意识对存在的反映受主观和客观两个因素的影响。会计信息是客观经济活动的会计反映，会计信息既与会计人员的素质、能力、职业道德有关，又与会计准则、会计制度、会计处理程序和方法有关，会计处理程序的可选择性与会计的不确定性使会计信息质量特征呈现相对性。而且会计信息反映的只是某个时期和某个时点的经济活动的情况，与当时的客观环境是相适应的。从发展的眼光看，会计信息质量特征应以一定的条件为前提，条件不断变化，质量特征亦处于不断发展变化之中，故呈现出动态性。伴随社会经济环境、会计目标的演进和发展，会计信息质量特征的内容也必须不断完善和更新。鉴于新经济对社会经济环境的冲击和影响，会计信息质量至少还应具备以下几大特征。

①公允性或相关性。公允性包括两层含义：一是立场的公允性，要求会计信息对实际情况的反映应该公允，不偏不倚，保持中立性；二是会计计量的公允性。在知识经济社会，由于信息网络技术及集成化的优势，企业采集和处理的信息日趋细微化（细到各部门各岗位各事件），所以为信息使用者提供决策所需的详细信息成为可能；经济环境的迅猛变化，使会计要素的内容得到很大扩展，

以人力资本为核心的智力资本成为决定企业生产发展的核心要素。如果对不同的会计要素，如固定资产、无形资产、人力资源、金融资产及衍生金融工具等采用同一计量属性和标准，必然导致会计信息失之客观公允。会计计量的公允性要求会计计量属性从理论到实务也应随之多元化，以公允反映包括智力资本在内的各类资产的真实价值。因而，未来财务会计的计量属性呈现出历史成本、公允价值、成本与市价孰低等多种计量属性并存的特点。科学技术的日新月异则使得公允价值的确认与计量相对简单，公允价值作为一种新的计量属性被广泛使用后将提高信息的决策相关性。

②透明度[15]。知识经济时代经济形势发展的特点是竞争激烈，风险加大。除了高新技术产业迅猛发展外，市场创新、金融创新层出不穷，对会计信息质量的要求越来越高。一般而言，在较为完善的市场中，各种市场力量和法律的作用相互配合，市场具有较高的公开性和透明度，信息的传递和处理效率高，潜在的各类投资者利用公开会计信息进行决策的要求也相应较高。1997 年初东南亚金融危机爆发后，许多国际性组织在分析东南亚金融危机的原因时，将东南亚国家不透明的会计信息归为经济危机爆发的原因之一。透明度意指“公开披露可靠与及时的信息，有助于信息使用者准确评价一家公司的财务状况和业绩、经营活动、风险分布及风险管理实务”，高透明度意味着能够透过现象看本质。因此，提

---

⑮　透明度最早由美国证券交易委员会(SEC)提出，1996 年 4 月 11 日，SEC 发布了关于 IASC“核心准则”的声明，提出三项评价“核心准则”的要素，其中第二项是“高质量”，SEC 对高质量的具体解释是可比性、透明度和充分披露。1998 年 9 月，巴塞尔银行监管委员会发布的“增强银行透明度”研究报告中，透明度定义为“公开披露可靠与及时的信息，有助于信息使用者准确评价一家公司的财务状况和业绩、经营活动、风险分布及风险管理实务”，高透明度意味着能够透过现象看本质。

高会计信息透明度，将有助于企业的真实价值被市场发现和认可，降低其在市场运行中的各种成本与风险。

③前瞻性。知识经济的一个重要特征就是人们关注的不是过去和现在，而是未来。美国未来会计学家汉弗莱·H.纳什在《未来会计》一书中也指出，经济社会最大的价值在未来。知识经济时代，决策有用性越来越受到信息使用者关注，而决策是面向未来的。前瞻性原则要求会计信息着眼于未来，要求充分披露未来预测信息、非财务信息和社会责任信息，要求会计信息披露更及时更全面。知识经济时代信息技术的发展和市场的完善使得会计信息及时报告成为可能，联机实时报告系统(OLKT)的应用，使得企业可以根据经济业务的发生情况进行实时计量。这也是会计信息规避不确定性和风险的一种有效手段。因为企业利用网络及财务分析软件可全面分析企业内部和外部的经营发展情况和趋势，向使用者充分披露企业有关未来发展前景、盈利预测、现金流量的信息以回答公司外部利害关系人最关心的问题。而用户也可以随时进入公司网页或在有关搜索引擎上搜索当日、当时企业的相关信息。

3. 会计计量属性的正确选择和有效运用是提高会计信息质量的重要基础

以货币计量来反映会计要素的内容，往往由于对会计要素计量属性运用不当而影响会计要素计量的结果，从而造成会计要素账面价值与其实际价值的偏差。因此，会计要素计量属性的正确选择和有效运用是提高会计信息质量的重要基础。历史成本计量比较客观，可靠性强，因为它是反映过去的计量属性，是实际交易、事项的结果，经得起考验、验证，但是它仅仅是过去的信息，不能反映现时价值，决策相关性较差；现行价值计量主要反映现行的成本、市价、可变现净值及未来的现金流量现值，与企业的资产变现、资产重置、投资决策密切相关，信息的相关性强，但由于现行价值在许多情况下难以直接获得，需要采取估计的方法，难以验证，可靠性较差，有些计量属性，如未来现金流量现值，反映的是未来的经济价值，决策相关性最强，但其主要是使用估计的方法，可靠性很差。上述五种会计计量属性对会计信息可靠性和相关性的影响可汇总成如表 2—2 所示的形式。

表 2—2　五种会计计量属性及其可靠性

<table>
<tr><th rowspan="2">会计计量属性</th><th rowspan="2">时态</th><th rowspan="2">交换价值类型</th><th rowspan="2">交易性质</th><th rowspan="2">操作可行性</th><th colspan="2">会计信息质量特征</th></tr>
<tr><th>可靠性</th><th>相关性</th></tr>
<tr><td>历史成本</td><td>过去</td><td>购入或取得</td><td>实际</td><td rowspan="5">容易
↓
难</td><td rowspan="5">强
↓
弱</td><td rowspan="5">弱
↓
强</td></tr>
<tr><td>重置成本</td><td>现在</td><td>购入或取得</td><td>假设</td></tr>
<tr><td>现行市价</td><td>现在</td><td>出售</td><td>假设</td></tr>
<tr><td>可变现净值</td><td>未来</td><td>出售</td><td>预期</td></tr>
<tr><td>现值</td><td>未来</td><td>使用</td><td>预期</td></tr>
</table>

2.4.2　公允价值兼具相关性与可靠性质量特征

1. 对公允价值可靠性的质疑源于会计估计、假设和判断

公允价值(现值)反映的是在特定的时点和经济状态下，市场对资产或负债的定价，其变化也反映了市场对资产或负债价值认可的变化。在一个公平交易的完善的市场上，由于集中了来自各方面的供给者和需求者，人们通过各自掌握的信息竞价，从而消除了个别供给者或需求者的偏见，此时市场定价反映的即是所有市场参与者对资产或负债价值的期望值，是一个统计上具有无偏性的指标，这个指标中包含了所有影响该资产或负债价值的信息。现阶段，企业的某些无形资产，如商誉、知识产权、人力资源、衍生金融工具等在现有的计量模式下遇到了难题，这些都严重影响了

会计信息的相关性和有用性。公允价值(现值)计量属性的运用，至少在一些方面满足了外部信息使用者的要求，提供了较为相关的财务信息。相对而言，历史成本反映的是在资产获得时或者负债形成时市场对其价值的评价，而市场只有在资产转让或负债偿还时才反映其价格的变化，即被确认为利得或损失。这种会计处理方法与瞬息万变的金融市场是格格不入的，更何况，转让或偿还并不是导致损失或利得发生的事项。所以，与历史成本相比，公允价值能更准确地反映企业的财务信息，从而更确切地反映企业的经营能力、偿债能力及财务状况。也就是说，按公允价值计量能为信息使用者进行经营、决策提供更有用的信息。FASB 在 1998 年 6 月出台了第 133 号财务会计准则公告《衍生工具和套期保值活动会计》，其中第 3 段明确指出："公允价值是金融工具最相关的计量，而且是衍生工具唯一相关的计量。"

在公允价值信息的质量特征方面，最大的挑战则来自其可靠性。人们担心，公允价值虽然能够提供相对及时、有用的会计信息，但它却不能保证信息的可靠性。尤其在市场机制不完善、市场化程度不是很高的地区，以及在缺少相同产品或类似产品的市场以及法律、法规不健全的情况下。诚然，公允价值的可靠性成为其推广与应用过程中不可忽视的一个重要问题。但是，历史成本计量下的可靠性仅是相对而言，因为传统框架下的成本和收入配比往往也是带有较大的主观武断性，其中包括存货计价、折旧、间接费用分配、所得税处理等都有很大的盈余管理空间，为此，历史成本的计量也成为众夫所指。会计过度谨慎的风格导致了历史成本计量时往往忽略资产价格上升的事实，仅反映和计量资产非对称的单边下跌信息；相比而言，公允价值计量下的则需要完整、动态地反映资产价格双边变动信息。假设市场价格为 m，历史成本为

h,记账价格用 y 表示,那么,历史成本计量下(传统会计框架下)的记账依据实际上可以用简单的分段函数表达,即,$\Upsilon=\begin{cases}h, h<m\\h, h>m\end{cases}$,而公允价值计量下的确认依据的分段函数则是 $\Upsilon=\begin{cases}m, h<m\\h, h>m\end{cases}$。从这一点来看,历史成本反映的信息更加缺乏相关性,两害相权取其轻(表 2—3 中简单罗列了两者之间的差异),公允价值能够大行其道的原因就在于此。

表 2—3　历史成本和公允价值计量下的比较

历史成本计量	公允价值计量
静态计量	动态计量
符合权责发生制和收付实现制	部分背离权责发生制和收付实现制
强调收入和成本配比	强调资产和负债价值变化
主要在表内反映	表内反映和表外披露

从前文分析可以看出,公允价值最大的特征就是来自于公平交易市场的确认,是一种具有明显可观察性和决策相关性的会计信息。在存在活跃市场交易的情况下,交换价格即为公允价值,由此看来公允价值似乎是一种交换价格。然而,在各国会计准则、会计制度以及会计实务中,公允价值的实际应用却大大超出了交易范围,它不仅适用于初始计量,还适用于后续新起点计量,而后续新起点计量大多是在没有交易的情况下进行的。某些时候,资产(或负债)。即便是有交换并形成了一个交换价格,也不一定存在着活跃的市场和可观察的市场价格,而是基于交换双方对资产(或负债)。的价值有着相同或相近的评价,通过讨价还价达成一致意见而形成的。在许多不存在交易或者虽有交换但没有可观察的、由市场决定的金额的情况下,公允价值被广泛地运用于资产(或负

债)。现行价值的计量代表有重置成本、可变现净值、在用价值以及特定主体价值等。这些计量基础存在一个共同的特征，即都加入了非市场的评价，或者说，以特定主体对资产(或负债)的评价代替了市场评价。可见，公允价值的本质特点是在交易或事项尚未发生时，对市场价值发生变化的资产和负债以当前市场情况为依据所作的估计。除非公允价值的计量日和资产的实际交易日在同一天，否则公允价值并不是所计量资产已经发生的实际交易价格。因此，在公允价值计量模式下，实务中往往是根据同类或类似项目在计量日的市场价格信息进行计量或采用适当的价值评估方法和技术进行评估确定的价值计量。尤其是公允价值的核心(也是公允价值运用的难点)——现值技术，无论是贴现率的选择还是对未来现金流量的估计，均离不开对未来事项和不确定性的主观判断。显然，公允价值无法回避计量中的价格估计问题。

实际上对公允价值提出质疑的主要原因在于公允价值存在很大程度上的估计、假设和判断而影响其可靠性。众所周知，会计系统不是直接计量企业的经营活动过程及结果，而是通过确认、计量和报告企业的资产、负债、收入、费用及利润等，形成反映企业经营活动过程及结果的信息。会计"观念总结"的过程就是会计判断、估计的过程，这种判断贯穿于会计的确认、计量、记录和报告等的全过程，涉及方方面面，而且会计人员的会计工作还必须基于一系列的假设之上。会计在对企业的生产经营活动进行"观念总结"时，通过确认、计量、记录和报告等程序所反映出的信息也不可能100%地绝对"真实"。因此，估计和假设是会计所固有的，公允价值计量的难度虽然较大，但仍可以做到可靠。虽然公允价值计量确实不能提供绝对可靠的会计信息，但任何计量属性都无法提供绝对可靠、一致的信息。IASB 在《编制财务报表的框架》第 86 段提到:成本或价值在许多情况下都需要估计,合理的估计是报表编制工作的一部分,这并不会贬低其可靠性。

第一,公允价值主要对传统历史成本模式下的某些资产持有利得和损失进行表内确认与计量,仅是根据时间的推移和市场价格的变化进行调整,并没有否定历史成本会计下初始交易所取得的账面价值。其计量的主要依据是相同资产或类似资产的市场价格,在市场经济发达的国家这些市场价格还是比较可靠的。经过多年市场经济的发展,我国在强化公司治理、提高运作透明度、构建上市公司综合监管体系方面有了很大的进步,证券市场的有效性逐步提高,基本具备了公允价值应用的土壤。

第二,公允价值虽然涉及未来的交易的预测,如金融衍生产品的未实现损益,这一定程度上违背了传统会计所倡导的收入/实现和权责发生制原则,表面上看是不可靠的。但一些金融衍生产品涉及的金额巨大,如果不及时地在表内反映它们的价值变化,将会给投资者带来极大的风险,而且有些金融产品,如美式期权随时可以交易,如果在报表截止日不及时反映其价值,那么也会发生传统的利得交易,从而导致会计信息既不相关也不可靠。何况现在许多金融产品也有许多成熟的估价技术,如著名的B-S期权定价模型,根据其计算出的价格具有相当的可靠性。

第三,公允价值计量表面上是为了追求会计信息的相关性,但实际上,它是通过提高真实性来提高相关性。真正的(不是故意歪曲的)公允价值的本质就是真实与公允并存、可靠和相关并重。公允价值计量不可避免地需要对未来现金流量的金额、时间分布和折现率做出主观判断,具有一定的不确定性,其可核性可能不如历史成本计量属性,但其具有更大的预测价值,更能如实地反映企业的经济实质。公允价值的计量应用了客观的观察方法与各种科学的评估技术，不仅可以使资产和负债的计量更接近当前的真实情况，更能动态地、及时地反映资产和负债价值的变化，有利于利益相关方根据及时的会计信息进行判断和决策。而且由于公允价值是市场的无偏定价，同一会计主体各个会计期间以及不同会计主体之间，计量技术都是一致的，使会计信息的可比性、及时性、中立性、一致性也大大增强，足以用此弥补可核性不足之所失，况且历史成本会计下的再度计量所涉及的主观判断也并不亚于公允价值下的估计与判断使用，其可核性也值得怀疑。

进一步推敲，我们认为对公允价值可靠性的怀疑实际上是对市场有效性和评估技术可靠性的怀疑。若市场是有效的，评估技术是可靠的，那么公允价值的可靠性就没有问题。虽然在缺乏有效的、可靠的市场价格下，公允价值充满了估计、判断，但公允价值会计下的信息可靠性仍然是有一定保证的，至少在真实反映企业的价值方面，公允价值反映的信息还是相对可靠的。因为公允价值会计确认、计量所依据的主要是相同或类似项目的市场价格，在市场经济发达的国家或地区，各要素和产品市场发达的情况下，这些市场价格还是比较可靠的。只有在缺乏可比价格的市场下，才充分运用各种估计和判断。当需要运用现值来估计公允价值时，以合理成本、合理可靠地估计现金流量的金额和时间以及折现率也是可能的。虽然公允价值会计涉及对一些未来交易的预测，如金融衍生产品的未实现损益。表面上看这是不可靠的。但一些金融衍生产品涉及的金额巨大，如果不及时地在表内反映它们的价值变化，将会给许多外部投资者带来极大的风险。而且有些金融产品，如美式期权是随时可以交易的，如果在资产负债表日不及时反映其价值，那么所提供的会计信息就既不相关也不可靠。一个典型的案例就是上世纪 80 年代，美国 2000 多家金融机构因从事金融工具交易而陷入财务困境，然而在此之前，这些金融机构建立在历史成本计量模式上的财务报告却仍显示着“良好”的经营业绩和“健康”的财务状况。更何况目前许多金融产品也有许多成熟的估价技术，如资本资产定价模型、套利定价模型、B-S 期权定价模型等的可靠性也都获得了大量经验证据的支持，应用也日益广泛。根据它们计算出的价格也应该具有相当的可靠性。

对公允价值可靠性怀疑的另一个原因源自其波动性。尤其是金融工具的价格受利率、汇率和其他标的物等价格变化会忽高忽低，例如 2006 年 12 月 20 日某金融工具的价格为 160 万元，12 月 31 日的价格突然飙升到 200 万元，而 2007 年 1 月 2 日又回落到 160 万元。为降低或转移金融风险，企业需要对金融工具及其未来风险变化情况进行仔细和持续监控，及时、客观、公允地反映其公允价值变动的信息。但是如果因在年报中报告此项金融工具的价格为 200 万元而认为会计信息便不再可靠，那么这种看法就未免武断。波动性是金融工具价格的基本属性，因为价格是市场参与者根据所获得的信息所作的理性预期，市场主体会因获得新的信息而不断变化其预期。我们绝不能因此而怀疑其价格的合理性和可靠性。此时充分及时披露这种波动性就很有必要。

综上分析不难发现，那种认为公允价值计量充满了预计和估计而不如历史成本计量可靠的观点经不起推敲，过于武断。实际上传统会计采用历史成本计量所具有的可靠性仅指“可验证性”。公允价值反映的会计信息因更具有用性而显得可靠，可靠性不排斥适当合理的估计，可靠性不是会计信息的目的，追求可靠性的最终目的是为了提高会计信息的有用性，可靠性与相关性并不是截然对立的。正如 FASB 所指出的，在相关性和可靠性之间始终存在一个利弊权衡的问题，像期望现金流量法这样的方法使现值技术在原先被认为不适合使用现值计量的领域得到了应用和扩展，与未折现的现金流量信息相比，现值计量不仅更具相关性，而且也具足够的可靠性。估计、假设和判断也是会计所固有的，但并不能因此而否认其可靠性。只要本着公允的原则，判断、估计所产生的会计资料能客观、公正地反映会计主体的财务状况和经营成果，不同的处理结果也是可以理解和接受的。更何况可靠性也不等于肯定性和精确性。但是，不能因此否认公允价值计量的优越性。实际上正是因为我们采用了各种科学的估价技术，才使我们对企业各种资产和负债的计量更接近当前的实际情况，才使财务报表信息更公正、更允当。

2. 公允价值与利润操纵之间并不存在必然联系

公允价值能够更加可靠地提供有关资产和负债的价值信息，优化资本市场的资源配置和资本定价，进而在某种程度上增进会计信息价值的相关性。在上市公司经营管理不善或因外部因素的影响致使其财务状况发生严重困难，产权及生产要素等市场又不活跃的情况下，上市公司利用公允价值操作利润也就在所难免。1999 年我国上市公司通过债务重组、非货币性交易等行为滥用公允价值操纵利润的现象即是明证。但我们不能因为有人利用估计、假设、判断来进行利润操纵就否定公允价值，公允价值和利润操纵之间没有必然的联系，公允价值是利润操纵的一个手段，而非其根源。即使运用被广泛认为可靠的历史成本也不能保证不出现利润操纵现象。利润操纵有多种方式，国内的利润操纵通常是利用债务重组、相互参股、企业集团内部上市公司的劣质资产与非上市公司的优质资产置换，以达到包装上市、配股、避免摘牌等目的。可见，利润操纵是有着主观的动机的利润操纵并非公允价值之过，就像用以实施犯罪行为的工具并没有过错一样，要受惩罚的只是罪犯本人，在利润操纵过程中公允价值也只是一个被利用的工具。只要有操纵利润的动机和操纵利润的条件，利润操纵就不可避免。

可行的方法不但要在准则制定上不断完善它，而且更重要的在于建立包括完善的公允价值使用的支持系统，只有这样才能实现会计信息的可靠和相关的兼容。

理论而言，尽管IAS23、SFAS133以及我国企业会计准则对公允价值分定义的表述各不相同，但都暗含了一个意思：即公允价值是不受限制的市场条件下的交换价值，也即均衡的市场价格。也可以说是在存在活跃市场交易的情况下，基于交易而产生的交换价格即为公允价值。然而，在各国会计准则及会计实务中，公允价值的实际应用却大大超出了交易范围，它不仅仅适用于初始计量，还适用于后续新起点计量，而后续新起点计量大多是在没有交易的情况下进行的。某些时候，资产或负债即便是有交换并形成了一个交换价格，也不一定存在着活跃的市场和可观察的市场价格，而是基于交换双方对资产(或负债)的价值有着相同或相近的评价，通过讨价还价达成一致意见而形成的，其代表有成本累计值、有效清偿价值、在用价值以及特定主体价值等。这些计量基础存在一个共同的特征，即都加入了非市场的评价(卢永华、杨小军，2000)。另外，公允价值的核心(也是公允价值运用的难点)——现值技术，无论是贴现率的选择还是对未来现金流量的估计，均离不开对未来事项和不确定性的主观判断。可见，公允价值就其目的来说，本应是寻求一种客观的价值(即使用价值)，然而客观的使用价值必须通过人的主观判断才能实现，而且公允价值的定义与应用也考虑并认可了交易方或评价主体主观判断的影响。同一物体的效用对不同的人是不一样的，甚至对相同的人在不同的环境下差异也是很大的，因此也就难以形成统一、稳定的评价尺度。这种评价取决于评价主体的背景、学识、目的、观念等各方面的因素，其他人是无法断定其对错的。所以，公允价值的“价值”归根结底是一种效用价值，而这正是公允价值造成资本市场混乱以及在应用中面临困难的根本原因。

3. 公允价值的可靠性程度因其确定方法而异

根据上述分析，我们将确定公允价值的次序及其可靠性程度总结如图 2—4 所示：

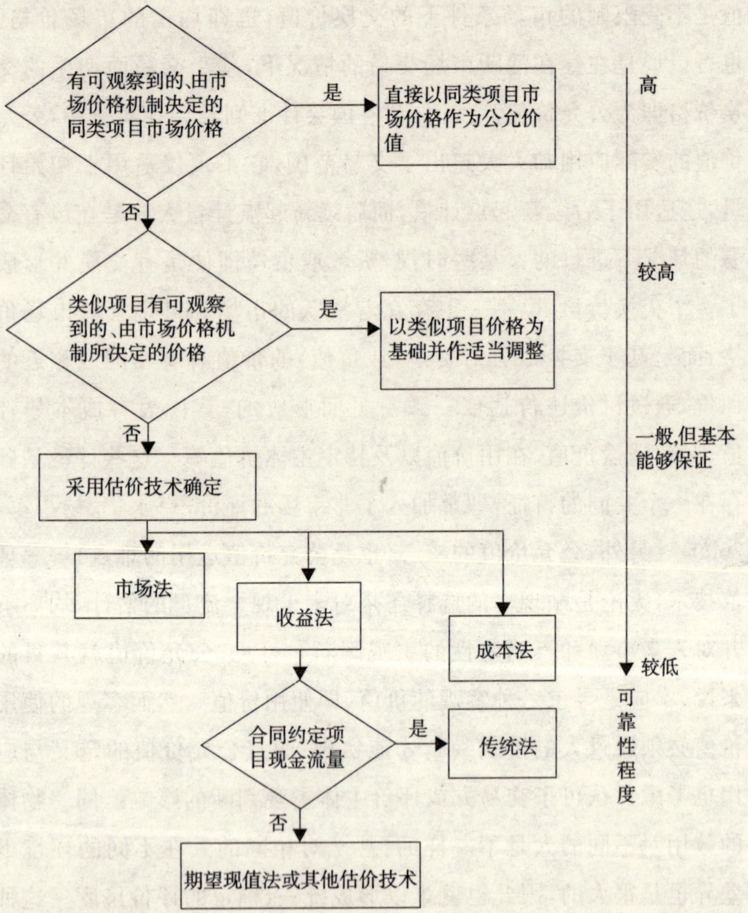

图 2—4 公允价值确定路径及其可靠性程度

从上图可以看出，在有可观察到的、由市场价格机制所决定的同类项目市场价格时，公允价值以资产取得或负债实际发生时的市价为基础。由于市价是独立于管理者的外部市场信息，其可核实性及真实性都可得到保证，因而其可靠性程度最高。若同类项目没有但类似项目有可观察到的、由市场机制所决定的价格的情况下，可靠性虽然有所减弱，但因该类信息源自独立于管理者的外部市场，其客观性、可核实性以及反映真实性也可以得到保证，因而也具有相当的可靠性。在采用估值技术确定公允价值的情况下，因各种估计技术和较多职业判断的运用程度不同而对信息可靠性的影响也各不相同。比如，如果合同事先约定项目的未来现金流，现金流是由合同约定、可以核实的，采用的折现率是具有相同风险的现金流的市场利率，可靠性能够得到保证。而采用预期现值法或其他估计方法时，因使用了更多的假设和职业判断，更多时候往往是管理者和会计人员自身的假设，此时其可靠性程度会受到较大影响。但只要评估机构或执业人员从客观、独立的角度出发，采用各种科学的技术手段，基于具备专业胜任能力的人员评估出的公允价值在一定程度上也能够保证会计信息实现相对公允、可靠。

4. 公允价值的信息质量取决于相关性和可靠性的有效调和程度

美国财务会计准则委员会通过对会计信息质量特征的考察，概括出最基本的两点：相关性和可靠性。其既是对会计信息质量特征的描述，也是对会计计量的基本要求和制约，偏废任何一方的会计信息都是低质量的，是无用的。笔者认为，会计信息质量特征的两个方面本身存在相互制约的关系。而这种相互制约的关系正是公允价值现实运用难点的根本所在。一方面，会计信息要满足决策相关性要求，就要求会计计量应尽可能地将所有影响企业现实及未来收益的因素完全涵盖。其中既包括资产的预期未来收益，也包括目前广泛讨论的对企业未来收益产生重要影响的环境、人力资源及物价变动等因素。在这个不断扩大的会计计量范围中，会计人员的主观估计与判断不可避免且日益重要。另一方面，会计信息的可靠性要求会计信息必须具备真实性和中立性的特征，具体体现就在于会计信息的可验证性，即知识结构大致相同的不同专业人员对同一客体的计量结果应大致相同。这就要求在会计计量过程中与个体差异（主要指知识结构、对待风险的态度等）相联系的主观估计与判断应尽可能地减少。在现时经济环境下，会计信息相关性的加强势必导致其可靠性的削弱，反之亦然。因此，会计计量属性必须也只能在会计信息两项基本质量特征的制约下选择和发展，公允价值计量现实运用的难点和关键点都在于对由此产生的会计信息的相关性和可靠性的有效调和程度。

2.5 本章小结

历史成本计量是所有会计计量方法中最具可靠性的，而更具相关性的价值计量逐渐取代其成为会计计量的中心，则是可靠性与相关性权衡的结果。公允价值计量使会计记录由静态转化为动态，能更客观地反映企业真实的财务状况和经营成果。该计量属性体现了会计学收益向经济学收益的过渡，因而将在一定程度上消除会计界与经济学界在计量问题上长期存在的分歧。但是合理地将公允价值引入到我国会计实务中又是个相对复杂的过程，而准确把握公允价值的内涵本质并选择恰当方法确定公允价值则是问题的关键。本章在深入诠释公允价值内涵的基础上，对公允价值的确定方法进行了全面、系统的梳理。

公允价值考虑了资产或负债对未来现金流量的影响(比如资产的公允价值等于其未来产生的现金流量的现值),从而在理论上反映了市场对资产或负债的风险和收益的评价,即直接反映企业有关资产所带来的未来经济利益、有关负债所牺牲的未来经济利益的信息。另外,公允价值无论对于收入还是成本、费用均以现时市场价格为基础。在引入公允价值的情况下,资产负债表直接反映了权益的市场价值(即股票总价值),给投资者提供的信息更具有相关性。随着时间的推移,会计人员还可以根据对市场变化了的信息或预期,及时调整有关资产、负债的价值,由此产生的损失或收益可立即在损益表中反映出来。因此公允价值更准确地反映了企业的经营能力、偿债能力及所承担的财务风险。而且公允价值也不会受资产或负债持有人及其持有目的等因素的影响,同一会计主体各个会计期间以及不同会计主体之间,计量技术都是一致的,这样可在一定程度上避免资产或负债计量中的一些不合理的标准,使会计信息的可比性也大大增强。

从公允价值的定义及其确定途径来看,运用公允价值需要两个最主要的条件:活跃市场和公平交易。公允价值本质上是一种市场评价,是市场而非特定主体对资产或负债价值的认定。因此,活跃的市场上形成的关于资产或负债的交易价格是公允价值的首选,其次便是以类似项目市场价格为计量基础并作适当调整后确定。如果同类项目或类似项目均不存在可观察的市价,或者可观察的价格不能代表可靠的市价,则需要考虑采用估价技术法对所计量项目的公允价值做出估计。但我们绝不能因公允价值估计过程充满了假设和判断而简单地认为公允价值计量不再可靠,而应根据相关市场条件及其确定方法来具体判断。实际上对公允价值提出质疑的主要原因在于公允价值存在很大程度上的估计、假设和判断。但只要市场是有效的,评估技术是可靠的,评估机构能从客观、独立的角度出发做出专业判断,公允价值会计下的信息可靠性就有保证。

在我国新会计准则发布之际,深刻领会公允价值的理论内涵与现实意义并正视它的技术规范,是当前需要正确认识的问题。在 FASB 和 IASB 纷纷强调并采纳公允价值作为计量手段的背景下,我们更应该看清财务会计发展的历史潮流,并顺势而为。"真实"与"公允"是公允价值的渊源和根本特征,公允价值计量属性的运用与盈余操纵无必然联系,不会损害会计信息质量的可靠性。目前我国经济发展的市场化程度不高,很多资产还没有形成活跃的交易市场,采用估值技术和未来现金流折现计算以及公允价值的后续计量难度较大,未来现金流量和折现系数的确定主要依赖于职业判断,且较多地受管理层和会计人员素质的影响。加之中介机构公信度低,包括评估事务所、会计师事务所、律师事务所在内的中介机构缺乏应有的社会责任感,而市场监管和市场执法又相对较弱,资产评估弄虚作假现象严重。这些必然会带来实际应用上的困难。但回避或取消公允价值不但无济于治理盈余操纵,更会丧失会计信息质量的核心要件——相关性,还带来一系列会计准则之间的矛盾及应用上的混乱等后果。

随着我国新会计准则的实施,大力发展市场经济,深化企业改革,转变经营机制,建立现代企业制度,改变和完善了企业法人治理结构,完善资本市场规则,优化法制环境,增加对资本市场上会计造假行为的打击力度,加强对投资者特别是中小投资者权益的保护,加强对上市公司、证券公司的监管力度,严厉打击对会计准则的恶意误用,加强监管、职业道德建设,提高投资者甄别会计信息能力，提高会计人员职业判断能力等手段多管齐下，减少利用公允价值进行利润操纵的可能性，保证公允价值在新准则执行过程中能被正确使用，使我国企业的会计信息更加公允、可靠，对信息使用人更加有用。

第3章　公允价值计量的国际应用及研究进展

尽管国际上早已越过“要不要用”公允价值的争论阶段，而进入“如何应用”的阶段，但是国际上丝毫没有因“安然事件”的出现而延缓研究与采用公允价值的进程。目前国际会计理论界和实务界对公允价值的研究与运用仍如火如荼。研究主要集中于：(1)公允价值的定义；(2)确认、计量、报告公允价值的原则与方法；(3)许多领域(如金融工具、自创商誉、企业合并、人力资本、股票期权、资产减值、债务重组、环境会计、金融精算保险、价值评估等)中公允价值的具体运用；(4)运用的可靠性及其实证研究等。

从IASC/IASB和FASB的努力动向和财务会计的发展方向看，准则制定机构在很多具体准则的制定上也都体现了历史成本计量向公允价值计量的变迁。IASC及英美等国在会计准则的制定过程中，都较为普遍地使用了公允价值的概念，公允价值的运用呈现出从金融工具向其他领域延伸的趋势，由金融向非金融领域、由流动资产向长期资产项目延伸。国际上业已达成一致公认：在现实情况下，完全可以得到既相关又合理可靠的公允价值信息；科技的发达使其可靠计量更有保障。为了解决价值计量的可靠性难题，世界上许多国家或地区的职业组织经过多年的艰苦研究，已取得了许多重要的突破。其中最具代表性的即是FASB和IASB关于公允价值计量的研究及准则(或征求意见稿)的出台。

3.1　FASB 关于公允价值计量的实务应用及研究进展

3.1.1　美国关于公允价值计量的实务应用

公允价值早在 1953 年美国会计程序委员会 APB 第 43 号研究公告中就出现过，该公告指出以非货币交换形式取得的无形资产应按其放弃或取得资产的公允价值定价。1967 年 12 月，APB 在其发布的第 10 号意见书中要求企业对应付债务用现值法进行摊销。1970 年 8 月，APB 发布的第 16 号意见书要求对“企业合并”中获得的资产（包括应收账款）应用现值进行初始计量和摊销。1971 年 3 月，APB 发布了 18 号意见书，要求企业按照市场价格报告其普通股票投资的价值。同年 8 月，APB 发布 21 号意见书“应收及应付款利息”，对现值概念进行定义，并指出了确定恰当折现率的方法。在 SFAC7 发布以前，该方法一直是其他会计准则确定折现率的参照依据。1973 年 5 月，APB 又发布 29 号意见书，对如何确定非货币性交易中涉及资产的公允价值进行指导。

1973 年 7 月，FASB 接替 APB 成为美国私有企业会计准则的制定机构。自此以来，FASB 对公允价值计量体系的研究始终没有间断过。1975 年 12 月，FASB 颁布 SFAS12，要求对可变现的普通证券用公允价值计量。1976 年 11 月，FASB 发布 SFAS13，对租赁涉及的某些资产采用公允价值计量。1977 年 6 月，FASB 发布 SFAS15，提出了债务重组涉及资产公允价值的确定方法。同年 11 月，FASB 发布 SFAS19，要求油气企业对“保留产量支付权益”(Retained Production Payment)进行现值计量。70 年代，美国开始使用公允价值计量股票投资、应收应付账款、债务重组、租赁资产和非货币性交易涉及资产及油气行业保留产量支付权益等。这期间，美国主要使用公允价值对一些资产类项目进行计量。

20 世纪 80 年代，FASB 拓展了公允价值的应用范围。在这一期间发布的与公允价值有关的 16 个会计准则中，FASB 对公允价值的定义进行论述，并提出了针对特定资产的公允价值估价方法，包括投资的公允价值估价方法（SFAS35）；索赔过程中获得的不动产的公允价值估价方法（SFAS60）；不动产项目的公允价值估价方法（SFAS67）；养老金计划的公允价值估价方法（SFAS87）等。FASB 还要求对转让特许权、转让设备所有权、广播行业及研发协议中所涉及的特定资产用公允价值计量。此外，FASB 还建议企业在抵押贷款和可转换债券业务中使用公允价值。虽然公允价值的应用范围较之前有了较大拓展，但仍然主要是针对资产类项目。

在此期间，SEC 和金融界围绕金融工具特别是衍生金融工具的确认、计量和披露问题曾经争论不休，SEC 力荐使用公允价值而金融界却坚持要求继续使用历史成本。尽管当时对金融工具的确认和计量问题未取得突破性进展，但对这些问题的讨论加深了人们对历史成本计量模式严重缺陷——缺乏相关性的认识。以 SEC 和投资者为代表的支持者认为，公允价值会计将极大提高财务信息的相关性，使会计信息反映金融资产和负债的真实价值，且有助于防范和化解金融风险。以联邦储备委员会、财政部和金融界为代表的反对者则认为，公允价值会计是对现行会计模式（以历史成本为主要计量属性）的极端背离，不仅缺乏可靠性，而且将导致金融机构的收益产生巨大波动，促使金融机构的贷款决策短期化。

起初，FASB 不肯轻易表态，但上个世纪 80 年代后期美国存款储蓄行业的金融危机，彻底改变了FASB的态度和立场。此次存款储蓄行业的金融危机，使美国2000多家金融机构因金融工具交易陷入财务困境，但建立在历史成本计量模式上的财务报告在这些金融机构陷入财务危机之前，往往还显示"良好"的经营业绩和"健康"的财务状况。因此，许多投资者认为，历史成本财务报告不仅未能为金融监管部门和投资者发出预警信号，甚至误导了投资者对这些金融机构的判断。为此，他们强烈呼吁财务会计准则委员会重新考虑历史成本计量模式是否适合于金融机构。美国财务会计准则委员会于1988年10月启动关于"公允价值"的研究项目，并在此后颁布了一系列旨在推动公允价值会计发展的会计准则。

1990年9月，美国证券交易管理委员会(SEC)主席理查德C.布雷登在美国参议院的银行、住宅及都市事务委员会作证，指出了历史成本财务报告对于预防和化解金融风险于事无补，并首次提出了应当以公允价值作为金融工具的计量属性。SEC主席作证后不久，SEC、FASB以及美国注册会计师协会(AICPA)举行联席会议，决定由AICPA下属的会计准则执行委员会(ACSEC)负责研究和制定有关公允价值会计准则，后来"六大"会计师事务所的高层人士认为由ACSEC制定这方面的准则名不正，言不顺，且可能与FASB发生立场上的冲突，因此，经过协商，FASB于1991年10月正式接手制定这方面的准则。其后FASB颁布了一系列与公允价值会计计量相关的准则。这在对金融工具进行确认和计量的准则中体现最为明显。其中，SFAS105、SFAS107、SFAS115、SFAS119、SFAS126、SFAS133要求主体对公允价值信息进行表外披露。例如，1991年的SFAS107要求所有企业在财务报表或附注中披露相关金融资产和负债的公允价值；1994年的SFAS119

要求披露衍生金融工具的公允价值。SFAS115、SFAS133、SFAS137则要求主体对公允价值进行表内确认。例如,1993年的SFAS115要求企业在报表中直接报告短期交易性证券投资的公允价值,因此,未实现的损益将直接反映在损益表和资产负债表中。1998年发布的SFAS133《衍生工具和套期保值活动的会计处理》中更是明确提出:"公允价值是计量金融工具最佳的计量属性,对衍生工具而言则是唯一相关的计量属性。"但是这一立场遭到金融实务界的强烈反对。早在1993年,银行业就曾干预FASB要求企业对债权和权益证券投资的会计处理采用公允价值,当时FASB不得已进行妥协,最终发布的SFAS115只要求交易性证券的损益在损益表中确认,可供出售证券的损益在股东权益中确认。SFAS133虽然再次遭到实务界的强烈反对,但FASB还是态度强硬地发布这一推行公允价值的会计准则(Zeff,2004)。

除了针对金融工具项目的会计准则外,美国FASB也发布了一系列针对资产和负债项目运用公允价值的会计准则。例如,SFAS114《债权人对贷款减损的会计处理》要求金融机构按照预期现金流量的现值按照贷款的市价或其抵押物的公允价值,对已经发生价值减损的贷款重新计价,并将减损计入当期损失。如果其预期现金流量再度发生变化,金融机构必须对这些贷款的账面余额进行调整。因此,SFAS114是公允价值会计发展上的一大飞跃(Zeff,2004)。

在20世纪90年代,FASB对公允价值的使用力度进一步加大,使用范围也进一步拓宽。这一时期,FASB在使用公允价值时重点突出两条线:一是加大现值技术的开发和使用力度。FASB在1990年12月到1999年12月间共发布了32份财务会计准则公告,其中15份涉及确认和计量问题,11份涉及现值技术的应用;二是突出公允价值在金融工具确认、计量和披露中的核心作用。与现值的使用相关的准则主要包括:SFAS106、SFAS113、SFAS114、SFAS116、SFAS121、SFAS125 等。在这些准则中,使用现值的目的是初始确认的计量、新起点计量和摊销等。应用的项目主要有:退休后福利债务、递延收益、贷款减值、长期资产减值、捐赠承诺等长期资产和负债项目。其中 FASB 对于公允价值在金融工具相关准则的使用又可以分为两个阶段:第一阶段是信息披露,包括披露涉及表外风险和信用风险的金融工具的范围、性质和条件(SFAS105、SFAS107、SFAS126)和披露衍生金融工具公允价值的相关信息(SFAS109);第二阶段是确认与计量,主要是衍生金融工具和套期保值的确认与计量(SFAS133、SFAS137)。期间,为了将现值在会计计量中的目标和理论基础上升到概念框架的高度,FASB 经过长达 10 年的探索和研究,还于 2000 年 2 月颁布了第 7 号财务会计概念公告(SFAC7)《在会计计量中使用现金流量信息和现值》(*Using Cash Flow Information and Present Value in Accounting Measurements*),着重推荐了在缺乏市场价格的条件下应用未来现金流量的现值来确定公允价值,其结论适用于那些以未来现金流量为基础,对资产和负债进行初始确认时的计量、新起点计量和后续的摊配技术。这份距 FASB 第 6 号概念公告 15 年之后专门为公允价值发表的概念公告,其目的已非常明显。第 7 号概念公告迅即在国际上掀起了一股"公允价值会计计量模式"的旋风。这期间 FASB 加大公允价值使用力度的基本思路是:一方面,FASB 将公允价值全面融入新发布的准则;另一方面,对一些先前的准则进行修订并同时将公允价值融入准则,或者对先前已经应用公允价值的准则进行改进。

步入新世纪，美国对公允价值的使用力度再次加大，从SFAS138到SFAS153的16个准则都涉及公允价值。比如，2001年FASB发布的SFAS142——商誉和其他无形资产要求对不进行摊销的无形资产(如商誉)每年作减值测试，包括对无形资产公允价值和账面金额的比较。同年发布的SFAS144《长期资产减值与处置会计》则进一步明确规定减值资产应按公允价值计量。2001年底发生的安然事件所反映出的能源衍生工具会计处理及其金融风险控制问题引起了美国和国际会计界的极大震动，因此FASB在开发金融工具会计准则的过程中，再次确立了以公允价值计量资产或负债尤其是所有金融工具的目标。这在最近几年FASB发布的相关准则和公告中有所体现。FASB于2004年12月发布的SFAS153——非货币性交易的基本原则就是非货币性资产的交换交易应以交换资产的公允价值来计量；2004年12月修订的SFAS123——以股份为基础的支付，也要求公司按照公允价值处理包括股票期权在内的所有以股份为基础的支付；FASB所发布的与金融工具相关的准则，如SFAS150——某些同时具有权益和债务特征的金融工具的会计处理(2003)、SFAS149——对133号准则中衍生工具和套期活动的修订(2003)等，采用的也都是公允价值计量模式。

从目前FASB发布的一系列会计准则中可以看出，公允价值在美国会计准则中的运用也越来越广泛。从公允价值运用的程度来看，截至2004年底，在FASB已发布的153个财务会计准则中，与公允价值相关的就有60条(于永生，2005)。表3—1列示了当前FASB涉及公允价值的公告或意见(其中标有星号的为该公告修订过的声明)。

表 3—1　FASB 涉及公允价值的公告或意见

声明	标题	声明	标题
意见第 18 号	股权投资的权益法计量	公告第 143 号*	退休义务资产的会计处理
意见第 21 号*	应收和应付款项利息	公告第 144 号*	长期资产的减值或处置的会计处理
意见第 28 号*	中期财务报告	公告第 146 号*	与退出或处置行为相关成本的会计处理
意见第 29 号*	非货币性交易	公告第 149 号	对准则第 133 号衍生工具和套期活动的修改
公告第 13 号*	租赁会计	公告第 150 号*	具有负债和权益性质的特定金融工具的会计处理
公告第 15 号*	债权债务人对债务重组的会计处理	公告第 153 号	非货币性资产置换
公告第 19 号*	石油天然气生产企业财务会计和报告	公告第 156 号*	金融资产服务的会计处理
公告第 23 号	租赁起始日	解释公告第 9 号	当储蓄和贷款协会或类似机构被商业合并且用购买法计量时应当应用会计准则委员会的一件第 16 和第 17 号
公告第 28 号	售后租回的会计处理	解释公告第 23 号	政府部门或权力机构拥有的某项财产的租赁
公告第 35 号*	既定受益养老金计划的会计处理和报告	解释公告第 24 号	部分建筑物的租赁
公告第 45 号	特许权使用费收入的会计处理	解释公告第 45 号*	担保人对被担保人的会计处理和披露要求，包括间接被担保人和其他债务人
公告第 60 号*	保险企业的会计处理和报告	解释公告第 46 号(2003 年 9 月修改)	各个利益实体的合并

续表

公告第61号	产权档案库的会计处理	解释公告第47号	附条件的资产退休义务的会计处理
公告第63号*	广播公司的财务报告	技术公告84－1	为获得研究与开发安排成果发行股票的会计处理
公告第65号*	特定抵押银行业务的会计处理	技术公告85－1	联邦家庭贷款抵押公司参与的优先股收益的会计处理
公告第66号	不动产销售的会计处理	技术公告85－5	与商誉合并会计处理相关的事项
公告第67号*	不动产项目的成本和初始租赁运营的会计处理	技术公告85－6	以显著超过当前市场价格购买国库券以及在反收购意图下对发生成本在利润表上分类的会计处理
公告第68号	研究开发安排的会计处理	技术公告86－2	对租赁资产残值利息的会计处理
公告第84号	可转换债券的引致性转换	技术公告88－1	与租赁会计处理相关的事项
公告第87号*	雇主对养老金的会计处理	FSP财务会计准则115－1和124－1	非暂时性资产的意义及其对特定投资的应用
公告第98号	租赁会计	FSP财务会计准则143－1	电子器械浪费责任的会计处理
公告第106号*	雇主对养老金以外的退休后福利的会计处理	FSP财务会计准则144－1	在财务会计准则委员会第15号下抵押资产赎回权成本基础的确定以及在财务会计准则委员会准则第144号37段下对前期确认的累计损失的计量
公告第107号*	金融工具公允价值的披露	FSP财务会计准则150－1	财务准则委员会准则第150号下，由不止一项期权组成的独立金融工具或含有义务的远期合同

续表

公告第114号	债权人贷款减值的会计处理	FSP财务会计准则150－2	财务准则委员会准则第150号下，对要求一项不同于账面价值金额支付强行赎回股票的会计处理
公告第115号*	对某些债务性及权益性证券投资的会计处理	FSP财务会计准则150－3	财务准则委员会准则第150号下，对某些非公开企业和某些强行赎回费控制利益的强行可赎回金融工具的有效日期、披露和转移
公告第116号*	接受捐赠和捐赠的会计处理	FSP财务会计准则150－4	财务准则委员会准则第150号下，员工期权计划发行人的会计处理
公告第124号*	非盈利组织持有的特定投资的会计处理	FSP FIN 45－2	财务会计报告准则解释第45号是否为以公允价值计量的担保人负债的后续会计处理提供支持
公告第126号	对一些不公开招股实体的金融工具的特定披露要求的豁免	FSP FIN 46(R)－2	在财务会计报告准则第46号(R)下，预计损失的计算
公告第133号*	衍生工具和套期活动的会计处理	FSP FIN 46(R)－3	在财务会计报告准则第46号(R)下，评价集团进行企业投资的持有者是否缺少直接或间接的能力通过表决权或类似权利对企业经营活动作决议
公告第136号*	向对他人发起或持有捐赠的非盈利组织或慈善受托机构转让资产	FSP FIN 46(R)－5	在财务会计报告准则第46号(R)下，暗含的各种利益
公告第138号	某些衍生工具和套期活动的会计处理	FSP FIN 46(R)－6	应用财务会计报告准则第46号(R)时多样性考虑的确定

续表

公告第140号*	金融资产的转换和服务及债务灭失的会计处理	FSP财务会计准则委员会技术公告85-4-1	第三方投资者人身合约的会计处理
公告第141号*	企业合并	FSP AGG INV-1和立场公告94-4-1	归属于美国注册会计师协会投资企业指南及确定贡献的医疗、福利和养老金计划的由特定投资公司持有的全资投资对应收益的报告
公告第142号*	商誉和其他无形资产	公告第143号*	退休义务资产的会计处理

从公允价值在SFAS中应用的领域来看,可分为两类,一是针对金融工具,二是针对长期资产和长期负债。从FASB有关公允价值会计准则颁布进程看,公允价值会计具有从金融工具入手,逐步推广至长期资产和长期负债的倾向。与金融工具公允价值有关的准则包括SFAS105、SFAS107和SFAS119。SFAS105是FASB关于金融工具信息披露首期研究阶段的第一个准则。首期研究阶段着重于要求企业披露涉及表外风险和信用风险的金融工具的范围、性质和条件。其他研究阶段将要求披露金融工具的其他信息。至于金融工具的确认和计量问题,则分属于其他研究项目。与长期资产和长期负债公允价值有关的准则包括SFAS106、SFAS114、SFAS115、SFAS118及SFAS121。这方面准则的颁布实施,标志着公允价值会计的运用由金融工具向其他领域延伸的发展趋势。

3.1.2 FASB关于公允价值研究的最新进展及主要内容

随着公允价值使用范围的拓展,FASB现行准则中关于公允价值计量方面存在的缺陷逐渐暴露出来。SFAS157 公布之前，在美国的会计实务中，存在着各种各样的关于公允价值的定义，但是对于公允价值在一般公认会计原则(GAAP)范围内使用的指导意见却是很少的，并且为数不多的指导意见分布在许多要求(或者是允许)使用公允价值计量的会计准则公告中。换而言之，在 SFAS 157 发布之前，有关公允价值的定义和公允价值计量的方法是散乱且缺乏一致性的，特别是对于那些没有活跃交易的事项来说尤其明显。散乱且缺乏一致性的指导意见增加了应用一般公认会计原则(GAAP)的复杂性，增加了会计人员在会计核算过程中使用公允价值的难度，不利于会计信息的使用者正确地理解和利用会计信息，更不利于国家的监管机构实施监管措施。零散于众多准则中的公允价值计量指导造成了实务运用的混乱，迫使 FASB 从全局角度，对准则中的各种公允价值指导进行整理，在此基础上形成统一的“公允价值计量”准则。

2003 年 6 月，FASB 在议程中增加了公允价值计量项目来广泛讨论这一问题。2004 年 6 月，FASB 发布了《公允价值计量》征求意见稿，共收到近百位回复者的反馈意见信。该意见稿对 SFAS125 的公允价值概念进行了修订。2006 年 9 月，在广泛征询社会各界意见的基础上，FASB 正式出台了财务会计准则公告第 157 号《公允价值计量》(*Fair Value Measurements*，简称 FASB157 或 FVM)，并对 2007 年 11 月 15 日以后开始的会计年度公布的年度和中期财务报表生效。

FVM 是 FASB 关于公允价值计量研究的最新成果。该准则公告从公允价值定义、估价假设、估价技术及其运用和披露等方面建立了一个相对较为完整的指导框架。FVM 的发布实施为利用公允价值计量资产和负债构建了一个以市场为基础的框架，而且准则要求实体对以公允价值计量的资产和负债披露更多的信息，这使得投资者和财务报表的其他使用者可以更清楚地判定这些计量对实体财务业绩的潜在影响（Leslie Seidman，2006），并对国际财务会计理论和实务界将产生深远影响，对推动财务会计计量的改革和发展具有重要作用。尽管FASB指出，发布“公允价值计量”的目的是建立统一的公允价值指导框架，但是该准则的作用显然不仅仅局限于此，它在许多方面都有新的理论突破，是公允价值会计理论的最新成果。

1. 明确阐述公允价值计量的目的

公允价值计量框架建立的概念基础是FASB颁布的财务会计概念公告第二辑（SAFC2）《高质量特征的会计信息》，SFAC2中强调了提供具有可比性的会计信息使财务报告使用者能够鉴别不同经济事项间的异同。因此，在FVM框架中，FASB明确阐述了公允价值计量的目标——确定在计量日出售资产所能获得的价格或为转移债务所愿意支付的价格（脱手价）。据此可以推断，公允价值计量最终也是为提高会计信息的相关性服务的，即向财务报告使用者，如现有的和潜在的投资者、债权人及其他人员等，提供有助于他们做出理性投资、贷款和类似决策等相关的会计信息。最终目的则是实现FASB财务概念公告第一辑（SAFC1）《企业财务会计报告的目标》中提出的财务报告的首要目标——会计信息的决策相关性。

2. 重新修订公允价值的定义

公允价值定义的基础来源于FASB财务概念公告第六辑（SAFC6）《财务报告要素》中资产和负债的概念，反映由资产引起未来现金流入——未来经济利益，以及由负债引起的未来现金流出——未来经济利益的牺牲。FASB在吸收现有研究成果精髓的基础上，结合财务会计概念公告第七辑(SAFC7)《在会计计量中使用现金流量信息和现值》中指导公允价值使用的各个部分，对公允价值的定义进行了重新修订："公允价值是指在计量日的有序交易中，市场参与者卖出某项资产所能收到的价格或为转移债务所愿意支付的价格(FVM 第 5 条)。"与以往概念相比，FVM 对公允价值定义的重新修订有三点实质性改变：

一是增加了"有序交易"这一限定条件⑯。FASB 确认出售资产的交易或转移债务的交易是有秩序的交易。从持有资产或负有债务的市场参与者的角度考虑⑰，出售资产或转移负债的交易是假定在计量日的交易，并且这种交易发生在资产或负债的主要市场，或者在没有主要市场的情况下，是资产或负债的最有利市场⑱。主要市场或最有利市场应从主体角度考虑确定，它因主体或主体交易活动的不同而不同。如果资产或负债存在主要市场，公允价值计量就是获得该市场的价格(不论该价格是直接可观察还是需要通过估价技术获得)，即使另一不同市场的价格在计量日对主体更有利。主要市场(或最有利市场)价格不应因交易成本而调整，交易成本是资产或负债在其主要市场(或最有利市场)中出售或转让所增加的直接成本，交易成本不应归结于资产或负债，它是交易所特有的并因主体交易方式的不同而不同。然而，交易成

---

⑯　有序交易是指主体在计量日前做了必要的市场宣传后所进行的交易，不是强迫交易。该交易是计量日的模拟交易，是从持有资产或承担负债的市场参与者角度考虑确定的。

⑰　市场参与者是指资产或负债主市场中的买家和卖家，他们独立于主体(不是主体的关联方)，熟悉市场情况，有能力并自愿进行交易。

⑱　主要市场是指报告企业能够最大数量、最高限度出售资产或转让负债的市场。最大获利市场即企业在出售资产时可以获得最大化的收入和在转让负债时使支付金额最小化的市场，在确定最大获利市场时需要考虑交易成本，作为收入的减项或支付的加项。

本不包括将资产或负债运抵(运离)主要市场(或最有利市场)而发生的成本。如果位置是资产或负债的一种属性(如实物商品),用于计量公允价值的主要市场(或最有利市场)价格应根据运输成本进行调整。例如,报告企业在市场A和市场B中进行交易,并且在计量日报告企业能够取得市场价格信息。在市场A中,资产的可收到价格是26元,交易成本是3元,净收入金额为23元;在市场B中,资产的可收到价格是25元,交易成本为1元,收入净额为24元。假设报告企业在A市场上出售该项资产的数量最大,则可以确定市场A为报告企业的主要市场,并且确定该资产的公允价值是26元;如果市场A和市场B都不是主要市场,则市场B为最大获利市场,该资产的公允价值就是扣除交易成本后的净收入(24元)。可见,主要市场和最大获利市场的确定都是从报告企业自身的角度为出发点,这就意味着在一个企业的经营活动中可能存在不同市场类型,同样,进行不同经营活动的企业对同一市场产生不同判定。

二是明确了公允价值定义中的价格是"脱手价"而非"入账价"。FVM对公允价值的定义保留了之前公允价值的定义中的交换价格观念,明确提出交换价格是在公平交易的情况下,交易各方出于自愿在市场上出售资产或转让负债的价格。但是,这种"交换价格"是"市场参与者"在报告主体交易资产或负债的"有序交易"中卖出资产或转移负债的价格,而不是购置资产支付的或承担负债收到的价格(买入价)。也就是说,公允价值是以脱手价格而不是以买入价格为基础的。因此,该定义的重点在于卖出资产所收到的价格或转移负债所支付的价格(脱手价),而非收购资产所付的价格或是承担负债所收到的价格(入账价)。但是发生关联方之间的交易、被迫进行的交易或者被迫接受的价格以及进行交易的市场不同于报告主体出售资产或转移负债的市场等情形时,交易价格并不代表资产或负债初始确认的公允价值。

三是强调了公允价值是一种基于市场而非基于个别主体的计量方式的观点。FVM对公允价值的定义中专门强调了资产或负债的公允价值确定的基础应当是市场参与者在为资产或负债定价时所使用的假定。从拥有资产或有负债的交易者角度来说，在计量日出售资产或转让负债是一种虚拟交易，交易发生的市场对于报告企业来说应是用于交换的资产或负债的主要市场或最大获利市场。在进行假定的过程中，报告主体不需要确定特定市场参与者，而是要考虑到以下特定事实：①资产或负债，②资产或负债主要（或最有利）市场，以及③该市场中报告主体将与之交易的市场参与者，以从大体上识别不同市场参与者的特征。因此，FVM中的公允价值本质上是一种市场评价，是市场而不是其他主体对资产或负债价值的认定。

3. 建立一套公允价值估价的指导框架

（1）确立了计量资产或负债公允价值使用的估值前提理论

FRM提出了公允价值估价前提（Valuation Premise）理论，认为"有序交易"、"市场参与者"、"主要（或最有利）市场"、"最大限度和最好地利用"等是公允价值估价的重要前提或假定：①资产或负债是市场参与者双方在计量日内进行售出资产或转移负债的有序交易；②售出资产或转移负债的交易发生在资产或负债的主要市场，或者在没有主要市场的情况下，是资产或负债的最有利市场；③资产或负债公允价值确定的基础应当是市场参与者在为资产或负债定价时所使用的假定。公允价值计量要依据市场参与者在资产或负债定价时可能使用的假设，在推导这些假设时，主体不必具体分析特定的市场参与者，但应识别那些对市场参与者进行一般性区分的特征；④假定市场参与者最大限度、最好地应用资产。并假定负债在计量日被转移到市场参与者手中(对交易对手的负债继续存在,并没有结清),且在转移前后,与负债相关的违约风险是相同的。

其中,对资产而言,公允价值计量假定市场参与者考虑了物理上、法律上和财务上的可行性之后,对资产进行最高最佳使用。最高最佳使用是指市场参与者能够使资产或资产组价值最大化的使用,它明确提出了计量资产公允价值的两个估价前提:①在用,如果资产主要通过与其他资产联合使用方式给市场参与者提供最大价值,该资产的最高最佳使用是“在用”(某些非金融资产即是如此),其公允价值通过“在用”这一估价前提确定。使用“在用”这一估价前提时,资产的公允价值依据当前交易中的出售价格确定,并假定该资产与其他资产联合使用。②在交换,如果资产主要以单独形式为市场参与者提供最大价值,该资产的最高最佳使用是“在交换”(金融资产即是如此),其公允价值通过“在交换”这一估价前提确定。使用“在交换”这一估价前提时,资产的公允价值依据当前交易中单独出售的价格来确定。资产最高最佳使用是从市场参与者角度考虑确定的。不论是应用“在用”还是“在交换”这一估价前提,公允价值计量均应考虑市场参与者在资产定价时可能使用的相关假设。对负债而言,公允价值计量假定负债在计量日转让给某一市场参与者(该负债没有被清偿,接受方继续承担义务),与该负债有关的违约风险在转让前后没有变化。违约风险是指不履行义务,影响负债转让价值的风险。负债的公允价值应反映与其相关的违约风险。违约风险包括主体自己的信用风险,但并不局限于此。主体在各期间对负债进行公允价值计量时,应考虑其资信状况对公允价值的影响,该影响会因负债的不同而异。假设 C 企业同时借给 A 企业和 B 企业各一项五年期终值为 500 元的债务，由于A企业与B企业相比有更高的信用风险，A企业和B企业的债务利息率分别为12%和6%，所以A企业负债的公允价值是284元(将500元以5年期12%的复利折现)，同理，B企业债务的公允价值应当为374元，A企业和B企业负债的公允价值不同的原因就在于他们拥有不同的信用级别。

(2) 提出了公允价值的估值技术

FASB157要求企业应使用与情况相适宜并且有足够数据可以利用的估值技术来计量公允价值。估值技术应当与市场法、收益法和(或)成本法一起使用。其中：①市场法运用相同或可比的资产和负债的在市场中的交易价格，或由其他市场交易产生的信息进行估价。市场方法经常使用来源于可比资产的一系列市场乘数来估计某项资产的公允价值。②收益法应用估值技术将未来金额(例如现金流或收入)转化为独立的当前金额(折现)，估值技术包括现值技术、期权定价模型，例如包括现值技术的布莱克—斯科尔斯模型以及二项式模型(网格模型)，以及用于计量某些无形资产公允价值的多期超额收益法等；③成本法(又被称为现行重置成本)则以重置当前具有同样服务能力的资产所需要的金额作为基础，这种方法经常会参照资产的重置成本。市场交易者(卖方)收到的资产价格由买方获取或构建具有相同或类似功能的替代资产所需要的成本决定，同时要调整资产已经发生的折耗。

这三种估值技术方法均可以用来估计资产的公允价值。有些情况下，一种估值方法已足够恰当，比如利用活跃市场上相同替代品的价格对单项资产或负债进行估价，单一的计量技术对于报告企业来说就是恰当的。有些情况下，多种估值方法一起应用会更恰当，例如对报告单位进行估值或对报告资产组合中每一项资产的公允价值进行估计的情况下。如果使用多种估值方法进行公允价值计量，考虑到其结果所指范围的合理性，应该适当地评价、权衡结果（各自计算的公允价值）。最终公允价值计量是特定情况下公允价值范围之内最具代表性的一点。但无论是运用市场法、收益法或成本法，估计公允价值的估价技术都应强调来源于市场的信息，包括来源于活跃市场的信息，亦即企业应最大限度地依据活跃市场信息，最小限度地参照企业自己的判断。另外，计量公允价值的估价技术应得到一致的应用，即报告企业选择使用估价技术应遵循一致性原则，当然如果估价技术变更后的结果能够更准确地反映公允价值，变更估价技术也是可以接受的。

(3) 甄别输入信息或参数，建立公允价值估价的层级系统(Fair Value Hierarchy)⑲

公允价值计量的输入信息或参数(inputs)广泛地参考市场参与者用于为资产和负债定价的假设，包括对于风险的估计，例如，计量公允价值时所使用的特定估价技术本身存在风险或是输入信息的固有风险。作为判断计量公允价值时参与者应用假设的基础，SFAS157 把输入信息分成两类：可观察输入信息或参数(observable inputs)和不可观察输入信息或参数(unobservable inputs)。可观察输入信息或参数是以来源不受报告企业影响的市场数据作为基础获得的输入信息，反映了市场参与者用于为资产

⑲ SFAS157 指出，输入信息或参数是指市场参与者在资产或负债定价时使用的假设，包括有关风险的假设，如某一估价技术的内在风险和(或)参数本身的内在风险。输入信息或参数可以是可观察的也可以是不可观察的：(1)可观察信息或参数反映市场参与者用于资产或负债定价的假设，是根据独立于主体的渠道获得的市场信息推导得出的；(2)不可观察信息或参数反映主体自己的假设，是根据环境最佳信息对市场参与者定价时可能使用的假设进行判断得出的。计量公允价值所使用的估价技术应最大限度地应用可观察信息或参数，最小限度地应用不可观察信息或参数。

或负债定价的假定。不可观察输入信息或参数是以报告企业当前经营环境下可利用的最佳信息为基础获得的输入信息,反映了报告企业对市场参与者为资产或负债定价假定的估计。FASB定义不可观察输入信息或参数的意图是允许报告企业在其资产或负债缺乏活跃市场的情况下进行资产或负债的公允价值计量,因此,报告企业不必付出过多成本用于获得独立于报告企业的市场信息。但是,企业外部的市场信息由于排除了交易中不合理成本而更加可靠,报告企业不应当忽视外部信息的重要性。计量公允价值的估价技术中,报告企业应该尽可能多地运用可观察输入信息而尽量减少使用不可观察输入信息。

在具体计量公允价值时,SFAS157建立了一套公允价值估价的层级系统区分可观察输入信息或参数和不可观察输入信息或参数,用以提高公允价值计量及其披露的一致性和可比性,同时,估价层级系统的建立对减少企业操纵,增强报告信息的可靠性具有重要意义。公允价值层级系统按照输入信息对于公允价值计量的重要性,把估价技术的输入信息区分为具有优劣顺序的三个层次,其中未调整交易成本的现行市价可靠性最高而最受FASB重视,被排列在层级系统的第一层;由于不可观察输入信息或参数缺乏可靠性,FASB将其排在输入信息或参数顺序的最后一位——公允价值层级系统的第三层。与资产或负债相关的这些数据的有效性和相对可靠性将影响估值技术的选择:

第一层次数据是活跃市场上同一资产或负债的(未调整)报价,报告主体有能力在计量日获得这些数据。活跃市场上的报价提供了公允价值最可靠的根据。否则将使公允价值计量的计量层次降低。

第二层次数据是除了第一层次数据包含的资产或负债的直接

或间接可观测报价以外的数据，其包括：①活跃市场中相似资产或负债的报价；②非活跃市场中相同或相似资产或负债的报价；③除资产或负债的可观测报价以外的数据（如在普通报价间隔时可观测的利率和收益率曲线、损失严重性、信用风险以及违约率）；④通过相互关系或其他手段（市场确证数据），主要从可观测市场数据中衍生或由可观测市场数据证实的数据。

第三层次数据是资产或负债的不可观测数据。只有在可观测数据无法获得，因而计量日资产或负债的市场活动极少的情况下，可以使用不可观测数据来计量公允价值。但公允价值计量目标没有改变，即获得从市场参与者角度考虑的脱手价格。不可观测数据应当根据当前环境最佳可用信息来制定或推导得出，并应反映出报告主体对于市场参与者定价资产或负债时使用的假定所做出的假定（包括风险假定）。在此过程中，主体不必尽全力去获得市场参与者假设的信息，但不应忽视不需额外成本和努力即可获得的假设信息。如果合理可得的信息表明市场参与者将使用不同的假设，主体应对自己的假设数据进行调整。

此外，如果用于公允价值计量的数据是基于出价和要价的（例如，在交易商市场上），那么不管该数据是属于公允价值层次哪一等级的（第一、第二或者第三层次），在出价和要价范围之内最能代表当前情况下公允价值的价格就应当被用于计量公允价值。因此，FVM 并不排除使用中期市场定价方法或其他惯用定价方法作为出价和要价范围之内的公允价值计量的实用权宜之计。值得注意的是，SFAS157 建立公允价值等级系统的目的是选择将用于估价技术的输入信息进行优劣排序，而不是评价估价技术本身的优劣。但输入信息的有用性和可靠性仍会影响报告企业对于估价技术的选择。

4. 加强了公允价值计量的披露要求

FASB157强化了会计主体在会计期中和会计年度内应用公允价值对资产和负债进行初始确认后的披露要求，并区别初始确认后连续和不连续公允价值计量的资产和负债提出了不同的披露要求。披露要求主要关注用公允价值计量的投入和运用具有重要性的不可观测投入（公允价值第三级次以内）进行的定期公允价值计量，以及对当期收入（或净资产的变化）计量的影响。新准则关于公允价值计量的披露的具体要求如下：

(1) 在初次确认后，继续使用（或存在）的资产或负债

对于在初次确认随后的会计期间内继续使用（或存在）的资产或负债的公允价值计量，会计主体应该披露：可以使会计报表使用者评估公允价值计量时所使用资料的信息、使用重要的无法观察的资料的信息、公允价值计量对于当期的收益（或者是净资产变动）的影响。为了达到上述的目标，报告主体应分别在中报和年报中针对每类资产或负债披露如下的信息：①报告日的公允价值计量情况；②各项公允价值计量整体所属的级次；③三级估价要提供期初和期末公允价值计量的余额变化明细表，分别列示实现和未实现利得或损失总额、收益中的利得或损失及其来源，以及购销、发行和结算时发生的金额、转入或转出三级估价的金额；④报告日仍持有的资产或承担的负债所产生的未实现利得或损失对当期收益的影响金额；⑤公允价值计量所使用的估价技术以及变动原因说明（仅限年报）。

(2) 在初次确认后，不继续使用（或存在）的资产或负债

对于在初次确认后终止使用（或存在）的资产或负债的公允价值计量，会计主体应该披露可以使会计报表使用者评估公允价值计量时所使用资料的信息。为了达到这个的目标，报告主体应分别在中报和年报中针对每类资产或负债披露如下的信息[20]:①该期间内记录的公允价值计量以及计量原因;②公允价值计量在公允价值层级中所属的级次;③第三层次估价要说明估价参数及推导参数所依据的信息;④公允价值计量所使用的估价技术以及变动原因说明(仅限年报)。此外,FASB鼓励但不是强制要求报告主体:如果可行,在按照SFAS157进行公允价值信息披露的过程中,可以将按其他的会计准则(比如,SFAS107——金融工具的公允价值披露)要求披露的公允价值信息包括在内;如果可行,披露其他相似的计量属性的信息(比如,存货的市价计量)。

3.1.3　SFAS157的主要贡献

SFAS157是FASB关于公允价值计量研究的最新成果。该准则发布实施为利用公允价值计量资产和负债构建了一个以市场为基础的框架,而且准则要求实体对以公允价值计量的资产和负债披露更多的信息,这使得投资者和财务报表的其他使用者可以更清楚地判定这些计量对实体财务业绩的潜在影响(Leslie Seidman,2006),并对国际财务会计理论和实务界将产生深远影响,对推动财务会计计量的改革和发展具有重要作用。尽管FASB指出,发布"公允价值计量"的目的是建立统一的公允价值指导框架,但是该准则的作用显然不仅仅局限于此,它在许多方面都有新的理论突破,是公允价值会计理论的最新成果。

1. 建立了一个相对完整的公允价值计量指导框架

SFAS157从公允价值定义、估价假设、估价技术及其运用和

---

⑳　SFAS157还要求所有数量披露以表格形式列示。

披露等方面建立了一个相对完整的指导框架。

(1) **明确具体的定义为正确理解和应用公允价值奠定了基础**

新定义保留了原定义中"公允价值是交换价格"的理念，但明确该交换价格是出售资产收到的或转移负债支付的价格，即脱手价。将公允价值定义为脱手价是迄今为止对公允价值最具体的界定。脱手价反映市场对资产未来现金流入或负债未来现金流出的预期，它与公认的资产和负债定义一致。定义中或定义涉及的其他术语，如有序交易、市场参与者、主要市场和最高最佳使用等，也被具体界定。这些术语确立了"公允价值是以市场为基础的计量"的理念。新定义内涵明确，易于理解并能够与其他计量属性(如重置成本或在用价值)区分，与原定义比较有很大改进，为正确应用公允价值奠定了基础。

(2) **统一详实的计量指南大大提高了公允价值计量的可操作性**

公允价值是在市场参与者之间的有序交易中出售资产或转让负债的价格。这种交易是计量日从持有资产或承担负债的市场参与者角度考虑确定的模拟交易，是主体想继续控制资产或承担负债而又急于获取市场评价的一种操作。因此公允价值计量的目标就是确定资产或负债在计量日的脱手价格。为达到该目标主体应遵循以下操作步骤：①确定作为计量对象的具体资产或负债(核算单位要一致)；②对资产而言，确定恰当的估价前提(与其最高最佳使用一致)；③确定资产或负债的主要市场(或最有利市场)；④确定恰当的估价技术。SFAS157 对公允价值计量过程中涉及的主要问题，如估价前提、主要市场、估价技术、估价参数和公允价值级次等，都进行了详细的论述，所提供的指南基本上能够满足各种情况下公允价值计量的实务操作需要。统一详实的计量指南对改善公允价值计量的实务应用具有重要意义。

(3) 全面充分的披露有利于报表使用者对公允价值计量的影响做出正确判断

SFAS157 要求主体披露公允价值计量的详细信息，主要涵盖三方面的内容：①主体应用公允价值计量其资产和负债的范围；②主体计量公允价值所使用的技术和所依据的假设；③公允价值计量对主体当期损益的影响。此外，SFAS157 还要求主体在所有中期和年度报表中对数量披露以表格形式列示，在所有年度报表中对公允价值计量使用的估价技术及其变更进行说明。这些披露全面充分、便于阅读，能够使报表使用者全面掌握主体公允价值计量的情况，对主体的财务状况和收益做出正确的判断。

2. 拓展了公允价值计量应用的领域

SFAS157 拓展了公允价值应用领域，其中关于资产或负债计量的以下规定，体现了公允价值不仅可以用于金融工具和传统的有限非金融工具的计量，而且还可以用于负债甚至任何方面的计量。

(1) 资产的应用。在计量日，如果使用的资产具有实体的存在性、法律的许可性以及财务上的灵活性，报告企业运用市场参与者对资产使用的最大化和最佳化(highest and best use)概念作为资产公允价值计量的基础。资产使用的最大化和最佳化，从长期来看，是市场参与者令单项资产或包括该项资产在内的资产组合的价值最大化的使用形式。基于资产的最大化和最佳化使用，SFAS157 提出了市场参与者用于估计公允价值的两类估价前提——在用估价前提和交换估价前提，对推动资产的公允价值更接近其真实价值具有重要意义。当某项资产通过其他资产相互结合能够为市场参与者提供最大的价值，则该项资产最大化和最佳化使用为“在用”，并且“在用”即为该项资产的估价前提；另一方面，如果某项资产单独使用时能够为市场参与者提供最大价值，则该项资产最大化和最佳化使用为“交换”，并且在计量其公允价值时应在交换估价前提下。

(2) **负债的应用**。计量负债的公允价值时，是假设负债在计量日转移给市场交易者(该项负债继续转移给其他相对方，没有最终结束)，且与该项负债相关的不履行风险(nonperformance risk)在该项负债转移前后是相同的。不履行风险指不履行负债义务或影响负债转让价值的风险，它包括但是不限于报告企业自身的信用风险。不履行风险是不履行本应承担的偿还责任，从而影响到负债转移的价值。因此，负债公允价值应该反映与负债相关的不履行风险。

3. 有力地推动了IASB对公允价值计量研究的进程

IFRS/IAS要求各种资产、负债和权益工具要以公允价值计量，但是有关公允价值计量的指南分散于IFRS/IAS的相关准则中，且相互不一致，增加了执行的复杂性。IASB的目标在于：已将公允价值计量项目列入其工作计划，成为其与美国财务会计准则委员会的一个趋同项目。这意味着国际会计准则理事会和美国财务会计准则委员会所发布的公允价值计量准则将有相同或相似的定义和指南。IASB已在2006年第四季度发布讨论稿，说明对SFAS157的初步意见以及该准则与现行IFRS/IAS中涉及公允价值指南的差异，并就国际会计准则理事会的初步意见征求意见。

FASB 关于公允价值计量准则的发布对财务会计理论和实务将会产生深远影响，极大地推动财务会计计量的改革和发展。首先，其对公允价值进行了定义，认为公允价值是一种交易价格、有序交易中的脱手价值，同时该定义还强调了主市场和最有利市场在公允价值确定中的作用。其次，确立了公认会计原则(GAAP)计量公允价值的框架，结束了 GAAP 中关于公允价值的不同定义和有限应用指南以及指南零散地分布于其他准则当中的局面。第三，依据公允价值的估价技术中的参照信息，将公允价值分为三个等级，建立了公允价值等级，要求企业最大限度地依据活跃市场信息，最小限度地参照企业自己的判断。公允价值等级对合理计算会计利润，提高会计信息可比性、一致性和相关性有着重要意义。第四，扩大了公允价值计量的披露范围。

3.2　IASB 关于公允价值计量的应用及其国际推广

3.2.1　IASB 关于公允价值计量的实务应用

IASC/IASB 从 1982 年的 IAS16 开始，先后发布了一系列把公允价值运用到不动产、租赁、养老金和企业合并等非金融工具项目的会计准则，如 IAS17《租赁会计》、IAS19《雇员福利》和 IFRS3《企业合并》、IAS41《农业》等。其中，IAS41《农业》把公允价值会计运用到农业方面，比 FASB 更进了一步。

20 世纪 90 年代以来，由于金融工具的迅速发展，对金融工具，尤其是衍生金融工具进行确认和计量的要求十分迫切。1990年，IASC 金融工具项目筹委会批准发布了“原则公告草案(DSOP)”，要求经营性(或交易性)金融资产和负债应以公允价值计量，但不包括投资和筹资项目(汪祥耀等，2004)。1992 年的 IAS30《银行和类似金融机构财务报表中的披露》规定银行至少应披露包括企业源生的贷款和应收款项、持有至到期日的投资、为交易而持有的金融资产以及可供出售的金融资产等在内的金融资产的公允价值。1995 年 IASC 在 IOSCO 支持下启动了“核心准则”项目。1995 年的 IAS32《金融工具：披露和列报》，要求企业对每一类已确认和未确认的金融资产和金融负债披露公允价值信息，标志着公允价值在金融工具和衍生金融工具的应用。1997 年，IASC 和加拿大注册会计师协会(CICA)共同发布了《金融资产和负债会计》讨论稿，表明了所有金融工具都要以公允价值计量的立场。1999 年的 IAS39《金融工具：确认和计量》取代了 IAS32 的部分披露条款，完整地规定了以公允价值对金融工具进行确认、计量的具体做法。1998 年的 IAS36《资产减值》规定，如果资产的账面金额超过通过使用或销售可收回的金额，该资产应视为已经减值，企业应确认资产减值损失。

2001 年 1 月，IASB 发布的 IAS41——农业中要求以公允价值减生物资产预计至销售将发生的费用，来计量从初始确认时点到收获时点的所有生物资产；2004 年 2 月份发布的 IFRS2——以股份为基础的支付，也要求对用权益结算的以股份为基础的支付交易，主体应当直接以所获得的商品或服务的公允价值计量所获得的商品或服务，以及权益的相应增加；其他如 IFRS3——企业合并、IFRS32——金融工具：披露和列报、IFRS5——持有以备出售的非流动资产和终止经营等准则也多处使用到公允价值。2004

年修订的IAS16《不动产、厂房和设备》更是直接明确规定了主体进行后续计量时可选择成本模式和重估价模式；IAS40《投资性房地产》也规定主体可以选择以成本减去折旧或者公允价值（脱手价格）进行后续计量，公允价值的变化应立即在损益表中确认。

目前公允价值计量已经在IFRS/IAS中广泛应用。截至2004年底，在IASB发布的36项IFRS/IAS中有25项直接或间接要求公允价值计量[21]，占69.4%（具体见表3—2）。概括而言，国际会计准则中关于公允价值的应用可以分为三大类：第一类，明确要求必须采用公允价值计量的相关国际会计准则，包括IAS41规定的生物性的资产、IAS39规定的金融工具、IFRS2中以股权支付的报酬；第二类，要求以公允价值进行减值测试的情形，包括存货（IAS2）、资产减值（IAS36R）、企业合并产生的商誉和无确定使用年限的无形资产（IAS36R、38R）、为出售而持有的非流动性资产和终止经营（IFRS5）等准则；第三类，可选择采用公允价值入账，包括不动产、厂场和设备（IAS16）、无形资产（IAS38R）、投资性房地产（IAS40）准则等。

表3—2　IAS涉及公允价值计量的准则项目

准则名称	是否运用	准则名称	是否运用
IFRS1——首次采用国际财务报告准则	√	IAS21——汇率变动的影响	×
IFRS2——以股份为基础的支付	√	IAS23——借款费用	×
IFRS3——企业合并	√	IAS24——关联方披露	√
IFRS4——保险合同	√	IAS26——退休福利计划的会计和报告	√

---

[21] IASB. December 2005. Fair Value Measurements Project—Session Overview (Agenda Paper6).

续表

IFRS5——持有待售的非流动性资产和终止经营	√	IAS27—合并财务报表和单独财务报表	√
IAS1——财务报表的列报	√	IAS28——联营中的投资	√
IAS2——存货	√	IAS29——恶性通货膨胀经济中的财务报告	×
IAS7——现金流量表	×	IAS30——银行和类似金融机构财务报表中的披露	√
IAS8——会计政策、会计估计变更和差错	×	IAS31——合营中的权益	√
IAS10——资产负债表日后事项	×	IAS32——金融工具：披露和列报	√
IAS11——建造合同	×	IAS33——每股收益	×
IAS12——所得税	×	IAS34——中期财务报告	√
IAS14——分部报告	×	IAS36——资产减值	√
IAS16——不动产、厂场和设备	√	IAS37——准备、或有负债和或有资产	√
IAS17——租赁	√	IAS38——无形资产	√
IAS18——收入	√	IAS39——金融工具：确认和计量	√
IAS19——雇员福利	√	IAS40——投资性房地产	√
IAS20——政府补助的会计和政府援助的披露	√	IAS41——农业	√

说明：√表示运用公允价值计量，×表示没有运用。详细内容见第4章CAS与IAS关于公允价值应用的具体比较。

从IASB关于公允价值运用的历程来看，IASB和CICA在

1995 年颁布的 IAS32《金融工具:披露和列报》和 1998 年颁布的 IAS39《金融工具:确认和计量》两个准则真正奠定了公允价值会计的基础。2004 年前后,国际财务报告准则取得了重大进展,先后完成了对已发布的国际会计准则的一揽子修订,同时改进了国际会计准则第 32 号和第 39 号这两项有关金融工具的准则,发布了 5 项新的国际财务报告准则(IFRS1—IFRS5),这为国际财务报告准则于 2005 年起的实施及其国际推广构筑了稳定的平台。

3.2.2 IASB 关于公允价值计量研究的最新进展

尽管公允价值计量已经在 IFRS/IAS 中广泛应用,但是,缺乏全面、统一的公允价值计量指南已经成为 IFRS 的一大缺陷,并且随着公允价值在更多新准则中的应用,该问题变得愈加突出。目前关于公允价值计量的指南散见于各个准则之中。这种统一和一致的指南的缺乏,已经导致了公允价值计量上的不一致(David Tweedie,2005)。为解决这一问题,2005 年 9 月,IASB 在工作计划中增加了公允价值计量项目。这个项目包含在 IASB 同美国财务会计准则委员会签订的谅解备忘录中。项目的目的是制定一套适用于国际财务报告准则(IFRSs)所要求的所有公允价值计量的指南,以为个体以公允价值计量其资产和负债提供指南。同时 IASB 和 FASB 还在有关财务会计概念框架的联合项目中,继续深入地研究公允价值计量及其对概念框架的影响问题。

2005 年 11 月,IASB 发布"财务会计计量基础——初始计量"讨论稿,从概念上对资产和负债初始计量时的各种可选计量基础进行论述,其核心问题也是公允价值计量。2006 年 11 月 30 日,IASB 发布《公允价值计量(意见稿)》。SFAS157 发布以后,IASB 从国际财务报告准则(IFRS)的角度对其主要理论和方法进行分析研究,形成了一些初步看法。2006 年 11 月 30 日,IASB 将这些看法与SFAS157一同发布，作为“公允价值计量”项目的讨论稿（以下简称“讨论稿”）。在讨论稿中，IASB分析了13项议题，提出了27个问题，并就这些问题向全世界征求意见。该征求意见稿最初要求反馈意见稿的时间截止到2007年4月2日（通常征求意见的时间为120天）。然而，考虑到征求意见稿中所涉及问题的重要性，很多选民要求延长评论的时间。IASB在考虑这些要求后决定将公众对公允价值计量征求意见稿反馈意见的时间延长到2007年5月4日截止。

IASB启动公允价值计量项目并不意味着扩大公允价值在财务报告中的应用，其目的是将遍布于整个IFRSs中的所有关于公允价值计量的指南系统化、清晰化以及简单化。我国新准则体系首次将公允价值列为基本计量属性并在许多具体准则中应用。了解IASB公允价值研究近期动态对更好地执行新准则、进一步推动我国会计国际协调有重要意义。我们也应积极参与IASB“公允价值计量”项目的相关讨论，使国际准则能更多地体现中国的情况。

3.2.3　公允价值会计的国际推广——以欧盟为例

实践中，公允价值会计的一个重要应用领域是对金融工具，特别是衍生金融工具的计量，尽管国际会计准则中已经有一套相对完备的体系，但其国际推广却并非一帆风顺。下面以欧盟为例说明公允价值会计国际推广中遇到的困难。

欧盟[22]自20世纪70年代起就一直致力于会计协调工作，协

---

[22] 欧盟（European Union，EU）是当今世界上区域经济合作最为紧密并逐步从经济一体化走向政治一体化的国家间联盟。它的前身是1957年成立的欧洲经济共同体（EEC），后改称欧共体（EC），1993年11月才改组为欧盟。欧盟现有25个成员国和4.5亿人口，总部设在比利时首都布鲁塞尔。

调的主要形式是制定各种欧盟会计指令(EU Directives)㉓。欧盟指令及相关的会计协调工作在一定程度上促进了欧盟内部各成员国之间的经济贸易交流,但是由于各国存在着差异以及指令本身的不完善,会计指令并不能保证报表的可比性和透明性。另一方面,由于在海外上市的成本较低,为扩大规模和增强竞争力,欧洲各大企业纷纷力争走向海外资本市场。但是,迫于海内外财务报表编制要求不统一,企业不得不分别按欧盟指令和海外资本市场所在国家的会计准则编制两套报表,由此花费大量的人力和物力,不但增加了企业财务成本,还导致了财务信息的混乱。

随着世界经济的一体化和资本市场的全球化,欧盟不得不进一步采取有效措施,加强会计国际化协调㉔。2001 年 2 月,欧盟委

㉓　迄今为止,欧盟共制定了 13 项指令,其中最具有影响的是第 4 号指令"年度财务报表的格式与列报规则"以及第 7 号指令"合并会计报表与附属公司"。欧盟指令具有很强的法律约束力,要求各成员国将其内容写入本国相关的法律法规中。进入 20 世纪 90 年代后,欧盟开始加速推动成员国会计标准的协调。为保持和会计职业界的联系,欧盟委员会根据第 4 号指令专门成立了欧盟联络委员会(EC Contact Committee),联络委员会由成员国代表和欧委会代表组成,其主要功能是促进和协调欧盟有关会计的指令在各成员国得到执行,向欧委会建议增加或修订有关的会计指令。为处理会计协调中的技术问题并推动区域内会计标准的协调,该委员会还特设了一个技术分委员会(Technical Subcommittee),组建了会计咨询论坛(Accounting Advisory Forum, AAF),其中 AAF 进行了大量的专题研究和卓有成效的协调活动。

㉔　2000 年 6 月,欧盟委员会于向其理事会和欧洲议会发出了一份题为"欧盟财务报告战略:未来走向"的建议文件。在该文件中,欧盟委员会表示打算提交欧洲议会进行立法讨论,强制性要求在欧盟上市的所有公司(包括银行和其他金融机构),最迟应于 2005 年采用国际会计准则编制合并报表。独立成员国可以将国际会计准则的适用范围扩展到非上市公司和个别报表。该文件还提出在政治和技术两个层面建立欧盟的认可机制(EU endorsement mechanism),以监督国际会计准则在欧盟国家的执行,并保证国际会计准则能够为欧盟上市公司的财务报告提供一个恰当的基础。该文件发布后即获得了欧盟经济和财政部长会议的强烈支持。2000 年 11 月,欧盟委员会在其"金融服务行动计划"实施报告中表明,委员会将会尽快为上市公司应用国际会计准则提交立法提议。

员会发布了一份规章草案(Draft Regulation),拟提交欧洲议会和欧盟部长级会议审查通过。该规章草案要求所有已在欧盟国家上市的约7000家公司(包括银行和其他金融机构)在2005年之前按照国际会计准则编制合并财务报表,并建议在2007年前将这种要求扩展到所有拟在欧洲上市的公司。此外,还允许欧盟成员国自主决定是否要求本国的非上市公司采用国际会计准则编制合并财务报表或单独的财务报表。规章草案建议成立一种新的欧盟机制"评价国际会计准则并使它们在欧盟使用获得立法的批准"。该机制将通过建立会计监管委员会(Accounting Regulatory Committee,ARC)在政治层面上运作,以决定是接受还是拒绝国际会计准则的使用。

2001年3月,一个具有广泛社会基础的,由欧洲会计职业团体、财务报表编制者、使用者、国家会计准则制定机构组成的独立的民间组织——欧洲财务报告咨询小组(EFRAG),被提上议程。该小组为欧盟委员会接受采用个别的国际会计准则提供咨询,协调欧盟内部有关使用IAS的利益团体的意见。同时,与IASB广泛接触,积极参与IAS的制定,确保IASB在制定准则时充分了解和关注欧盟所提出的重大会计问题。同年6月,欧洲财务报告咨询小组(EFRAG)正式设立,EFRAG在2001年6月26日成立了技术专家组(EFRAG Technical Expert Group,EFRAG-TEG),在技术层面上给予欧盟委员会有关在欧盟内部认可IAS的决定和建议。

2002年3月,欧洲议会以492票赞成、5票反对、29票弃权的绝对优势批准了欧盟委员会的建议,要求从2005年起所有在欧盟上市的公司按国际会计准则编制合并财务报表,成员国可以自主决定非上市公司是否应用国际会计准则。2002年6月,欧洲财务报告咨询小组通过对既有的国际会计准则及解释公告的研究，认为其与现有欧盟第 4 号和第 7 号指令相协调并且满足可理解性、相关性、可靠性、可比性等会计信息质量特征，推荐欧盟委员会认可所有现存国际会计准则。同年 6 月 7 日，欧盟委员会的规章草案在欧洲联盟理事会即部长理事会上获得通过。紧接着在 7 月 19 日，欧洲议会和欧盟委员会在布鲁塞尔召开大会，讨论通过了“关于运用国际会计准则的第 1606/2002 号决议”，为 IAS/IFRS 在欧盟的实施彻底扫除了法律障碍。至此，欧盟正式决定上市公司财务报告采纳国际会计准则，而欧盟委员会的规章草案也正式成为了欧洲法律[25]。

2003 年 7 月，欧盟下属的会计监管委员会(EU Accounting Regulatory Committee)认可了除《国际会计准则第 32 号——金融工具:披露与列报》(IAS32)和《国际会计准则第 39 号——金融工具:确认与计量》(IAS39)以外的所有国际会计准则。这一情况的出现，说明欧盟对于全面采用公允价值计量金融工具存在疑虑。根据欧洲中央银行的一份调查报告，问题主要集中在以下几方面：首先，随着经济环境的变化以及风险状况得到更好的反映，公允价值会计可能增加会计报表项目的波动性。其次，确定某些金融工具的公允价值，尤其是确定没有相关市场价格的金融工具的公允价值，可能会比较困难。再有，若强迫银行业使用公允价值会计，其自身信用风险的恶化将导致自身发行债券价值的减少，因而减少负债的公允价值，如果其资产价值不变，会引起股东权益的反常

㉕ 该法案在 2002 年 7 月 19 日经欧洲议会批准，在 2002 年 11 月 11 日发布成为法律。对于这一事件，IASB 专门发布了公告。IASB 主席欢迎欧盟采纳国际会计准则的决定，视之为 IASB 努力实现一套全球接受、强制性准则的进程中的“分水岭”事件，并指出获得欧盟的支持是该进程中至关重要的一步。

增加，破坏金融的稳定。此后，虽然2003年12月国际会计准则理事会(IASB)发布了修订后的IAS32和IAS39(称为《修订后金融工具准则》)，但是，欧盟对全面采纳这两项准则仍保持谨慎态度。

2004年6月，金融服务行动计划发布了第10次进度报告，涉及国际财务报告准则实施的最新情况和有关IAS39的讨论情况。欧洲会计师联合会认为，将IAS39排除在外的欧洲会计准则没有全部采用国际财务报告准则，将使欧洲会计准则处于次优地位。起初，欧洲财务报告咨询小组认可了IAS32，但没有接受IAS39。经过欧洲会计管制委员会和欧盟委员会建议，欧洲财务报告咨询小组对IAS39的例外作出了技术评价。随后，欧洲会计管制委员会认可了其中两部分被修改后的IAS39，欧盟委员会采纳会计监管委员会的建议，在宣布采用IAS39的同时，拒绝采用其中关于公允价值计量选择权和套期会计的规定。2004年10月1日，欧盟在布鲁塞尔会议上投票通过了IAS39在欧洲的采用，但前提是国际会计准则理事会需要对其进行两项修订，一是禁止将公允价值选择权应用于负债，二是允许对基于投资组合的核心存款套期采用公允价值套期会计。2004年12月，欧盟在其官方刊物上公布了已认可的国际财务报告准则，并对其成员国应用国际财务报告准则的扩展选择情况进行了调查。

2005年6月，IASB发布了对IAS39的修改，其中公允价值计量选择权内容被修订。欧洲会计管制委员会接受了对IAS39的修订。2005年11月，欧盟委员会批准采用IAS39，认可了其中关于公允价值计量选择权的部分，从而迈出了消除金融工具国际准则"例外"的重要一步。2005年11月30日，欧洲会计管制委员会会议决定解决欧洲认可国际财务报告准则在官方刊物发布的时滞问题，允许公司在欧洲正式发布前先采用国际财务报告准则。

2005年12月,欧盟委员会又对企业遵循国际财务报告准则的措辞作出了规定:遵循国际财务报告准则的企业在其财务报表附注中应声明报表是“根据欧盟所采纳的国际财务报告准则”编制的。这一措辞表明,欧盟对企业所遵循的国际财务报告准则具有一定的限定条件,即必须经过欧盟的认可程序而采纳。2006年2月,欧洲财务报告咨询小组致信于IASB主席,建议就计量问题组织全球性的全面讨论,表示了对公允价值计量问题的关注。

国际财务报告准则在欧盟的推广历程表明,有关资产尤其是金融工具的计价方法必然对企业特别是银行业产生影响。所以,公允价值会计在国际范围内的推广要经历漫长的过程,但有一点可以肯定,将公允价值应用于会计计量是大势所趋,目前所遇到的困难主要是由世界各主要经济区发展的不平衡以及具体经济环境差异明显等造成的。

3.3 本章小结

公允价值在理论界和实务界研究与运用范围的逐渐扩大、公允价值会计国际惯例的出现,说明公允价值计量已经进入运用阶段而超越了争论阶段。经济越发达,资本市场越完善,财务会计信息服务于经济决策的目标就越明确,财务会计对公允价值的依赖性也就越强。但是公允价值在提高会计信息相关性的同时,也不可避免地损害了其可靠性。如果不对其进行合理的规范,公允价值很容易成为企业调节利润的工具。

目前,除FASB外,IASB、金融工具联合工作组(JWG,2000)、国际审计与鉴证准则理事会(IAASB,2002)、美国注册会计师协会(AICPA,2002)、香港会计师公会(HKSA,2003)、加拿大审计与鉴证理事会(CAASB,2003)等已分别发布公允价值计量相关的会计原则和审计准则。其中FASB和IASB在公允价值计量的研究、应用及会计准则的制定等方面一直走在前列,其他国家在这一领域的工作基本上是追随FASB、IASB而展开的。IASB早在2005年9月就开始了"公允价值计量"准则的研究和制定的实质性工作,而作为一直热衷于公允价值计量研究和应用的FASB更是在经过三年多反复研究和讨论之后率先于2006年9月15日发布了单独的第157号财务会计准则公告《公允价值计量》(SFAS157),目的是为了统一和改进公认会计原则(GAAP)中的公允价值计量及相关披露,为进一步拓展应用做好铺垫。SFAS157是规范公允价值计量的一个典范。该准则在公允价值的定义、市场参与者、初始确认、估价技术和估价参数等方面做出了详细的规定。特别是对公允价值等级的规定,对于减少利润操纵,增强报告信息的可靠性有着重要的意义。

因此,在我国准则与国际惯例趋同的大趋势下,如何参照国外相关准则的经验不断完善我国公允价值计量中的具体操作指引,并适时制定我国单独的《公允价值计量》准则,是新准则有效实施和运用过程中面临的又一难题,也是需要尽早着手解决的迫切问题。因为如果不对其进行合理的规范,公允价值很容易成为企业调节利润的工具。SFAS157作为目前公允价值会计最新的研究成果,对我国建立适合自身国情的公允价值计量应用的准则或规范、完善公允价值计量的应用必将具有重要的参考作用。

第4章 CAS中公允价值计量的应用及国际比较

4.1 公允价值在CAS中应用的变迁分析

4.1.1 公允价值在CAS中应用的变迁历程

我国在公允价值的运用方面可谓是一波三折。从1998年到2006年短短几年内共颁布或修订了3次，先后经历了1998年的首次运用（债务重组）、2001年的全面回避（企业会计制度）和2006年的再次引入与全面推广（新会计准则体系）三个阶段。

1. 1998年：公允价值的首次运用阶段

1998年6月，我国在颁布的《企业会计准则——债务重组》中首次引入了“公允价值”的概念且将其作为确认非现金资产的计量基础，这是我国会计准则改革历程中的第一次大胆尝试。随后，在同月颁布的《投资》和1999年6月颁布的《非货币性交易》两个具体会计准则中也采用了公允价值计量，并将公允价值定义为：“在公平交易中，熟悉情况的交易双方，自愿进行资产交换或债务清偿的金额。”其中《债务重组》准则规定：以非现金资产清偿债务时，应将重组债务的账面价值与转让的非现金资产的公允价值之间的差额作为资产转让损益；以债务转让资本时，应将股份的公允价值总额与股本之间的差额确认为资本公积，重组债务的账面价值与股份公允价值总额之间的差额作为重组收益计入当期损益。《投资》准则规定：以放弃非现金资产而取得的长期股权投资，其投资成本应以所放弃非现金资产的公允价值确定；如果所取得的股权投资的公允价值比所放弃的非现金资产的公允价值更为清楚，也可以取得股权投资的公允价值确定；如果所放弃非现金资产的公允价值和取得股权投资的公允价值两者均能合理确定，则应以所放弃非现金资产的公允价值确定股权投资成本。《非货币性交易》准则规定：同类非货币资产交换，应以换出资产的账面价值作为换入资产的入账价值。但是，如果换出资产的公允价值低于其账面价值，应以换出资产的公允价值作为换入资产的入账价值，换出资产的公允价值与其账面价值之间的差额，确认为当期损失；不同类非货币资产交换，应以换入资产的公允价值作为其入账价值，换入资产的公允价值与换出资产账面价值的差额计入当期损益；如果换入资产的公允价值无法确定，应以换出资产公允价值作为换入资产的入账价值，换出资产公允价值与换入资产账面价值的差额计入当期损益；如果两者的公允价值都无法确定，应以换出资产账面价值作为换入资产的入账价值，不确认当期损益。

在某些特殊交易的资产计量中超越惯常的历史成本计量而开始采用公允价值计量，对促进我国会计准则更好地适应市场经济环境并与国际会计协调等方面都起到了良好的推动作用。然而这一新理念在会计实务中的运用及其后果，却大大违背了会计准则的制定初衷。从客观上说，由于我国要素市场不成熟，资本市场不完善，加之监督机制不健全，公允价值往往难以公允获得，导致公允价值在债务重组、非货币性交易及投资准则中应用以后，出现了企业利用公允价值操纵利润的现象。例如通过非货币性交易以劣质资产换入优质资产；债务人以非现金资产清偿债务从而增加收益。据统计，仅1999年就发生近60起大的利用债务重组粉饰利润的事件，涉及金额高达80亿人民币。方法主要就是上市公司以少量资产抵偿大量债务。这种重组行为一方面使得上市公司取得大量的非经营收益，另一方面使债权人资产大量流失。在此类事件中债权人往往都是国有企业，通过这种方式使得大量的国有资产流入个人腰包。从而在会计实践中公允价值反倒成为企业调节利润的冠冕堂皇的手段，造成会计信息的失真和证券市场的混乱，并一度产生了会计信息的信任危机。

2. 2001年：会计准则修订与公允价值的全面回避阶段

为了防止对公允价值的滥用和人为操纵利润情况的进一步恶化，2000年底，我国财政部对《债务重组》、《非货币性交易》、《投资》等会计准则进行了修订，颁布了统一的《企业会计制度》并于2001年开始实施。2001年版《企业会计制度》及修订后的相关会计准则要求尽量采用历史成本计量属性，淡化了公允价值问题。比如《企业会计制度》及修订后的非货币性交易准则中指出：非货币性交易在不涉及补价的情况下，均按换出资产的账面价值加上应支付的相关税费，作为换入资产的入账价值；涉及支付补价，应以换出资产账面价值加上补价和应支付的相关税费作为换入资产的入账价值；涉及收到补价，应以换出账面价值减去补价，加上应确认的收益和应支付的相关税费，作为换入资产的入账价值。

虽然2001年修订的准则尽可能地回避了公允价值计量，但也并没有完全否认公允价值计量在我国实务中的运用。新修订的准则及会计制度在某些交易或资产的期末计量上仍谨慎地运用了公允价值。比如在债务重组中，债务人以非现金资产清偿某项债务的，债务人应按应付债务的账面价值结转，债务重组收益计入资本公积；但当债权人收到多项用于偿债的非现金资产时，应按各项非现金资产的公允价值占非现金资产公允价值的比例，对重组债权的账面价值进行分配，以确定各项非现金资产的入账价值。在非货币性交易中，收到补价时，应按补价占换出资产公允价值的比例来计算换入资产的入账价值和应确认的收益。无形资产、固定资产、存货、租赁等准则中也大多涉及公允价值的使用。如接受捐赠的固定资产或无形资产，当捐赠人未提供原始单据的，该固定资产或无形资产其实是按公允价值入账的。在租赁准则中，租赁资产的入账价值是其账面价值与最低租赁付款额的现值中的较低者；租赁资产的余值是指租赁开始日估计的租赁期届满时租赁资产的公允价值。2001 年版的《企业会计制度》也规定，企业在会计核算时，应遵循谨慎性原则的要求，不得多计资产和收益，少计负债和费用，企业的各项资产在取得时，应按照实际成本计量，其后各项资产如果发生减值，应当按照规定计提相应的减值准备，除法律、行政法规和国家统一会计制度另有规定者外，企业一律不得自行调整其账面价值。基于此，企业会计制度要求企业扩大资产减值的计提范围。计提资产减值所依据的现行成本、重置成本、销售净价、可变现净值、可收回金额或现值，实际上这都是公允价值的特殊表现形式。所以虽然在修改后的准则及企业会计制度中尽管避免了公允价值的运用，但实际上公允价值也已经间接地体现在相关项目的计量中了。只不过出于谨慎性原则的考虑，会计制度仅考虑了资产的减值因素，而忽略了可能的增值因素。随着知识经济、网络时代的到来，企业无形资产、人力资源等增值很快，土地、企业家才能等稀缺资源也会增值，因此企业会计制度并不能完全克服原始成本计量属性的缺陷。一个典型的例子，近几年许多城市的楼市供不应求，城市土地价格水涨船高，不少公司实业经营虽然不济，但由于有战略投资意识，在房地产投资方面获取了巨额的收益,若按企业会计制度规定的核算原则,房地产行业重有巨额投资的企业就不能及时、准确地反映其持有利得的损益情况。

在此期间,我国对于公允价值会计的研究与探索并未就此停止。财政部会计司曾于2004年7月15日发布了《金融机构衍生金融工具交易和套期业务会计处理暂行规定(征求意见稿)》,该暂行规定旨在“规范金融机构衍生金融工具交易和套期业务的会计处理,真实地反映衍生金融工具交易对金融机构财务状况和经营成果的影响,提高金融机构的会计信息质量”,其中明确规定:“衍生金融工具在初始确认和期末时,均应以公允价值进行计量。”这说明我国的公允价值会计研究也转向对金融机构衍生金融工具的计量上。《证券投资基金会计核算办法》则将现值和公允价值这一计量属性贯彻得更为彻底。该办法规定:估值日,对股票投资、配股权和债券投资进行估值时产生的估值增值或减值,应确认为未实现利得,投资估值原则是任何上市流通的有价证券,以其估值日在证券交易所挂牌的市价(平均价或收盘价)估值;估值日无交易的,以最近交易日的市价估值,如有确凿证据表明按上述方法进行估值不能客观反映其公允价值,基金管理公司应根据具体情况与基金托管人商定后,按最能反映公允价值的价格估值。这些说明,为了增强会计信息的相关性、可靠性,我国一直在根据会计实务的可操作性而试图逐步地扩大现值、公允价值的使用范围。

3. 2006年:公允价值的再次引入与全面推广阶段

2006年2月15日,财政部正式发布了新企业会计准则体系,并规定自2007年1月1日起在上市公司范围内施行,鼓励其他企业执行。新会计准则包括1项起基本财务框架概念作用的《基本准则》和38项具体会计准则。新会计准则体系制定的主要思路之一是参照国际财务报告准则,并充分考虑我国的现阶段国情,以使按照企业会计准则体系编制的财务报表能够更加真实、公允地反映企业的价值。基于这一出发点，新准则体系在金融工具、投资性房地产、非同一控制下的企业合并、债务重组和非货币性交易等方面均谨慎地采用了公允价值。其中《企业会计准则——基本准则》将公允价值明确界定为："资产和负债按照在公平交易中，熟悉情况的交易双方自愿进行资产交换或者债务清偿的金额。"CAS12——债务重组准则也将债务重组的定义恢复为"准则 99"中的表述，并恢复了以公允价值为计量属性，即除去以现金清偿债务的重组方式以外，用其他方式以及以组合方式进行债务重组的，均以公允价值为计量属性，等等。

目前我国已发布的 38 个具体会计准则中涉及会计要素计量的有 30 个。在这 30 个涉及会计要素计量的具体准则中有 21 个程度不同地运用了公允价值计量属性，涉及范围之大是显然的。具体运用情况如表 4—1 所示。与以前相比，这次企业会计准则体系在确定公允价值的应用范围时，并没有完全照搬照抄国际会计准则，而是更充分地考虑了我国的国情，并作了审慎的改进。比如在投资性房地产方面，减少了含有较多假设的估值技术的应用，即在一些领域中，要求只有存在一定程度的可靠性或满足规定的限定条件时，才允许公允价值的进一步运用。

表 4—1　CAS 中涉及公允价值计量的准则项目

准则名称	初始计量	后续计量
CAS 1——存货	√①	×
CAS 2——长期股权投资	√	√
CAS 3——投资性房地产	×	√
CAS 4——固定资产	√②	×
CAS 5——生物资产	√③	√
CAS 6——无形资产	√④	×

续表

CAS 7——非货币性资产交换	√	×
CAS 8——资产减值	×	√
CAS 10——企业年金基金	√	√
CAS 11——股份支付	√	√
CAS 12——债务重组	√	×
CAS 14——收入	√	×
CAS 16——政府补助	√	×
CAS 20——企业合并	√⑤	×
CAS 21——租赁	√	√
CAS 22——金融工具确认和计量	√	√
CAS 23——金融资产转移准则	√	√
CAS 24——套期保值	√	√
CAS 27——石油天然气开采	×	√
CAS 38——首次执行企业会计准则	√	×

说明：√表示运用公允价值计量，×表示没有运用。①—④在存货、固定资产、生物资产、无形资产四项具体准则中，均在计量或初始计量中做出了几乎一致的规定，即：投资者投入相关资产的成本，应按照投资合同或协议约定的价值确定，但合同或协议约定价值不公允的除外。这意味着接受投资形成的有关资产，必须以公允价值确定。另外，这些准则都同样规定，非货币性资产交换、债务重组等所取得的相关资产的成本，应分别按照相应的准则确定。详细内容见 CAS 与 IAS 关于公允价值应用的具体比较。

4.1.2 新会计准则体系再次引入公允价值的背景分析

1. 公允价值的运用是全球经济一体化和会计国际化的必然要求

会计准则是用以规范会计信息生产与披露的法律规章制度或标准，也是检查和评价会计信息质量的准绳。对于任何一个要发展市场经济的国家来说，会计准则都是完善市场体系、规范市场秩序的重要组成部分。在全球经济一体化的浪潮下，一大批中国企业到境外上市融资，大量的国外企业也到中国进行投资，经济的国际化呼唤会计语言的国际化，中国的会计准则需要由过去的"方言化”转向国际化，从而有效地节约经济活动的交易成本。中国加入 WTO 以来，发达国家设置种种壁垒阻挠中国市场经济地位，并且诉诸各种反倾销诉讼使中国遭受大量经济损失。据报道，1995 年以来，中国几乎每年都是世界上遭受反倾销调查最多的国家，成为世界上反倾销的最大受害国，仅 2004 年中国就遭受 68 起反倾销调查，涉案金额约 30 亿美元，2005 年涉案金额仍然达 21 亿美元。目前虽然已有 52 个国家陆续承认了我国的完全市场经济地位，但是美国、欧盟等世界经济巨头仍迟迟不承认中国的完全市场经济地位。欧盟委员会于 2004 年 6 月 28 日对外公布了其对中国市场经济地位初步评估报告的结论，认为：中国在欧盟制定的五个完全市场经济地位的标准中只有一个达标，其他四个方面仍未达标，故现阶段欧盟仍无法承认中国的市场经济地位[26]。据悉，2004 年欧盟在评估我国完全市场经济地位时，就设置了独立于双边协定和 WTO 规则之外的条款：必须建立一个符合国际会计准则的、账目清楚的会计记录，该会计记录应当由独立的机构根据国际会计准则进行审计。基于中国改革开放的客观现实和国际会计协调的大趋势，努力使中国会计准则与国际会计准则靠近，是对中国当前发展市场经济和融入国际经济生活这一现实的基本认同。美国会计准则及国际会计准则越来越多地采用了公允价值作为资产或负债的计量属性，中国再次提倡公允价值的运用，也是与国际会计惯例接轨的必然选择。

2. 会计目标的变化为公允价值的运用提供了前提

会计计量属性的确定首先要考虑会计目标的变化和要求，处

㉖　陈章明、曹景军：《新会计准则的资产负债观》，山西财经大学学报，2007 年第 2 期。

理好可靠性和相关性的辩证统一问题。我国原基本准则和会计制度将会计目标定位于“符合国家宏观经济管理的要求，满足有关各方了解企业财务状况和经济成果的需要，满足企业加强内部经营管理的需要”。该目标局限于提供充分的会计信息，而未能满足决策有用观对会计信息的要求。新会计准则即强化了为投资者和社会公众提供决策有用会计信息的新理念，要求提供的信息不仅是真实的、可靠的，更重要是有用的、相关的信息。而决策有用观要求会计信息应满足广大会计信息使用者进行决策的需要，财务报告应主要反映现时信息，更强调信息的相关性。因此，《企业会计准则——基本准则》中明确指出“企业财务报告的目标，是必须为报告使用者作出科学决策提供相关、真实、可靠、公允的会计信息”。新准则体系目标的确立和理念的升华，必然要求相应地改革受托责任观下所形成的传统会计程序和方法，采用公允价值计量属性，以使公司提供的会计信息更真实地反映企业的经济实质，并且对决策更加有用。公允价值更能准确地计量企业的资产、负债等要素的现时价值，反映企业更真实的现金流量、财务状况、经营成果，从而反映企业的偿债能力及其财务风险。根据这些信息，企业管理层、政府部门、企业的投资者才能做出更合理的决策，因而以公允价值反映的会计信息将大大提高会计信息的决策有用性。

3. 公允价值的运用符合我国现实的经济发展环境

(1) 资本市场的快速发展为公允价值的应用提供了动力

市场经济作为一种机制，是我国改革开放以来实现资源合理配置和经济快速发展的发动机，也是我国参与经济全球化竞争的基础条件。会计作为市场经济的重要基础设施，必须服务和服从于资源配置和经济发展的需要。“市场化”是中国市场经济发展的客观要求，资本市场是最重要的要素市场之一。目前中国资本市场的市场化进程在加快。自 1992 年以来，我国资本市场发展迅速，取得了举世瞩目的成就。2005 年底，沪深两个交易所共有上市公司 1377 家，市价总值已经达到 3.2 万亿人民币，相当于 2004 年中国国内生产总值的 24%，境内股票筹资总额超过 9000 亿元。截至 2007 年底，我国上市公司总数已达到 1550 家，沪深两市股票市场总市值已达 32.71 万亿元，已进入二级市场流通的市值达 9.31万亿元，全年证券市场融资达 7728 亿元㉗。股权分置改革计划将在近年完成，未来中国的股票市场是全流通的完全市场，这有利于实现配置资源和调整结构。公允价值因其能够公允地反映企业的财务状况和经营业绩等信息，已经被认可作为提高会计信息相关性的重要计量属性。发展市场经济、扩大资本市场，客观上需要运用公允价值计量属性。

我国的证券市场经过十几年的发展和完善，在强化公司治理，提高运作透明度，清理违规行为，构建上市公司综合监管体系方面有了很大的进步。证监会推进股权分置试点，改革了上市和再融资的程序，颁发了大量监督检查；上市公司内外治理水平进一步提高，注册会计师、资产评估师、独立董事等的理性经济选择为上市的违规行为构筑了多道“防火墙”；广大投资者对会计信息进行分析判断、有效识别的能力也有所加强，证券市场的有效性逐步提高。随着新《证券法》和《公司法》的实施，资本市场改革和创新发展有了更完备的法律保障。资本市场的深入发展又为公允价值的运用注入了无限活力，也为公允价值在我国的推广应用打下了良

㉗　尚福林：《加大改革创新力度，加强监管和风险防范》，《中国证券报》2008 年 1 月 18 日第 1 版。

好的基础。

(2) 公司治理的加强和法制建设的完善为公允价值的应用奠定了基础

在资本市场快速发展的带动下,我国在公司治理方面也取得了显著成效。现在,我国资本市场已经初步具备了公司治理的功能,具体表现在:一方面,企业为了上市,首先必须进行股份制改造、深化企业改革、转变经营机制、建立现代企业制度,从而促进了企业法人治理结构的改变和完善;另一方面,企业上市后成为公众公司,资本市场通过股东投票机制、并购接管机制和股权激励机制,发挥着对公司管理层的激励和约束作用。近年来,尽管我国的会计准则建设进展较缓,但相关的法制建设进展迅速。新修订的《证券法》已相当完备,为保护投资者的合法权益,增强我国证券市场的国际竞争力,构建和谐的证券市场法律新秩序,全面推进我国社会主义市场经济体制的完善和社会主义法制建设,奠定了坚实的法律基础。公司治理的加强和法制建设的完善,则为我国会计实务中拓展公允价值的应用奠定了坚实的基础。

4. 公允价值的运用是我国金融市场未来发展的需要

公允价值计量属性起源于美国,其产生的根本原因就是美国 80 年代金融工具的大量涌现。由于从 20 世纪末到目前,我国金融市场如股票市场、债券市场、期货市场、外汇市场和在此基础之上所产生的金融工具获得长足发展,金融创新也层出不穷。随着中国加入 WTO,大量外国资本涌入我国,金融衍生产品交易活跃。金融工具和衍生金融工具的种类越来越多,如"票据发行便利"(NIF)、"期货"(Futures)、"期权"(Options)、"远期合约"(Forwards Contracts)、"互换"(Swaps)等。显然,在这些衍生金融工具中有些金融工具只产生合约的权利或义务，而交易和事项尚未发生。但从法律的角度看，由于签约双方之间的报酬与风险已开始转移，为了使得会计信息使用者除了能了解已发生业务的信息外，还能了解正在发生的业务的现时信息以及其对企业未来财务状况和经济活动影响的可能程度，帮助会计信息使用者正确地进行判断和决策，此时尽管签约双方的权利和义务尚未完全实际履行，但在会计上也要求对其进行确认、计量。

衍生工具不要求初始投资，或很少的净投资，传统会计显然对此无能为力。因为此时签约双方的权利、义务尚未执行，业务尚未发生，这时没有也不可能有历史成本，因此会计就不能对该业务进行计量、反映。尤其是衍生金融工具，它只产生相应的权利和义务，交易和事项尚未发生，无历史成本可循，交易从合约签订到对冲、再到交割或换回原资产，要经历一段或长或短的时间，其间衍生金融工具的市场价格在不断变化，这种变动在以历史成本为计量属性的传统财务报表中根本无法反映出来。但是如果不对其予表内确认和计量，无疑将增添金融业务的运行风险。而采用公允价值属性计量却能很好地解决这个问题。公允价值是交易双方在无干扰情况下，自愿进行交换的价值，其价值的确定并不取决于业务是否发生，只要双方同意就会有一个价值。因此会计在任何时候都可以按公允价值对衍生金融工具产生的权利、义务进行计量、反映，并向信息使用者提供信息。对此，FAS133曾明确指出：公允价值是计量金融工具最佳的计量属性，对衍生工具而言，公允价值是唯一的计量属性。势异时移，这些有助于公允价值应用的环境已初步实现。

4.2 公允价值在新会计准则中的应用及会计处理

4.2.1 公允价值在 CAS 中的应用:初始计量和后续计量

1. 初始计量中入账时点价值的确定

在初始计量中,自愿买卖的双方在公开市场上所支付或收到的现金或其等价物就代表公允价值,现行成本和现行市价都符合公允价值的定义。但是在非现金交易中,当交易的资产或负债无法被客观地确定其公允价值时,就要采用现值技术进行估计。从我国相关准则来看,资产的初始计量大多是按实际成本(交易价格)进行计量的,但如下问题例外:

一是资产的取得并非购置时。如果资产的取得是通过购置获得的,购置时发生的实际成本便可作为资产的初始入账成本;而非购置取得时应如何入账?此时公允价值便成为一个可供选择的计量基础。例如,CAS7——非货币性交易和 CAS12——债务重组中,规定了公允价值的确定原则:如果该资产存在活跃市场,则该资产的市价即为其公允价值;如果该资产不存在活跃市场,但与该资产类似的资产存在活跃市场,则该资产的公允价值应比照相关类似资产的市价确定;如果该资产和与该资产类似的资产均不存在活跃市场,则该资产的公允价值可按其所能产生的未来现金流量以适当的折现率贴现计算的现值评估确定。在 CAS2——长期股权投资中,更是直接指出,对于非同一控制下的企业合并取得的长期股权投资,以发行权益性证券取得的长期股权投资,应当按照发行权益性证券的公允价值作为初始投资成本;投资者投入的长期股权投资，应当按照投资合同或协议约定的价值作为初始投资成本，但合同或协议约定价值不公允的除外；通过非货币性资产交换、债务重组方式取得的长期股权投资，其初始投资成本应按 CAS7 和 CAS12 的规定确定其初始成本。另外，CAS21——租赁中也规定，承租人和出租人对于融资租赁业务应按照如下原则进行会计处理：在租赁开始日，承租人通常应当将租赁开始日租赁资产公允价值与最低租赁付款额的现值两者中的较低者作为租入资产的入账价值，将最低租赁付款额作为长期应付款的入账价值，并将两者的差额记录为未确认融资费用；出租人应当将租赁开始日最低租赁收款额与初始直接费用之和作为应收融资租赁款的入账价值，并同时记录未担保余值，将最低租赁收款额、初始直接费用及未担保余值之和与其现值之和的差额记录为未实现融资收益。因此，该类资产的初始计量中需要用现值技术确定其公允价值。

二是资产本身具有特殊性。衍生工具（包括远期合同、期货合同、互换和期权等）大多属于待履行的合约，其突出的特点是交易具有“未来的”时态性，这与一般的资产和负债都是由过去的交易和事项引起的不同。而且，由于其交易的形式是签订合约，签订合约所支付的金额只是要求很少的初始净投资，而影响这些资产价值的因素不在于签署合约时要求的初始投资净资产，而在于以后的现金流量。显然，对这些特殊资产，只考虑其取得时的初始净投资不足以说明该资产的价值，因此不能以实际发生的初始净投资额作为初始入账价值。于是，或按活跃市场上的公开标价，或按未来现金流量折现法计算的价值，即公允价值才是其实际成本的“近似值”，才能作为衍生金融工具的初始入账价值。用公允价值计量衍生工具将使其能在表内反映，这让财务报表使用者对企业真实财务状况有更好地理解，也容易评价企业通过使用衍生工具进行风险管理的有效性。而且，公允价值计量的广泛应用可以使金融工具计价模式更加一致，金融工具将在相同的时点、根据相同的原则进行计量。因此，《CAS22——金融工具确认和计量》(2006)规定，企业初始确认金融资产或金融负债，应当按照公允价值计量。对于以公允价值计量且其变动计入当期损益的金融资产或金融负债，相关交易费用应当直接计入当期损益；对于其他类别的金融资产或金融负债，相关交易费用应当计入初始确认金额。

2. 后续计量中公允价值的使用问题

公允价值在后续计量中的使用，主要是指资产和负债在入账后，要在资产和负债确认以后的期间对其价值的变化进行计量。由于资产和负债在初始确认入账后会因以下因素而导致其价值发生变化：①资产的实体消耗或负债的减少；②估计的变动；③价值变动所造成的持有损失或利得。所以需要在资产和负债确认以后的期间对其价值的变化进行计量。按资产和负债的经济利益流入/经济利益流出的定义，后续计量采用公允价值进行再确认是符合这种定义的，同时也是会计谨慎性原则的运用。这也是会计计量由"收入/费用观"转向"资产/负债观"，从而更重视会计相关性的体现。

后续计量的目的是有效地反映企业的资产负债价值，使企业的资产负债更接近于公允价值。以资产减值准备的会计处理为例。按原准则和会计制度要求，企业应定期或者至少每年年度终了，对资产进行全面的检查，合理地预计各项资产可能发生的损失，对可能发生的各项资产损失计提资产减值准备。当期末资产的预计可收回金额(公允价值)低于其账面价值，则该项资产发生减值，应该按公允价值重新计价，减值部分作为费用或损失，计入当期损益。对于长期性资产(如固定资产、无形资产等)，因为变现的时间较长,所以在确定将来可收回金额时要考虑货币时间价值因素,采用现值技术。它们的可收回金额是指,资产的销售净价与预期从该资产的持续使用和使用寿命结束时的处置中形成的预计未来现金流量的现值两者之中的较高者。

新准则中关于资产减值准备会计处理的规定实质上体现了重新计量法的要求。当然,公允价值使用于后续计量仍是一种谨慎性原则的运用,因为成本高于公允价值时,期末固定资产等的计价仍然还是历史成本。会计的后续计量采用了成本与公允价值孰低的原则,相比以前只允许采用历史成本计量来说,的确是对后续计量的重视。因此,在新《企业会计准则——基本准则》(2006)中专门设第 9 章来规范会计计量属性选择范围和每种计量属性的定义,首次在基本准则中认为公允价值是一种可供选择的计量属性。

4.2.2 新会计准则对公允价值应用的基本要求

《企业会计准则——基本准则》中明确规定"会计计量属性包括公允价值",从而确立了公允价值在企业会计准则体系中的重要地位。从新的 38 项具体准则来看,无论是对现行的 16 项具体会计准则的修订,还是新颁布的 22 项具体会计准则,都凸显了在一定条件下采用公允价值进行计量的要求。

1. 在修订的会计准则中,增加了以公允价值计量的经济事项

CAS1——投资者投入的存货:应当按照投资合同或协议约定的价值确定,但合同或协议约定价值不公允的除外。

CAS2——长期股权投资:以发行权益性证券取得的长期股权投资,应当按照发行权益性证券的公允价值作为初始投资成本。

CAS4——固定资产:以一笔款项购入多项没有单独标价的固定资产,应当按照各项固定资产公允价值比例对总成本进行分配,分别确定各项固定资产的成本。

CAS7——非货币性资产交换:非货币性资产交换同时满足该项交换具有商业实质、换入资产或换出资产的公允价值能够可靠地计量条件的,应当以公允价值和应支付的相关税费作为换入资产的成本。

CAS12——债务重组:以非现金资产清偿债务的,债权人应当对受让的非现金资产按其公允价值入账;将债务转为资本的,债权人应当将享有股份的公允价值确认为对债务人的投资;修改其他债务条件的,债权人应当将修改其他债务条件后的债权的公允价值作为重组后债权的账面价值。

CAS14——收入:合同或协议价款的收取采用递延方式,实质上具有融资性质,应当按照应收的合同或协议价款的公允价值确定销售商品收入金额。

CAS21——租赁:在租赁期开始日,承租人应当将租赁开始日租赁资产公允价值与最低租赁付款额现值两者中较低者作为租入资产的入账价值。

2. 新出台的会计准则做出了以公允价值进行计量的要求

在新出台的会计准则中,最突出的是在有关金融工具的4项会计准则中,充分体现了公允价值在新准则体系中的重要地位。这主要是由于金融工具业务长期以来不在资产负债表内反映,难以为投资者提供更为相关的决策信息,导致投资者抵御金融市场风险的能力大大降低。随着我国金融创新速度的进一步加快,以公允价值作为金融工具的计量属性有利于把金融工具从表外移入表内核算并对外披露。此外,其他相关准则也分别要求对公允价值及有关信息进行相应的报告和披露。

CAS3——投资性房地产:有确凿证据表明投资性房地产的公

允价值能够持续可靠取得且满足规定条件的,可以对投资性房地产采用公允价值模式进行后续计量。

CAS5——生物资产:有确凿证据表明生物资产的公允价值能够持续可靠取得的,应当对生物资产采用公允价值计量。

CAS8——资产减值:资产与资产组的可收回金额应当根据资产或资产组的公允价值减去处置费用后的净额与资产预计未来现金流量的现值两者之间较高者确定。

CAS10——企业年金基金:企业年金基金在运营中根据国家规定的投资范围取得的国债、信用等级在投资级以上的金融债和企业债、股票等具有良好流动性的金融产品,其初始取得和后续估值应当以公允价值计量。

CAS11——股份支付:以权益结算的股份支付换取职工或其他提供服务的,应当以授予职工的权益工具或其他方服务的公允价值计量。

CAS20——企业合并:购买方在购买日对作为企业合并对价付出的资产、发生或承担的负债应当按照公允价值计量。

CAS22——金融工具确认和计量:企业初始确认金融资产或金融负债,应当按照公允价值计量;企业应当按照公允价值对金融资产进行后续计量,且不扣除将来处置该金融资产时可能发生的交易费用。

CAS23——金融资产转移:金融资产整体转移满足终止确认条件,因金融资产转移获得了新金融资产或承担了新金融负债的,应当在转移日按照公允价值确认该金融资产或金融负债。

CAS24——套期保值:该准则规定,套期保值(以下简称套期),是指企业为规避外汇风险、利率风险、商品价格风险、股票价格风险、信用风险等,指定一项或一项以上套期工具,使套期工具的公允价值或现金流量变动，预期抵销被套期项目全部或部分公允价值或现金流量变动。套期应包括对已确认资产或负债、尚未确认的确定承诺，或该资产或负债、尚未确认的确定承诺中，可辨认部分的公允价值变动风险进行套期的公允价值套期。对于满足条件的套期，可运用套期会计方法进行处理，在相同会计期间将套期工具和被套期项目公允价值变动的抵消结果计入当期损益。显然，套期也是将公允价值作为计量标准的。

CAS27——石油天然气开采：企业在进行减值测试时，对于未探明矿区权益公允价值低于账面价值的差额，应当确认为减值损失，计入当期损益。

CAS37——金融工具列报：企业发行的非衍生金融工具包含负债和权益成分的，应当在初始确认时先确定负债成分的公允价值并以此作为其初始确认金额。

CAS38——首次执行企业会计准则：该准则第五条至第十九条规定，除首次执行日的长期股权投资外，其他资产和负债的计量基本上是以公允价值为基础的。比如第六条规定：对于有确凿证据表明可以采用公允价值模式计量的投资性房地产，在首次执行日可以按照公允价值进行计量，并将账面价值与公允价值的差额调整留存收益。第九条规定：对于企业年金基金在运营中所形成的投资，应当在首次执行日按照公允价值进行计量，并将账面价值与公允价值的差额调整留存收益，等等。

4.2.3 公允价值计量模式下的账户设置及其会计处理

1. 会计账户体系：成本、公允价值变动和公允价值变动损益

企业使用公允价值作为计量模式时，应按照新准则的要求设置相应的账户体系并进行会计记录。实施新会计准则后，可与公

允价值计量直接相关的资产类账户主要是投资性房地产、生物资产、交易性金融资产和可供出售金融资产。其中，投资性房地产、生物资产和交易性金融资产在科目设置和会计处理流程上存在较多的共性；可供出售金融资产则有一些较为明显的特性。具体来说，按照新准则体系的账务处理要求，上述各类资产均应设置"成本"和"公允价值变动"两个明细账户。

"成本"明细账用于确认资产取得时的入账价值；"公允价值变动"明细账确认和计量的内容则为在资产负债表日，由于资产公允价值发生变动而形成的高于或低于原账面价值的利得或损失。与上述资产账户的"公允价值变动"明细账户相对应，企业需设置"公允价值变动损益"账户，以全面、系统地反映由于公允价值变动形成的利得或损失，并在利润表中单独列示(构成企业营业利润的要素之一)。"公允价值变动损益"用于核算企业在初始确认时以公允价值计量且其变动计入当期损益的金融资产或金融负债，以及采用公允价值模式计量的投资性房地产、衍生工具、套期业务中公允价值变动形成的应计入当期损益的利得或损失，其性质属于利润表账户。

2. 会计处理的一般流程：计入当期损益或所有者权益

(1) 公允价值变动数额计入当期损益

在资产负债表日，因公允价值变动而对资产或负债项目的影响，应计入当期损益或资本公积。其中投资性房地产、生物资产和交易性金融资产以及以公允价值计量且变动计入当期损益的负债项目在会计处理方式上基本相同，即公允价值变动数额计入当期损益。以交易性金融资产为例。企业在取得交易性金融资产时，应按照资产的公允价值借记"交易性金融资产——成本"，贷记货币资金等项目；在资产负债表日，按公允价值高于账面余额的差额，借记“交易性金融资产——公允价值变动”，贷记“公允价值变动损益”(公允价值低于账面余额则作相反分录)。当出售该项交易性金融资产时，则应按照实际收到的金额借记货币资金项目，按该项交易性金融资产的成本贷记“交易性金融资产——成本”，按公允价值变动，贷记或借记“交易性金融资产——公允价值变动”，将其差额计入“投资收益”。同时，还要按照公允价值的变动，将“公允价值变动损益”转入“投资收益”账户。

由此可见，在这类资产或负债的持有期间，企业要以资产负债表当日相关资产或负债的公允价值作为标准调整其账面价值，调整的结果通过“公允价值变动损益”直接计入当期损益；而在资产真正处理、变现之后，再记录已实现的投资收益，并同时结转资产持有期间的公允价值变动损益。当然，在具体账务处理上，投资性房地产、生物资产稍有区别：按照公允价值计量模式的投资性房地产转为自用时，需将记录的公允价值变动净损益保留在利润表中的营业利润项目内(其他业务收入)，生物资产在出售时则应将记录的公允价值变动净损益计入营业外收支。

(2) 公允价值变动数额计入属于权益的资本公积

与上述各类资产相比，可供出售金融资产在账务处理方面差别较大。表现为，在对可供出售金融资产使用公允价值进行后续计量时，不是将资产负债表日公允价值与资产账面余额的差额计入本期损益，而是计入所有者权益，即在记录“可供出售金融资产——公允价值变动”的同时不是在“公允价值变动损益”中记录，而是贷记或借记“资本公积——其他资本公积”。在资产处置时，可供出售金融资产与前述各类资产又趋于一致，即确认投资收益，并将原计入资本公积的金额转入投资收益。由此可见，可供出售金融资产与投资性房地产、生物资产和交易性金融资产的相同之处在于其期末公允价值的变动也要直接反映在资产的账面价值上;不同之处在于资产持有期间的公允价值变动数额计入属于权益的资本公积,而不是计入属于当期损益的公允价值变动损益。

3. 新增会计账户之间、新旧会计账户之间的关系及其登记要求

(1)"公允价值变动"与"公允价值变动损益"的关系

"公允价值变动"与"公允价值变动损益"均是公允价值计量模式下新增的会计账户。"公允价值变动"是以公允价值核算资产或负债项目的明细账户,与"成本"共同反映资产或负债的账面余额,主要用于核算公允价值变动情况下的利得或损失,其性质属于资产负债表账户。"公允价值变动损益"用于核算企业在初始确认时以公允价值计量且其变动计入当期损益的金融资产或金融负债,以及采用公允价值模式计量的投资性房地产、衍生工具、套期业务中公允价值变动形成的应计入当期损益的利得或损失,其性质属于利润表账户。

在使用公允价值对投资性房地产、生物资产、交易性金融资产进行后续计量时,公允价值与原账面价值的差额借记或贷记"××资产——公允价值变动"明细账户,贷记或借记"公允价值变动损益"。这样,这笔会计分录就成为联系资产负债表与利润表之间的桥梁,将资产或负债公允价值变动所产生的影响同时反映在这两张报表上。由于可供销售金融资产公允价值的变化在资产负债表日计入"资本公积——其他资本公积",而不是"公允价值变动损益",反映在会计报表上则是资产与所有者权益的同时增加,在处置前不会影响本期损益。

(2)"公允价值变动损益"与"投资收益"、"其他业务收入(支出)"、"营业外收入(支出)"的关系按照新会计准则的要求，企业应按照利润表的结构设置各类损益账户，以反映对本期净利润造成影响的各个因素。“公允价值变动损益”、“投资收益”、“其他业务收入(支出)”、“营业外收入(支出)”虽同为损益类账户，但在公允价值变动方面，却存在着一些细微差异。具体来说，交易性金融资产应在其出售时将实际收到的金额与资产账面余额的差额计入“投资收益”；同时按照公允价值的变动额将原计入“公允价值变动损益”的部分转入“投资收益”。交易性金融资产要将其取得时发生的交易费用冲减“投资收益”。投资性房地产应在其出售时将实际收到的金额与资产账面余额的差额计入“其他业务收入(支出)”；同时按照公允价值的变动额将原计入“公允价值变动损益”的部分转入“其他业务收入(支出)”。生物资产要在其出售时将实际收到的金额与资产账面余额之差计入“营业外收入(支出)”，同时按照公允价值的变动，将“公允价值变动损益”转入“营业外收入(支出)”。

从上述会计处理可以看出，“投资收益”、“其他业务收入(支出)”和“营业外收入(支出)”主要用于核算出售(或取得)资产时实际形成的利得或损失，并归集出售前交易性金融资产、投资性房地产、生物资产公允价值变动产生的“公允价值变动损益”。由此可进一步推论：“投资收益”、“其他业务收入(支出)”和“营业外收入(支出)”反映的是企业经济业务发生后的利得或损失。在公允价值计量模式下，企业相关资产公允价值的变化虽然计入了“公允价值变动损益”，进而在利润表中有所反映，但并不是利得或损失的实现；只有当企业处置了这些资产、实际收到价款并转出原有的账面余额时，利得或损失才真正落到了“实处”。也正因如此，处置资产时产生的差额要计入或转入“投资收益”、“其他业务收入(支出)”或“营业外收入(支出)”，资产持有期间公允价值的变动也要转为已实现利得或损失。所以,在这种会计处理方式下,“公允价值变动损益”的账面余额反映的是尚未处置资产在持有过程中发生的价值变动。

(3)“公允价值变动”与计入权益的“其他资本公积”的关系

与投资性房地产、交易性金融资产不同的是,在资产负债表日,当可供出售金融资产的账面余额高于或低于其公允价值时,应借记或贷记“可供出售金融资产——公允价值变动”;同时,贷记或借记“资本公积——其他资本公积”。如果可供出售金融资产的公允价值发生较大幅度下降(通常是指达到或超过20%的情形),或在综合考虑各种相关因素后,预期这种下降趋势属于非暂时性的(通常是指该资产的公允价值持续低于其成本达到或超过6个月的情形),可以认定该可供出售金融资产已发生减值,此时则要借记“资产减值损失”,贷记“可供出售金融资产——减值准备”;同时,按应从所有者权益中转出的累计损失,借记“资产减值损失”科目,贷记“资本公积——其他资本公积”科目。这样,以前由公允价值变动计入资本公积的金额被正式确认为减值损失。

4.3 IAS/IFRS与CAS关于公允价值应用的比较分析

4.3.1 IAS/IFRS与CAS关于公允价值应用的总体比较

1. IAS/IFRS与CAS关于公允价值应用的总体情况

公允价值计量能更客观地反映企业真实的财务状况和经营成果,符合实物资本保全的要求,有利于提高财务信息的相关性,因此近年来,国际会计(财务报告)准则(IAS/IFRS)及美国等一些市场经济发达国家会计准则，纷纷将公允价值作为重要甚至是首选的计量属性加以运用，以提高会计信息的相关性。尽管 IASB 并没有在其《编制财务报表的框架》中明确地将公允价值列为计量属性，但在有关准则中却对公允价值进行了广泛的运用。IASC/IASB 从 1982 年的 IAS16 开始，先后发布了一系列把公允价值应用到不动产、租赁、养老金和企业合并等项目的会计准则。目前在已有的 37 个国际准则中，金融工具、无形资产、投资性房地产、农业等近 25 个会计准则都不同程度地运用了公允价值，如 IAS17《租赁会计》、IAS19《雇员福利》、IAS32《金融工具：披露和列报》、IAS41《农业》和 IFRS3《企业合并》等。这些准则几乎都将公允价值定义为：在公平的交易中，熟悉情况的当事人自愿据以进行资产交换或债务清偿的金额。其中 IAS41《农业》还把公允价值会计运用到农业方面，显然比 FASB 更进了一步。

我国 1999 年发布实施的债务重组、非货币性交易等准则中首次引入了公允价值计量。由于实务中部分企业对公允价值的滥用，财政部于 2001 年实施的《企业会计制度》和修订的相关准则中，废弃了公允价值而代之以账面价值。但实际情况是，不使用公允价值给会计核算和审计验证带来很多困难，比如一项未折现的计量可能使不可比的资产和负债变得可比，或使可比的资产或负债变得不可比。因此其相关性大大削弱。为促进我国会计准则的国际协调，2006 年 2 月，财政部在京发布的《基本准则》中明确指出“企业财务报告的目标，是必须为报告使用者作出科学决策提供相关、真实、可靠、公允的会计信息”。基于这一目标导向，CAS——基本准则明确地将公允价值作为会计计量属性之一，并在坚持历史成本基础的前提下，在企业合并、投资性房地产、生物资产、股份支付、债务重组、非货币性交易、金融工具确认和计量等准则中直接或间接采用了公允价值的概念或计量方法，从而强化了为投资者和社会公众提供决策有用会计信息的新理念。

从公允价值的定义来看，CAS与IAS基本相同，二者都将“公允价值”界定为“资产和负债按照在公平交易中，熟悉情况的交易双方自愿进行资产交换或者债务清偿的金额”。这说明CAS运用公允价值与IAS方向性的趋同。从引入公允价值的会计准则项目看，趋同的方向也甚为明显。例如，在CAS中，投资性房地产、非同一控制下的企业合并、债务重组、非货币性交易、生物资产、金融工具确认和计量等具体准则中都直接或间接运用了公允价值计量。范围涉及一般工商业及农业、金融业等特殊行业。这与国际会计准则中公允价值的涉猎范围基本一致，这也表明我国会计向国际趋同迈出了实质性一步。公允价值的广泛运用，意味着我国传统意义上单一的历史成本计量模式被历史成本、公允价值等多重计量属性并存的计量模式所取代。

从公允价值所涉及的准则项目来看，公允价值计量已经在IFRS/IAS中广泛应用。截至2004年底，在IASB发布的36项IFRS/IAS中有25项直接或间接要求公允价值计量[28]，占69.4%（见表3—2所示）。我国新会计准则与国际会计准则趋同，其中直接或间接采用公允价值的内容包括基本准则和具体准则第1号、第2号、第3号、第4号、第5号、第6号、第7号、第8号、第10号、第11号、第12号、第14号、第15号、第16号、第20号、第21号、第22号、第23号、第24号、第27号、第37号、第38号等。目前我国与国际准则中关于公允价值应用的准则项目情况如表4—2

---

[28] IASB. December 2005. Fair Value Measurements Project Session Overview (Agenda Paper6);

所示。

表 4—2 我国与国际准则中关于公允价值应用的准则项目对照一览表

CAS		相对应 IFRS/IAS	
准则名称	公允价值应用情况	准则名称	公允价值应用情况
CAS——基本准则	√	IFRS1——首次采用国际财务报告准则	√
CAS1——存货	√	IFRS2——以股份为基础的支付	√
CAS2——长期股权投资	√	IFRS3——企业合并	√
CAS3——投资性房地产	√	IFRS4——保险合同	√
CAS4——固定资产	√	IFRS5——持有待售的非流动性资产和终止经营	√
CAS5——生物资产	√	IAS1——财务报表的列报	√
CAS6——无形资产	√	IAS2——存货	√
CAS7——非货币性资产交换	√	IAS16——不动产、厂场和设备	√
CAS8——资产减值	√	IAS17——租赁	√
CAS10——企业年金基金	√	IAS18——收入	√
CAS11——股份支付	√	IAS19——雇员福利	√
CAS12——债务重组	√	IAS20——政府补助的会计和政府援助的披露	√
CAS14——收入	√	IAS24——关联方披露	√
CAS16——政府补助	√	IAS26——退休福利计划的会计和报告	√
CAS20——企业合并	√	IAS27——合并财务报表和单独财务报表	√
CAS21——租赁	√	IAS28——联营中的投资	√

续表

CAS22——金融工具确认和计量	√	IAS30——银行和类似金融机构财务报表中的披露	√
CAS23——金融资产转移	√	IAS31——合营中的权益	√
CAS24——套期保值	√	IAS32——金融工具：披露和列报	√
CAS27——石油天然气开采	√	IAS34——中期财务报告	√
CAS37——金融工具列报	√	IAS36——资产减值	√
CAS38——首次执行企业会计准则	√	IAS37——准备、或有负债和或有资产	√
		IAS38——无形资产	√
		IAS39——金融工具：确认和计量	√
		IAS40——投资性房地产	√
		IAS41——农业	√

说明：√表示运用公允价值计量。详细内容见CAS与IFRS/IAS关于公允价值应用的具体比较。

2. 总体差异：谨慎运用，保持特色

总体而言，我国新会计准则体系中的公允价值，无论是概念还是具体运用的范围都充分借鉴了国际会计准则，体现了与国际会计准则趋同的大方向。但CAS在引入公允价值计量属性时，并没有完全地照搬国际会计准则或美国等国家的会计准则，而是在坚持与IAS趋同的大前提下，充分考虑了我国目前的经济发展、企业体制和公司治理，以及法律、文化等社会经济环境，因而保持了一定的中国特色。与国际财务报告准则相比，我国新准则体系对公允价值的引入采取了适度、谨慎的态度。即在确定有些项目公允价值的应用范围时，严格规范了运用的前提条件。这主要表现在公允价值应用的程度和具体操作方法两个方面。

(1) 对公允价值的运用程度保持了应有的谨慎

与IAS/IFRS相比，CAS引入公允价值时，在充分考虑我国现实国情的基础上作了谨慎的改进，即趋同而非照搬。目前我国新会计准则体系主要在非货币性交易、债务重组、投资性房地产、非统一控制下的企业合并、股份支付和金融工具确认和计量等方面采用了公允价值。同时，相关准则对公允价值的确认也作出了严格的限定。比如，CAS——基本准则明确规定："企业在对会计要素进行计量时，一般应采用历史成本。"这实际上是在强调历史成本计量属性在我国会计计量中的主导地位。这也说明，我国是在坚持以历史成本计量为基础的前提下，引入重置成本、可变现净值、现值和公允价值的。公允价值的非主导性在具体准则中也得到了体现。例如，几乎所有运用公允价值计量属性的具体准则都规定要以成本进行计量，在满足一定的条件时才可以公允价值进行计量。

相比之下，CAS对于公允价值应用的限制条件规定得也较为苛刻。例如，《企业会计准则第3号——投资性房地产》明确规定：企业应在资产负债表日运用成本模式对投资性房地产进行后续计量，但如果有确凿证据表明其公允价值能够持续可靠地取得，应当运用公允价值计量属性；并且规定运用公允价值计量的应同时满足两个条件：一是必须有活跃的房地产交易市场；二是企业能够从房地产交易市场上取得同类或类似房地产的市场价格及其他相关信息。《企业会计准则第 5 号——生物资产》也有类似的规定。国际财务报告准则并未对公允价值和成本两种模式规定优先顺序，但国际会计准则理事会更偏向于采用公允价值模式。可见，我国更倾向于采用成本法，只有在确凿证据表明投资性房地产的公允价值能够可靠取得的情况下可采用公允价值模式进行后续计量。

再如《企业会计准则第 12 号——债务重组》，明确规定了公允价值的运用前提是公允价值应当能够“可靠计量”。而《企业会计准则第 7 号——非货币性资产交换》则规定，可以运用公允价值的非货币性交换必须具有商业实质并且换入资产或换出资产的公允价值能够可靠计量。其中，商业实质是指换入资产的未来现金流量在风险、时间和金额方面与换出资产显著不同，或者换入资产与换出资产的预计未来现金流量现值不同，且其差额与换入资产和换出资产的公允价值相比是重大的。国际会计准则对于非货币资产交换中的公允价值的应用就较为宽松，规定所有的资产交换交易均应以公允价值计量，除非该项交易不具有商业实质，或者所收到资产和所放弃资产的公允价值均不能可靠地计量。此时，以所放弃资产的账面金额作为收到资产的成本。如果主体能可靠决定收到资产或放弃资产的公允价值，应按所放弃资产的公允价值作为收到资产的成本，除非取得资产的成本更加可靠。不难看出，我国新会计准则对公允价值的运用采取了非常谨慎的态度，不是任何企业在任何情况下都可以运用公允价值，不能满足公允价值适用条件的企业或事项是不允许运用的。

概括而言，我国新会计准则中关于公允价值谨慎运用的前提条件可汇总成如表4—3所示。

表4—3　CAS关于公允价值运用的前提条件

准则名称	公允价值运用的前提条件
存货	投资者投入相关资产成本，应按合同或协议约定价值确定，不公允的除外。
长期股权投资	非同一控制前提下：①企业合并取得的长期股权投资的初始计量；②企业合并外，以发行权益性证券取得的，应按已发行权益性证券公允价值初始计量；③权益法核算的后续计量确认投资收益时以被投资单位净资产公允价值为基础调整后的净利润为基数，确认份额。
投资性房地产	有确凿证据的公允价值能够持续可靠取得且同时满足以下条件：①投资性房地产所在地有活跃的房地产交易市场；②能够从房地产交易市场取得同类或类似房地产资产市场价格及相关信息。
固定资产	投资者投入相关资产成本，应按合同或协议约定价值确定，不公允的除外。
生物资产	有确凿证据的公允价值能够持续可靠取得且同时满足以下条件：①有活跃的交易市场；②能够从交易市场上取得同类或类似生物资产的市场价格及其他相关信息，从而对生物资产的公允价值做出合理估计。
无形资产	投资者投入相关资产成本，应按合同或协议约定价值确定，不公允的除外。
非货币性资产交换	同时满足下列条件的应采用公允价值计量：该项交易具有商业实质；换入资产于换出资产公允价值能够可靠计量。
资产减值	存在减值迹象的，可收回金额应当根据资产的公允价值减去处置费用后的净额与资产未来现金流量的现值两者之间较高者确定。
企业年金基金	企业年金基金投资其初始取得和后续估值应以公允价值计量。

续表

股份支付	以权益结算的股份支付换取职工提供服务的，应当以授予职工权益工具的公允价值计量，权益工具的公允价值计量应当按照《企业会计准则第22号——金融工具确认与计量》确定以权益结算的股份支付换取其他方服务的，其他方服务的公允价值能够可靠计量的，应按照其他方服务在取得日的公允价值，计入相关成本或费用，相应增加所用者权益。
债务重组	债务人偿债资产按公允价值计量：①金融资产（权益性工具），遵循《企业会计准则第22号——金融工具确认与计量》有关规定，存在活跃市场的——市价；不存在活跃市场的——估值。②其他资产，资产本身存在活跃市场的——市价；不存在活跃市场的——估值。债权人受让资产按公允价值入账。
收入	采用递延收款销售方式，实质上已具有融资性质的，应当按应收的合同或协议价款的公允价值确定销售商品的收入金额。
政府补助	政府补助为非货币性资产的，按公允价值计量。
企业合并	非同一控制下的企业合并，①购买方在购买日作为对价付出的资产和承担的债务应按照公允价值计量，公允价值与账面价值的差额，计入当期损益。②合并中取得的被购买方的资产和承担的负债，其公允价值能够可靠计量的，应单独予以确认。
租赁	融资租赁中，承租人应将租赁开始日租赁资产的公允价值与最低租赁付款额现值两者中较低者作为租入资产的入账价值。
金融工具确认与计量	交易性金融资产和指定为以公允价值计量的金融资产——公允价值计量；可供出售的金融资产——公允价值计量；交易性金融负债和指定为以公允价值计量的金融负债——公允价值计量。
套期保值	公允价值套期采用公允价值计量。
石油天然气开采	未探明矿区权益每年至少减值测试一次，减值测试时使用公允价值。

(2) 在具体操作方法上保持了中国特色

CAS在运用公允价值时除了范围和程度上保持了应有的谨慎之外，在操作层面的具体操作方法上也保持了自己的特色。例如：为消除拥有巨额物业的房地产上市公司因确认投资性房地产而产生巨额账面利润的可能性，CAS《第3号——投资性房地产》第16条规定，"自用房地产或存货转换为采用公允价值模式计量的投资性房地产时，投资性房地产按照转换当日的公允价值计价，转换当日的公允价值小于原账面价值的，其差额计入当期损益；转换当日的公允价值大于原账面价值的，其差额计入所有者权益。"这一规定与IAS《第40号——投资性房地产》第57段规定的"对于将存货转化成将按公允价值计量的投资性房地产，转换之日房地产的公允价值与其原先账面金额之间的任何差额均应在当期净损益中确认"具有明显的不同。再如，考虑到目前我国并不存在无形资产活跃市场的现实，CAS《第6号——无形资产》并没有规定按公允价值对无形资产进行后续计量，而IAS《第38号——无形资产》却在"允许选用的处理办法"部分(即第64段)中明确提出："初始确认后，无形资产应以重估价作为其账面金额，即其重估日的公允价值减去随后发生的累计摊销额和随后发生的累计减值损失后的余额。为了按本准则进行重估，公允价值应参照活跃市场予以确定。重估应足够频繁地进行，以使资产的账面金额与其在资产负债表日利用公允价值确定的账面金额不会存在重大差异。"显然，这是允许企业选用公允价值对无形资产进行后续计量。

经过近三十年的改革开放，我国的市场经济体制虽然已经基本确立，但这种经济体制的转型并没有完成，非市场化的因素依然存在，活跃市场还会受到种种非市场因素的影响。目前还有相当一部分资产或负债缺乏完善的市场，难以通过市场取得有关公允价值的完备信息。我国的市场经济环境与国际上较成熟的市场经济环境相比,还存在着一定的差距。作为活跃市场事后证据的市场价格等交易信息系统还不够完善,难以为由公允价值计量的会计信息的鉴证提供可资依赖的、必不可少的证据。公允价值的确定,有赖于活跃市场上的报价或最近市场上的交易价格或预期未来净现金流量的现值,这些都需要有主观判断,既然有主观判断,也就必然会不同程度地受到企业管理当局和会计人员主观意志的影响。而目前我国公司治理还存在许多缺陷,一些高管人员的道德观和诚信意识缺失,会计人员的道德水平和执业能力也参差不齐。因此,在现实会计环境下,对公允价值的运用持谨慎态度仍是最优的理性选择。

4.3.2　公允价值在 IAS/IFRS 和 CAS 中应用的具体比较

1. 公允价值在金融工具项目中的应用比较

金融工具准则是会计准则中比较复杂的内容。如何有效地对金融工具进行确认和计量,完善金融工具会计准则体系,一直以来都是各国政策制定部门的重要工作。20 世纪 90 年代以来,由于金融工具的迅速发展,对金融工具,尤其是衍生金融工具进行确认和计量的要求十分迫切。此后,公允价值在各国金融工具项目中得到了普遍运用。1990 年,IASC 金融工具项目筹委会批准发布了"原则公告草案(DSOP)",要求经营性(或交易性)金融资产和负债应以公允价值计量,但不包括投资和筹资项目(汪祥耀等,2004)。1992 年的 IAS30《银行和类似金融机构财务报表中的披露》规定银行至少应披露包括企业源生的贷款和应收款项、持有至到期日的投资、为交易而持有的金融资产以及可供出售的金融资产等在内的金融资产的公允价值。1995 年的 IAS32《金融工具:

披露和列报》要求企业对每一类已确认和未确认的金融资产和金融负债披露公允价值信息，这标志着公允价值在金融工具和衍生金融工具的应用。1997年，IASC和CICA在其共同发布的《金融资产和负债会计》讨论稿表中明了所有金融工具都要以公允价值计量的立场。1999年的IAS39《金融工具：确认和计量》取代了IAS32的部分披露条款，完整地规定了以公允价值对金融工具进行确认、计量的具体做法。

2006年之前，我国并无专门的针对金融工具业务的会计准则。众多金融衍生工具只在表外披露，难以为投资者提供更为相关的上市公司的决策信息，导致投资者抵御金融市场风险的能力大大降低。随着我国资本市场的不断发展，金融工具和衍生工具的种类日益增多，越来越多的企业开始涉及金融和金融衍生工具的业务。2005年我国金融市场出现了多种金融工具，如权证及其创设制度、短期融资券、资产证券化产品、新的券商集合理财产品、债券远期交易等。可以说2005年是金融创新的"元年"。2006年金融产品的创新速度进一步加快，主要包括：ETF产品大规模增加、利率互换的推出、债券回购的再规范、国债期货和股指期货的渐行渐进、资产支持票据（ABCP）的问世等。随着各种金融及金融衍生工具的推出，如何初始确认和计量、后续计量、期末估价及减值等问题变得不可回避。

在通常状态下，有关交易频繁且金额巨大的金融工具交易信息是非常重要的，所以为了适应高风险环境下投资者的决策需要，金融工具应纳入会计核算范畴。但是由于金融及金融衍生工具短期内在市场中价值的变化比较大，用历史成本等其他方法计量不能正确反映市场价值，而用公允价值计量能更好地反映其市场价值。例如，一家上市公司以每股10元的价格在证券市场买入了

100万股股票，到期末该股票涨到了20元。如按照历史成本的计价方法，该公司的1000万元账面所得是不能计入当期利润的，体现在报表中的股票价值仍然是按照10元的成本计价。但按照公允价值的计价方法，这部分股票将按照20元计价，并且将为公司增加1000万元投资收益。

因此，我国在全面借鉴IAS32、IAS39的基础上，于2006年首次出台了《金融工具确认和计量》、《金融资产转移》、《套期保值》和《金融工具列报》四项针对金融工具准则。这四项准则各有侧重、相互关联、逻辑一致，形成一个有机整体，其核心是将金融衍生工具纳入表内核算并按公允价值计量，相关公允价值变动计入当期损益或所有者权益。新会计准则的建立，标志着我国金融工具会计处理与国际会计准则全面接轨，有利于规范金融工具特别是衍生工具会计预警系统，及时揭示和披露交易决策的相关信息，引导衍生工具的有效运作，提高金融信息可比性和透明度。

从我国关于金融工具项目的规定来看，新会计准则对金融工具初始确认和计量、后续计量、期末估价、减值等都是以公允价值为标准的，这样能更好地反应企业真实的财务状况和经营成果，以满足会计报告的使用者决策的需要。但在具体规定方面，与IAS/IFRS的规定不尽相同。下面分述如下。

(1) 银行和类似金融机构财务报表中的披露

《IAS30——银行和类似金融机构财务报表中的披露》规定：银行应按照《IAS32—金融工具：披露和列报》的要求，披露其持有的各类金融资产和负债的公允价值。我国目前尚无专门的《银行和类似金融机构财务报表中的披露》准则。但CAS22—金融工具确认和计量、CAS37—金融工具列报规定，除对于不存在活跃市场的金融资产或金融负债，根据CAS22第52条(三)的规定，采用更公允的相同金融工具的公开交易价格或估值结果计量的外，其他金融资产和负债应采用公允价值计量。并披露确定公允价值所采用的方法等。

（2）金融资产转移

IASB目前尚无专门的金融资产转移准则，但IAS32、IAS39等相关准则对金融资产的转移是在以公允价值为基础进行计量的基础上，进行列报和披露。《CAS23——金融资产转移》则规定：因金融资产转移获得了新金融资产或承担了新金融负债的，应在转移日按公允价值确认该金融资产或金融负债。与金融资产转入方签订服务合同提供相关服务的，应就该服务合同确认一项服务资产或服务负债，其中服务负债应按公允价值进行初始计量。

（3）金融工具披露和列报

《IAS32——金融工具披露和列报》要求除以下情况外，对于每一类金融资产和金融负债，主体应通过与资产负债表中对应的账面金额相比较的方式披露该类金融资产和负债的公允价值：①对于未挂牌交易的权益工具或与这类权益工具相联结的衍生工具的投资，如果由于其公允价值无法可靠计量而按照IAS39的规定以成本计量；②某些金融资产和金融负债具有IAS4—保险合同中所描述的相机抉择参与特征而不能可靠计量这种特征的公允价值。

随着我国金融创新速度的进一步加快，用公允价值作为金融工具的计量属性，有利于把金融工具从表外移入表内核算并在报表附注中对外披露。因此，《CAS37——金融工具列报》要求企业在按照CAS22规定确认和计量的基础上进行列报，并披露确定公允价值所采用的方法等，且披露方式应当有利于财务报告使用者比较金融资产和金融负债的公允价值和账面价值，除非是其账面价值与公允价值相差很小的短期金融资产或金融负债，或活跃市场中没有报价的权益工具投资，以及与该权益工具挂钩并须通过交付该权益工具结算的衍生工具。对于不存在活跃市场的金融资产或金融负债，根据CAS22第52条(三)的规定，应采用更公允的相同金融工具的公开交易价格或估值结果计量，并披露相关信息。这种做法迫使企业提高其资产管理水平和风险控制水平，使财务报表的使用者对企业的真实财务状况有更好的理解，以便做出正确的决策。

(4) 金融工具确认和计量

《IAS39—金融工具：确认和计量》规定：①初始确认金融资产或金融负债时，主体应以其公允价值计量。如果金融资产或金融负债不是以公允价值计量且其变动计入当期损益的金融资产或金融负债，还应加上可直接归属于该金融资产或负债的获得或发行的交易费用；②初始确认后，主体应按公允价值计量金融资产(包括属于资产的衍生工具)并不得扣减可能因出售或其他处置而发生的任何交易费用，除非：a. 应采用实际利率法按摊余成本计量的贷款和应收款项；b. 应采用实际利率法按摊余成本计量的持有至到期的投资；以及c. 对没有活跃市场报价且其公允价值不能可靠计量的权益工具的投资，以及与这种无标价的权益工具挂钩并须通过交付该权益工具结算的衍生金融工具，这些应按照成本计量；③初始确认后，主体应使用实际利率法按摊余成本计量所有金融负债，除非：a. 以公允价值计量且其变动计入当期损益的金融负债。这种负债(包括属于负债的衍生工具)应按公允价值计量，除了与公允价值不能可靠计量的无标价权益工具挂钩并须通过交付这种无标价权益工具进行结算的衍生负债，这种负债应按照成本计量；b. 金融资产转让不符合终止确认条件或者使用继续涉入法进行核算时形成的金融负债。

《CAS22—金融工具:确认和计量》规定:①企业初始确认金融资产或金融负债,应按照公允价值计量。对于不以公允价值计量且其变动计入当期损益的金融资产或金融负债,还应加上相关交易费用;②后续计量时,对金融资产应按照公允价值,除非:1.持有至到期投资以及贷款和应收款项,应当采用实际利率法,按摊余成本计量;2.在活跃市场中没有报价且其公允价值不能可靠计量的权益工具投资,以及与该权益工具挂钩并须通过交付该权益工具结算的衍生金融资产,应当按照成本计量;3.对于金融负债,应采用实际利率法按摊余成本对进行后续计量,除非:a.以公允价值计量且其变动计入当期损益的金融负债,应当按照公允价值计量;b.与在活跃市场中没有报价、公允价值不能可靠计量的权益工具挂钩并须通过交付该权益工具结算的衍生金融负债,应当按照成本计量;c.不属于指定为以公允价值计量且其变动计入当期损益的金融负债的财务担保合同,或没有指定为以公允价值计量且其变动计入当期损益并将以低于市场利率贷款的贷款承诺,应当在初始确认后按照下列两项金额之中的较高者进行后续计量:按照CAS13—或有事项确定的金额;初始确认金额扣除按照CAS14—收入的原则确定的累计摊销额后的余额。

从我国《CAS22——金融工具确认和计量》的规定可以看出,新会计准则对金融工具初始确认和计量、后续计量、期末估价、减值等都是以公允价值为标准的,其实质是要求对交易性和可供出售的金融资产或负债按公允价值进行计量,这样能更好地反映企业真实的财务状况和经营成果,以满足会计报告的使用者决策的需要,从而强化了为投资者和社会公众提供决策有用会计信息的新理念,也容易评价企业通过使用衍生工具进行风险管理的有效性，实现了建立与国际惯例接轨的会计标准。

（5）套期保值

IASB 目前尚无专门的套期保值准则项目，但 IAS39 第 85 段至第 102 段对套期工具及其会计处理进行了详细地规范。按照 IAS39 的规定，企业如开展套期保值业务可以选择使用套期会计方法，但必须符合严格的条件，对公允价值套期、现金流量套期和境外经营净投资套期等区分进行会计处理。相关公允价值变动计入当期损益或所有者权益。

随着我国汇率和利率的市场化改革，汇率和利率将在一定幅度内自由波动。因此，金融企业迫切要求通过各种金融及金融衍生工具来规避汇率和利率的波动对企业资产和负债产生的风险，套期保值自然就成了理想的选择。鉴于此，我国专门制定了《CAS24—套期保值》准则，该准则基本上借鉴了 IAS39 中关于套期会计处理的相关规定。《CAS24——套期保值》第二条规定：套期保值（以下简称套期），是指企业为规避外汇风险、利率风险、商品价格风险、股票价格风险、信用风险等，指定一项或一项以上套期工具，使套期工具的公允价值或现金流量变动，预期抵销被套期项目全部或部分公允价值或现金流量变动。显然，套期保值也是用公允价值作为计量标准的。

从上面的比较来看，IAS32 与 IAS39 中关于金融资产和金融负债确认和计量原则相辅相成，照此推断，主体持有的各类金融资产和负债是以公允价值为基础进行确认、计量和披露的（准则中所列示的特殊情况例外）。在金融工具准则项目方面，我国新准则在所有重大方面基本实现了与国际准则的接轨，即在按照公允价值为基础进行确认和计量的基础上，进行列报和披露。只是 IAS39 还规定了更多确定权益性工具公允价值的指南，我国准则对此规定相对较为简单。总之，我国金融工具准则有关公允价值的运用程度与IAS/IFRS具有较高的一致性，基本实现了与国际会计准则的趋同。新准则之所以在金融工具中能够如此大胆地引入公允价值，主要因为近年来我国金融创新业务大量出现，而且在很大程度上影响到一些企业特别是金融企业的经济活动。在这种情况下，如果不使用公允价值计量，就会使很多与金融工具有关的资产和负债不能很好地在财务报告中得到正确反映，从而影响会计信息的相关性和可比性。实行公允价值计量后，金融资产的公允价值波动计入当年损益，也将对上市公司的利润产生较大的影响。虽然真正能反映企业盈利情况以及持续经营能力的指标是经营活动现金流，但是按公允价值计量后，强化了为投资者和社会公众提供决策有用会计信息的新理念，也容易评价企业通过使用衍生工具进行风险管理的有效性，实现了建立与国际惯例接轨的会计标准。

2. 公允价值在非金融工具项目中的应用比较

IASC/IASB从1982年的IAS16开始，先后发布了一系列把公允价值应用到不动产、租赁、养老金和企业合并等非金融工具项目的会计准则，如《IAS 17——租赁会计》、《IAS 19——雇员福利》、《IAS41——农业》和《IFRS3——企业合并》等。1995年IASC在IOSCO支持下启动了"核心准则"项目。其中，1998年的《IAS36——资产减值》规定，如果资产的账面金额超过通过使用或销售可收回的金额，该资产应视为已经减值，企业应确认资产减值损失。2004年修订的《IAS16——不动产、厂房和设备》更是直接明确规定了主体进行后续计量时可选择成本模式和重估价模式；《IAS40——投资性房地产》也规定主体可以选择以成本减去折旧或者公允价值（脱手价格）进行后续计量，公允价值的变化应立即在损益表中确认。《IFRS 2——以股份基础的支付》规定在支付日用公允价值计量所有以权益清算的股份基础的支付以及以现金清算的交易，公允价值的变化在损益表中确认。我国新准则体系的最大亮点之一就是借鉴国际惯例，在企业合并、投资性房地产、生物资产、股份支付、债务重组、非货币性交易等非金融工具项目中广泛引入了公允价值。

(1) 股份支付

《IFRS2——以股份为基础的支付》规定：对以权益结算的以股份为基础的支付交易，主体应当直接以取得的商品或服务的公允价值计量取得的商品或服务，以及相应增加的权益，除非该公允价值不能可靠估计；如果主体不能可靠估计取得的商品或服务的公允价值，主体应间接地参考（而不是按照）所授予的权益性工具的公允价值计量取得的商品或服务的价值以及相应增加的权益（注：应在授予日计量）。对于以现金结算的以股份为基础的支付交易，应按负债的公允价值计量所取得的商品或服务以及所发生的负债，且在负债结算以前，主体应在每个报告日和结算日重新计量负债的公允价值，任何价值变动均应确认为当期损益。同时还应披露当期接受商品或服务的公允价值或者授予的权益性工具的公允价值是如何确定的信息。

《CAS11——股份支付》规定：以权益结算的股份支付换取职工提供服务的，应以授予职工权益工具的公允价值计量，在资产负债表日，后续信息表明可行权权益工具的数量与以前估计不同的，应进行调整，并在可行权日调整至实际可行权的权益工具数量；以现金结算的股份支付，应按企业承担的以股份或其他权益工具为基础计算确定的负债的公允价值计量，同时企业应在相关负债结算前的每个资产负债表日以及结算日，对负债的公允价值重新计量，其变动计入当期损益。并在附注中披露与股份支付权益工具公允价值的确定方法等有关信息。

异同分析：从上述比较可以看出，CAS 与 IAS 关于股份支付的会计处理基本一致。

(2) 企业合并

《IFRS3——企业合并》要求符合范围内的所有企业合并采用购买法进行会计处理，购买方应按在交易日为换取对被购买方的控制权而放弃的资产、发生的负债或承担的负债以及发行的权益性工具的公允价值，加上任何可直接归属于合并的成本的总计数计量企业合并成本。其中除极少数情况（即当购买方能证实交易日的牌价不能可靠地代表公允价值，并且其他的证据和估价方法为权益性工具的公允价值更加可靠的计量时，才应考虑其他的证据和方法）外，报价权益性工具在交易日的牌价是该工具公允价值的最好证据。只有在极少数情况下，当购买方能证实交易日的牌价不能可靠地代表公允价值，并且其他的证据和估价方法为权益性工具的公允价值更加可靠的计量时，才应考虑其他的证据和方法。而且，购买方的合并成本超过其在合并中取得的被购方可辨认资产、负债及或有负债的公允价值净额中的权益份额的部分确认为商誉；反之则应重新评估被购方可辨认资产、负债及或有负债的认定和计量，并重新评估合并成本的计量，且须将重新评估后依然存在的差额立即确认为损益。

《CAS20——企业合并》针对同一控制和非同一控制下的企业合并，要求分别采取"权益法"和"购买法"两种会计处理方法。对于同一控制下的企业合并要求基于账面价值为基础进行计量，企业合并过程中发生的各项直接相关费用，应于发生时计入当期损益。对于非同一控制下的企业合并则以购买方在购买日为取得对被购买方的控制权而付出的资产、发生或承担的负债以及发行的权益性证券的公允价值为基础确定；购买方在购买日对作为企业合并对价付出的资产、发生或承担的负债应当按照公允价值计量，公允价值与其账面价值的差额，计入当期损益。在购买日，购买方的合并成本大于确认的各项可辨认资产、负债公允价值净额的差额，确认为商誉；反之则需对取得的被购买方的各项可辨认资产、负债的公允价值进行复核，经复核后仍有的差额计入当期损益。

异同分析：CAS20 针对同一控制和非同一控制下的合并，分别采取"权益法"和"购买法"两种会计处理。IFRS3 规范的企业合并仅是 CAS20 中的非同一控制下的企业合并，而对于同一控制下的企业合并（包括受同一方或相同多方最终控制）未作任何规定，因而也就没有同一控制下主体或业务合并的计量规定，所以，IFRS 3 只允许采用"购买法"进行会计处理。但是 IFRS3 却明确指出，"同一"通常的含义是两个或更多物体所共有的东西。据此，IASB 认为，当同一方或相同的若干方有权统驭一个主体或业务的财务和经营政策，并藉以从其活动中获取利益时，主体或业务处于同一控制下。并指出，对涉及同一控制主体或业务的企业合并，参与合并主体或业务在企业合并前后都需受同一方或相同的若干方最终控制，并且该控制不应是暂时的。对于这一点 CAS 基本借鉴了 IFRS 关于同一控制的界定。

(3) 保险合同

《IFRS4——保险合同》规定：承保人对已确认为保险负债的充足性进行测试，并对再保险资产进行减值测试，即应在每个报告日，使用保险合同产生的未来现金流量的现行估计来评估其确认的保险负债是否充足。如果评估表明，其保险负债的金额是不充足的，那么整个不足数应当确认为损益；当且仅当变更保险合同的会计政策能使财务报表对其使用者的经济决策需要而言更具相关性且不降低可靠性，或者更具可靠性且不降低上述相关性时，承保人才可以变更其保险合同的会计政策，但不能在下列实务中引入：以超过公允价值的金额计量未来收取投资管理费的合约性权利。《CAS25—原保险合同》和《CAS26—再保险合同》没有涉及公允价值问题。

异同分析：我国这两个准则是在借鉴国际惯例的基础上制定的，二者本质上基本一致。但国际会计准则允许特殊情况下，如果主体变更其保险负债的会计政策，它就可以对其部分或全部金融资产进行重新分类，归属到"以公允价值计量并将公允价值变动计入损益"的金融资产。

(4) 持有待售的非流动资产和终止经营

《IFRS5——持有待售的非流动资产和终止经营》要求对于划归为持有待售的非流动资产（或处置组），主体应按其账面金额和公允价值减去出售费用后的余额孰低计量；但如果该项资产（或处置组）是作为企业合并的一部分取得的，即应按其公允价值减去出售费用后的余额计量。而且如果出售预计会超过一年发生，主体应按现值计量出售费用。对于列为终止经营的部分，主体应在收益表内以一项金额列示下列金额的合计数：终止经营的税后收益和按公允价值减去出售费用后的余额进行计量所确认的税后利得或损失，或者对构成终止经营的资产或资产处置组进行处置所确认的税后利得或损失。同时在报表附注中披露相关内容。

我国目前尚无专门的准则。但对于持有待售的非流动资产的核算，目前主要体现在相关专项准则中，例如固定资产准则规定：企业持有待售的固定资产，应当对其预计净残值进行调整，并披露准备处置的固定资产名称、账面价值、公允价值、预计处置费用和预计处置时间等。

异同分析:IFRS5 有关终止经营的披露既包括在会计报表中的列示,又包括在会计报表附注中的披露。在这一方面我国与 IAS 有所差别。但是对于持有待售的非流动资产的会计处理已在相关准则中有所体现,且处理方法与 IAS 基本一致,即也需要在会计期末进行减值测试。

(5) 存货

《IAS2——存货》规定:存货应以成本与可变现净值两者中的较低者来计量,在随后每一个期间,均应对可变现净值重新估价。其中存货成本包括所有的采购成本、加工成本以及使存货达到目前场所和状态而发生的其他成本;可变现净值则是指主体在正常经营过程中预计从存货的销售中实现的净额。同时主体应披露以公允价值减去出售费用后的余额反映的存货的账面金额。

《CAS1——存货》要求存货初始计量应当以其成本入账的原则性规定。在资产负债表日,应当按照成本与可变现净值孰低计量,并在附注中披露存货可变现净值的确定依据、存货跌价准备的计提方法等信息。其中存货成本包括采购成本、加工成本和其他成本。

异同分析:CAS1 与 IAS2 对存货的计量模式基本一致。虽然我国准则中分别对存货按其不同取得方式进行了具体规定,比如通过非货币性交易、债务重组等取得的存货的成本,应分别按相关准则规定处理。但按照国际会计准则的理念,其存货计量也是按不同取得方式分别计量的。

(6) 不动产、厂场和设备

《IAS16——不动产、厂场和设备》规定:具备资产确认条件的不动产、厂场和设备项目,应按其成本计量;而一项通过交换获得的不动产、厂场和设备项目应以公允价值计量；对于所有者作为投资投入的不动产、厂场和设备也是以公允价值计量。在确认为资产后，如果不动产、厂场和设备项目的公允价值能够可靠地计量，则其账面金额应为重估金额，即该资产在重估日的公允价值减去随后发生的累计折旧和累计减值损失后的余额。且重估应当经常进行。如果对某项不动产、厂场和设备项目进行重估，则属于该类别的全部不动产、厂场和设备项目都应进行重估。如果按重估金额列示某项不动产、厂场和设备项目，则还应披露估计该项目公允价值时所运用的方法和重要假设以及该项目公允价值直接参照活跃市场或最近市场公平交易中可观察的价格而确定的程度，或采用其他估价技术进行估计的程度。

我国并无专门的《不动产、厂场和设备》准则，但在相关准则中（如固定资产）也有具体规定，比如一项通过非货币性交换获得的不动产、厂场和设备项目应以公允价值和应支付的相关税费作为换入资产的成本（CAS 7）；对于所有者作为投资投入的不动产、厂场和设备等固定资产，则按投资合同或协议约定的价值确定（CAS 4）。当然，如果会计期末有迹象或证据表明这些资产发生减值，则可以按照相关准则的规定，计提减值准备。

异同分析：IAS16 对不动产、厂场和设备的计量基础是公允价值，虽然没有否定历史成本计量，但准则中所指的成本是指初始确认时的成本，实际上也就是当时的公允价值或市价。对于不动产、厂场和设备的计量，除发生减值迹象的情况外，我国会计准则与 IAS16 的计量要求基本一致。

(7) 租赁

《IAS17——租赁》要求在租赁开始日，承租人应按等于租赁开始日确定的租赁资产公允价值与最低租赁付款额的现值两者孰低的金额，在资产负债表内将融资租赁确认为资产和负债。在租赁开始日，出租人应在其资产负债表内确认已用于融资租赁的资产，并以等于该租赁项目投资净额的金额将其列作应收款，而租赁投资净额是指租赁投资总额以租赁中的内含利率折现的现值。

《CAS21——租赁》则规定在租赁期开始日，承租人应当将租赁开始日租赁资产公允价值与最低租赁付款额现值两者中较低者作为租入资产的入账价值，将最低租赁付款额作为长期应付款的入账价值，并将两者的差额记录为未确认融资费用。出租人应当将租赁开始日最低租赁收款额与初始直接费用之和作为应收融资租赁款的入账价值，同时记录未担保余值；将最低租赁收款额、初始直接费用及未担保余值之和与其现值之和的差额确认为未实现融资收益。

异同分析：在租赁开始日，CAS21 关于承租人的会计处理与 IAS17 基本一致。对于出租人而言，CAS21 将最低租赁收款额与初始直接费用之和作为应收融资租赁款的入账价值，而 IAS17 是以等于该租赁项目投资净额的金额列作应收款，这一点 CAS21 与 IAS17 稍有不同。

(8) 收入

《IAS18——收入》规定：收入应按其已收或应收对价的公允价值计量(但应考虑主体认可的商业折扣和数量折扣金额)；收入的现金流入发生递延时则应以将对价的公允价值通过利用估算利率将所有未来收入进行折现确定，即未来应收金额的现值。当销售商品或提供劳务用于交换不相同的商品或劳务时，应按照收到的商品或劳务的公允价值来计量；如果收到的商品或劳务的公允价值不能可靠地计量，收入则以放弃的商品或劳务的公允价值计量，并按转让的现金或现金等价物金额来调整。

《CAS14——收入》则要求企业应按从购货方或接受劳务方已收或应收的合同或协议价款确定销售商品收入或劳务收入的金额，但已收或应收的合同或协议价款不公允的除外。合同或协议价款的收取采用递延方式，则应按应收的合同或协议价款的公允价值确定销售商品收入金额。涉及商业折扣或销售折让的，应按扣除商业折扣或折让后的金额入账。

异同分析：IAS18 对收入的计量是基于公允价值为基础的。CAS14 则是除采用递延方式按应收的合同或协议价款的公允价值确定销售商品收入金额外，一般均按合同规定的金额或购销双方议定的金额计量收入。准则中虽没有规定在销售商品或提供劳务用于交换不相同的商品或劳务情况应如何计量，但按照推定：此时应按商品或劳务的购进进行会计处理。这与国际准则的理念基本一致。

(9) 雇员福利

《IAS19——雇员福利》对于各种短期雇员，主体应对为获得该服务预期支付的短期雇员福利的非折现金额加以确认。对于离职后的福利，如果属于设定提存计划的，则计量该义务时一般采用非折现基础；若属于设定收益计划的，应运用精算假设在折现的基础上计量该义务，确认为设定收益负债的金额应以资产负债表日设定收益义务的现值，加上根据规定计算的任何精算利得(减利得损失)，减去尚未确认的任何过去服务成本与用于直接履行义务的计划资产的公允价值(若有的话)在资产负债表日的净额计量。对于其他长期雇员福利，则应以资产负债表日设定收益义务的现值减去资产负债表日直接用以履行义务的计划资产的公允价值(若有的话)的净额的总计确认为负债的金额。当辞退福利在资产负债表日后超过 12 个月到期支付时，应按规定的折现率进行折现。

我国与 IAS19 相对应的准则是《CAS9——职工薪酬》，但 CAS9 基本没有涉及公允价值的应用问题。

异同分析：IAS19 规范了除以股份为基础的支付以外的雇主对所有雇员福利的会计核算，所以涵盖内容范围广，对于各种情况的雇员福利采用了不同的计量模式。CAS9 主要是规范企业职工薪酬的会计处理和相关信息的披露，不包括以股份为基础的支付和企业年金等核算，因此该准则中基本没有涉及公允价值的应用问题。即可以认为是以非折现金额确认和计量职工薪酬的。

(10) 政府补助的会计和政府援助的披露

《IAS20——政府补助的会计和政府援助的披露》规定：如果政府补助采取向主体转移非货币性资产的形式，如提供土地或其他资源，则通常需要对非货币性资产的公允价值进行估计，并且对补助和资产都以该公允价值入账；其中与资产相关的，应在资产负债表内列报，与收益相关的政府补助在收益表内有时作为贷项列示，有时则在有关费用项目时将其扣除。

我国与 IAS20 相对应的准则是《CAS16——政府补助》。CAS16 规定：政府补助为货币性资产的，应按收到或应收的金额计量；政府补助为非货币性资产的，应按公允价值计量；公允价值不能可靠取得的，按照名义金额计量。

异同分析：CAS16 与 IAS20 对政府以非货币性资产的形式进行的补助，均是以公允价值进行计量的。但 CAS 进一步规定：公允价值不能可靠取得的，按名义金额计量，且应直接计入当期损益。IAS20 只是指出，采取有时也可采用另外的方式，即对补助和资产都以名义金额入账。

(11) 退休福利计划的会计和报告

《IAS26——退休福利计划的会计和报告》主要规范退休后福

利计划的投资计价和财务报表列报，其中尤其侧重于对财务报表列报的规范，很少规定设定提存计划的会计处理，只规定退休后福利计划所持投资应以公允价值计价。

我国与 IAS26 相类似的准则项目是《CAS10——企业年金基金》。CAS10 规定：企业年金基金在运营中根据国家规定的投资范围取得的国债、信用等级在投资级以上的金融债和企业债、可转换债、投资性保险产品、证券投资基金、股票等具有良好流动性的金融产品，其初始取得和后续估值应以公允价值计量。同时在附注中披露投资种类、金额及各类投资公允价值的确定方法。

异同分析：CAS10 是借鉴 IAS26 制定的，但 CAS 明确规定了运营中取得的金融产品应以公允价值计量。这与 IAS26 在理念上是一致的，也符合我国相关法律法规中要求以市价（或公允价值）计算各项投资的规定。

（12）长期股权投资

IAS 中关于投资会计处理的相关内容主要体现在《IAS28——联营中投资》《IAS39——金融工具：确认和计量》《IAS40——投资性房地产》《IAS31——合营中的权益》等准则中。比如，IAS39 规定：主体初始确认金融资产或金融负债时应以其公允价值进行初始计量，如果不是以公允价值计量且其变动计入损益的金融资产或金融负债，还应加上可直接归属该金融资产或金融负债的获得或发行的交易费用；初始确认后，主体一般应按公允价值计量金融资产，应使用实际利率法按摊余成本计量所有的金融负债。并在每个资产负债表日评估是否存在一项金融资产或一组金融资产发生了减值的客观证据，如果存在，则应按规定确定减值损失的金额。

《CAS2——长期股权投资》规定，除同一控制下的企业合并形成的投资，应当在合并日按照取得被合并方所有者权益账面价值的份额作为长期股权投资的初始投资成本外，其他方式形成的长期股权投资基本以公允价值为基础确定初始投资成本的。按成本法核算的、在活跃市场中没有报价、公允价值不能可靠计量的长期股权投资，其减值应当按照 CAS 22 处理；其他按照本准则核算的长期股权投资，其减值应当按照 CAS8 处理。

异同分析：CAS2 对投资的计量采用的是混合计量模式，即分别按其取得的不同方式而采用不同计量方法，其中除同一控制下的企业合并形成的投资外，其他方式下取得的投资一般均是以公允价值为基础计量的。IAS 相关准则中的基本理念就是：除非公允价值无法可靠计量，一般投资的计价基本上是以公允价值为基础进行计量的。

(13) 资产减值

《IAS36——资产减值》要求在每一个资产负债表日，主体应评估是否存在可能已经减值的迹象。若存在，就应估计资产的可收回金额，而可收回金额是指资产或现金产出单元的公允价值减出售费用与其使用价值（指预期从资产或现金产出单元中形成的未来现金流量的现值）两者之中的较高者。在难以确定资产的公允价值减出售费用的情况下，资产使用价值可视为其可收回金额。此外，对于没有确定使用寿命的无形资产（含商誉），需通过比较账面金额和可收回金额，每年进行减值测试。

《CAS8——资产减值》规定：会计期末，某项资产如存在减值迹象，企业应估计其可收回金额，以确定减值损失。可收回金额应根据资产的公允价值减去处置费用后的净额与资产预计未来现金流量的现值两者之间较高者确定。同时企业应对合并所形成的商誉，至少每年年度终了进行减值测试，并将商誉的账面价值按照合理的方法分摊至相关的资产组。在将商誉的账面价值分摊至相关资产组或资产组组合时,一般应以各资产组或者资产组组合的公允价值为基础;如公允价值难以可靠计量的,应以各资产组或资产组组合的账面价值为基础。

异同分析:CAS8 借鉴了 IAS36。但是 IAS 对于公允价值的确定提供了一个详细的指南,尤其是指出了确定时应予以考虑的因素;CAS 对于公允价值确定时应考虑哪些因素则没有提及,且对于资产组公允价值应如何确定也无具体规定,而会计人员对资产组的公允价值很难作出一个公允的判断,即使能够作出判断,也难保其不会出于某种特定目的而对公允价值滥用。

(14) 准备、或有负债和或有资产

《IAS37——准备、或有负债和或有资产》规定:符合确认条件的准备应按照资产负债表日履行现时义务所要求支出的最佳估计数进行计量;在确定准备最佳的估计时,对不可避免地围绕很多事项和情况的风险和不确定性予以考虑;如果货币时间价值的影响重大,准备的金额应是履行义务预期所需支出的现值。而对于或有负债和或有资产,IAS37 规定:主体不应确认。

《CAS13——或有事项》规定:对于符合确认条件的或有事项在确认为预计负债时应按履行相关现时义务所需支出的最佳估计数进行初始计量。在确定最佳估计数时,应综合考虑与或有事项有关的风险、不确定性和货币时间价值等因素。货币时间价值影响重大的,应通过对相关未来现金流出进行折现后确定最佳估计数。对于或有资产,企业不能确认。

异同分析:CAS13 对符合确认条件的、与或有事项相关的预计负债的计量以及对于或有资产的规定,与 IAS37 基本一致。

(15) 无形资产

《IAS38——无形资产》规定,以支付现金或其他货币性资产形式单独取得的，以购买对价计量；作为企业合并的一部分取得的，应按其在购买日的公允价值计量；以政府补助形式取得的，主体可以选择以公允价值对其进行初始确认；通过资产交换取得的，应以公允价值计量。如果换入的无形资产不以公允价值计量，则应以换出资产的账面金额计量(公允价值无法可靠计量时)。初始确认后，无形资产应以重估价入账，即其重估日公允价值减去随后发生的累计摊销额和累计减值损失后的余额。

《CAS6——无形资产》规定：无形资产应按成本进行初始计量。投资者投入无形资产的成本，应按照投资合同或协议约定的价值确定，但合同或协议约定价值不公允的除外。非货币性资产交换、债务重组、政府补助和企业合并取得的无形资产的成本，应分别按相关准则确定。之后，企业应定期对无形资产的账面价值进行检查，并应按CAS8进行相关处理。

异同分析：IAS38基本是以公允价值(或其替代)进行计量的；而我国除同一控制下的企业合并取得的无形资产及无形资产的减值外，基本上也是基于公允价值为基础对无形资产进行计量的。

(16) 投资性房地产

《IAS40——投资性房地产》要求投资性房地产应按其成本进行初始计量。初始确认后，选择公允价值模式的主体应按照公允价值计量其全部投资性房地产(但不包括第53段所描述的情形)。但在例外的情况下，若有证据清楚地表明，当主体首次取得投资性房地产时(或某项现有房地产在完成建造或开发活动后，或改变用途后首次成为投资性房地产时)，主体将无法在持续的基础上对投资性房地产的公允价值进行可靠确定，即可比的市场交易不经常发生，且公允价值的其他可靠估价无法取得时，主体应采用IAS16中的成本模式计量投资性房地产。如采用成本法进行投资性房地产的计价,则应披露公允价值的信息。以公允价值计价的投资性房地产转换为自用房地产或存货时,应当以其转换当日的公允价值作为自用房地产或存货的账面价值。

《CAS3——投资性房地产》规定:投资性房地产应按照成本进行初始计量。有确凿证据表明投资性房地产的公允价值能够持续可靠取得的,可以对投资性房地产采用公允价值模式进行后续计量。已采用公允价值模式计量的投资性房地产,不得从公允价值模式转为成本模式。采用公允价值模式计量的,不对投资性房地产计提折旧或进行摊销。期末应将投资性房地产按公允价值进行估值,即应以资产负债表日投资性房地产的公允价值为基础调整其账面价值,公允价值与原账面价值之间的差额计入当期损益,并披露公允价值的确定依据和方法,以及公允价值变动对损益的影响。采用公允价值模式计量的投资性房地产转换为自用房地产时,应以其转换当日的公允价值作为自用房地产的账面价值。在成本模式下,应将转换前的账面价值作为转换后的入账价值。自用房地产或存货转换为采用公允价值模式计量的投资性房地产时,投资性房地产按照转换当日的公允价值计价。

异同分析:IAS40 主要是公允价值模式,IAS16 第 32 条还详细指出了公允价值估价方法及其披露要求。CAS3 规定的基准处理方法则是成本法,采用公允价值模式计量的,则应当同时满足下列条件:①投资性房地产所在地有活跃的房地产交易市场;②企业能够从房地产交易市场上取得同类或类似房地产的市场价格及其他相关信息,从而对投资性房地产的公允价值作出合理的估计。而且 CAS3 并没有提供确定投资性房地产公允价值的途径,也未对各种方式下取得的公允价值的公允性与可靠性作进一步要求。

(17) 农业

《IAS41——农业》规定:除公允价值确实无法可靠计量外,在初始确认和各个资产负债表日,生物资产均应按其公允价值减去估计销售时的费用计量;从主体生物资产上收获的农产品应按其收获时的公允价值减去估计销售时的费用计量。同时主体应披露确定各类农产品收获时公允价值和各组生物资产的公允价值所运用的方法和重要假设以及当期内收获的农产品在收获时确定的公允价值减估计销售时的费用。该准则还对公允价值的具体确定提供了操作指南。在公允价值无法可靠计量的情况下,生物资产应按其成本减去累计折旧和累计减值损失后的余额计量,此时应对公允价值不能够可靠计量的原因解释进行披露;如果可能,还应披露公允价值极可能处于的估计范围。

我国与IAS41相对应的准则项目是《CAS5——生物资产》。CAS5规定:企业应以历史成本(除外购时以实际支付价款为基础计量除外)为基础对各类生物资产进行计量,并应在资产负债表长期资产类中单独列示生物资产的账面价值总额和各类生物资产的账面价值。但是在有确凿证据表明生物资产的公允价值能够持续可靠取得的,应当对生物资产采用公允价值计量。

异同分析:IAS41采用了公允价值模式,并将每期公允价值变动的差额计入当期损益。CAS5要求企业以历史成本为基础,这主要是由于我国处于不同生长阶段的各类生物资产尚缺乏成熟的市场,公允价值很难取得。基于可靠性的考虑,所以准则采用了以历史成本为主的模式。

(18) 石油天然气开采

IAS尚无专门的石油天然气开采准则。《CAS27——石油天然气开采》要求企业取得的矿区权益,应按取得时的成本进行初始计量。会计期末,对于探明矿区权益的减值,按CAS8处理;对于未探明矿区权益，应至少每年进行一次减值测试；井及相关设施、辅助设备及设施的减值，也应按 CAS8 处理。

异同分析：CAS27 采用了以历史成本为主的模式，只是矿区权益、井及相关设施、辅助设备及设施需按 CAS8 规定计提减值准备或进行减值测试。而 IAS 目前尚无专门的该项准则。

(19) 非货币性资产交换

IAS 尚无专门的非货币性资产交换准则，但相关规定体现在有关准则中，比如《IAS38—无形资产》规定，通过资产交换取得的无形资产，应以公允价值计量，除非：①交换交易缺乏商业实质，或者②换入和换出资产的公允价值都不能可靠计量(此时应以换出资产的账面价值计量)。

《CAS7——非货币性资产交换》规定：对非货币性资产交换再次运用了公允价值来计量。CAS7 规定，非货币性资产交换具有商业实质，且换入资产或换出资产的公允价值能够可靠计量时应以公允价值和应支付的相关税费作为换入资产的成本。公允价值与换出资产账面价值的差额计入当期损益；如果非货币性资产交换不具有商业实质，且公允价值无法计量时，换入资产以换出资产的账面价值作为入账价值，不确定损益。

异同分析：CAS7 基本借鉴了 IAS 的经验规定，即以公允价值作为计量基础，但运用时必须具备以下两个前提条件：①非货币性交换必须具有商业实质；②换入资产或换出资产的公允价值能够可靠计量。

(20) 债务重组

IAS 没有单独的债务重组准则，但在《IAS39——金融工具：确认和计量》中对于金融资产和金融负债的终止确认有类似债务重组的规定。IAS39 第 40 段指出：现有借款人和出借人之间交换条款存在显著差异的债务工具，应作为原金融负债的消除和一项新金融负债的确认进行核算。类似地，对现有金融负债或部分金融负债的条款的重大修改（无论是否归属于债务人的财务困难）应作为原金融负债的消除和一项新金融负债的确认进行核算。第41—42段则指出：消除的或转让给另一方的金融负债（或金融负债的一部分）的账面金额和所支付比价之间的差额，包括转让的所有非现金资产或承担的所有负债，应当计入损益；如果主体回购了金融负债的一部分，主体应基于回购日继续确认部分和终止确认部分之间的相对公允价值，在二者之间分配该金融负债之前的账面金额；分配给终止确认部分的账面金额与为终止确认部分支付的对价（包括转让的所有非现金资产或承担的所有负债）之间的差额，应计入损益。而在IAS39中，金融资产和金融负债原则上均是以公允价值计量的。

《CAS12——债务重组准则》重新引入公允价值。CAS12规定，在不考虑相关税费的情况下，以非现金资产清偿债务的，债务人应将重组债务的账面价值与转让的非现金资产公允价值之间的差额，确认为债务重组利得，计入当期损益；转让的非现金资产公允价值与其账面价值之间的差额，计入当期损益。将债务转为资本的，债务人应当将债权人放弃债权而享有股份的面值总额确认为股本，股份的公允价值总额与股本之间的差额确认为资本公积。重组债务的账面价值与股份的公允价值总额之间的差额，计入当期损益。修改其他债务条件的，债务应将修改其他债务条件后债务的公允价值作为重组后债务的入账价值，重组债务的账面价值与重组后债务的入账价值之间的差额，计入当期损益。对于债权人的会计处理，新准则规定债权人重组债权的账面余额与收到现金、受让非现金资产公允价值、享有股权公允价值、将来应收金额现值的差额（已计提减值准备的，应先冲减减值准备），作为债务重组损失计入当期损益。

异同分析：IAS 虽无专门准则，但其基本理念仍是基于公允价值计量基础。对此 CAS12 与 IAS 并无实质性差异。

4.4　本章小结

公允价值计量模式下所提供的财务信息具有高度的相关性，有利于信息使用者做出现实的选择和正确的决策，因而越来越受到各国会计界的重视和认可，现已为经济发达国家的一种重要计量模式。公允价值计量属性对于我们来说已经不是一种选择，而是一种现实。只有这样，才能使企业提供的会计信息更真实地反映企业的经济实质，对信息使用者的决策更具有用性、相关性。而且，伴随资本市场的活跃和科学技术的迅猛发展，伴随公允价值在我国运行环境的进一步改善，公允价值计量将日益显示出其合理性和必然性，也必定会进一步提高和改善我国财务会计信息系统的质量；进一步维护投资者和社会公众的利益，促进资本市场的健康、稳定发展；促进企业增强自身的竞争能力，更加有效地利用经济全球化带来潜在经济机会，融入全球化的世界经济体系。

由前面的分析可见，我国新会计准则中无论从公允价值的内涵，还是具体运用的范围都充分借鉴了国际会计准则，打破了我国会计国际趋同的瓶颈，实现了会计准则与国际会计准则趋同的实质性突破。其中除 IAS 或 CAS 没有的准则项目外，在公允价值应用方面基本一致或无实质性差异的项目主要包括金融工具准则（4 项）、股份支付、存货、政府补助、退休福利、或有事项，但在长期股权投资、企业合并、非货币性交易、投资性房地产、资产减值、农业等项目方面，CAS 并没有照搬照抄 IAS/IFRS，而是适当保留了自己的特色。但在具体应用时又是有条件地、谨慎地引入。具体表现在：(1)公允价值的非主导性。从已颁布的准则来看，IAS/IFRS 坚持公允价值为主、历史成本为辅的会计计量属性。CAS 则明确规定：企业在对会计要素进行计量时，一般应采用历史成本；在满足一定的条件时才可以公允价值进行计量，例如投资性房地产、企业合并等(图 4—1)。(2)条件要求较为苛刻。CAS 对公允价值在什么情况下可以用，设定了较为苛刻的限制条件。例如，CAS3 明确规定：企业应在资产负债表日运用成本模式对投资性房地产进行后续计量，但如果有确凿证据表明其公允价值能够持续可靠地取得，应运用公允价值计量属性；并且规定运用公允价值计量的应同时满足两个条件：一是必须有活跃的房地产交易市场；二是企业能够从房地产交易市场上取得同类或类似房地产的市场价格及其他相关信息。CAS7 更是明确指出：可以运用公允价值的非货币性交换必须具有商业实质并且换入资产或换出资产的公允价值能够可靠计量。

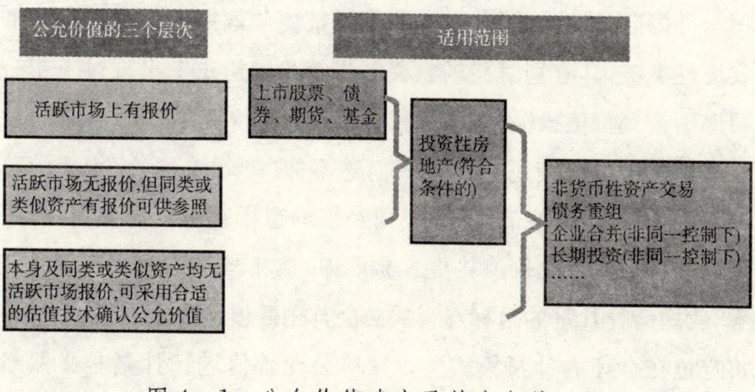

图 4—1　公允价值确定及其有条件运用

考虑到我国目前的经济发展、企业体制和公司治理，以及法律、文化等会计环境，我国新准则在运用公允价值时除了程度上保持了应有的谨慎之外，在操作层面的具体操作方法上也保持了自己的特色。例如，为消除拥有巨额物业的房地产上市公司因确认投资性房地产而产生巨额账面利润的可能性，CAS3 第 16 条规定："自用房地产或存货转换为采用公允价值模式计量的投资性房地产时，投资性房地产按照转换当日的公允价值计价，转换当日的公允价值小于原账面价值的，其差额计入当期损益；转换当日的公允价值大于原账面价值的，其差额计入所有者权益。"这与 IAS40 号第 57 段规定的"对于将存货转化成按公允价值计量的投资性房地产，转换之日房地产的公允价值与其原先账面金额之间的任何差额均应在当期净损益中确认"具有明显的不同。

总体而言，我国新准则体系无论从公允价值的定义，还是公允价值涉及的会计准则项目，都充分体现了我国新会计准则与国际会计准则方向上的一致性。正是公允价值应用方向的一致性，才保证了会计计量属性的相似性，进而实现了我国会计准则与国际会计准则的基本趋同。新会计准则中公允价值的运用，打破了我国会计国际趋同的瓶颈，实现了会计准则与国际会计准则趋同的实质性突破，具有划时代的意义。尽管我国历史上出现过上市公司滥用公允价值操纵利润的情况，导致公允价值在 2001 年修订后的准则中被限制使用，但是，我们绝不能"一朝被蛇咬，十年怕草绳"。从发展的眼光看，随着我国经济的市场化程度的提高，有关资产和负债的公允价值将更容易取得，从相当长的一个历史时期看，我国会计计量的目标与模式必会与国际惯例完全取得一致，并将定位在合理的计量模式上。按照公允价值进行计量是必然趋势。近年来国际会计准则有关公允价值理论研究与实践发展也日渐成熟，一套较为严密、可行的公允价值计量体系已初步形成，这些经验和做法可为我所用，从而大大降低我国运用公允价值的风险。

第5章 公允价值计量与专业评估的融合与衔接互动

5.1 资产评估是对评估对象价值估算的活动过程

5.1.1 资产评估既依赖于会计又能为会计提供技术支持

1. 资产评估是一种价值估计和判断的活动过程

资产评估则是由专门的评估机构和专门的评估人员，依据国家规定的有关法律、法规和有关政策以及有关的资料数据，根据特定的评估目的，遵循适用的评估原则、评估范围、评估程序和评估标准，运用科学的评估方法和统一的货币单位，对被评估资产的市场价值进行评定估算的过程。通常而言，资产评估包含有以下八个基本要素，即：

(1)资产评估的目的——指针对各种不同的经济行为的特定目的；

(2)资产评估的主体——由谁来进行资产评估；

(3)资产评估的客体——资产评估的对象；

(4)资产评估的依据——包括法律依据和数据资料依据；

(5)资产评估的原则——包括真实性原则、公平性原则、科学性原则、独立性原则、替代性原则和可行性原则；

(6)资产评估的范围——对哪些资产进行评估；

(7)资产评估的标准——对被评估资产进行价值估算时所采用的标准，包括收益现值标准、重置成本标准、现行市价标准、清算价格标准和国家规定的其他标准；

(8)资产评估的方法——对被评估资产进行价值估算时所具体运用的方法，主要包括市场法、成本法和收益法。

资产评估的一项主要作用就是为产权交易服务，而交易就是要遵从市价的要求，即以市价为“天平”，使交易具有公平性、公开性、公正性。它强调的是资产的评估时点的市场价值。评估师在评估资产之前，需要收集各方信息，在详尽地占有资料的前提下，对评估标的价值作出公允的判断，而这个判断往往是在遵循客观性、可比性等原则基础上，通过对会计原始价值进行相关调整后得出的。因此，一般来说，评估结论只是对评估对象的价值或所处状态的一种意见和判断。尽管这种意见和判断是在技术可能性、经济合理性基础上对评估对象所作的充分、客观和科学的定性定量的分析评价，但是由于评估目的不同，决定了对被评估资产进行价值估算时所采用的评估标准和评估方法也就不同，产生不同的评估结果也就在所难免。所以，评估结果通常只是作为资产评估业务提供的专业化估价意见，这个意见本身并无强制执行的效力，评估者只对结论本身是否合乎职业规范要求负责。

2. 资产评估的数据来源于会计系统

资产评估是对某一资产在某一时点(评估基准日)的现实价值进行合理评估，评估时主要考虑资产的取得时间、功能及成本等因素。评估实务中，这些信息须依赖企业的财务报表作为一种主要分析资料，然后以此为基础再对公司的财务报表做出适当的调整，过滤掉因会计职业判断及虚假会计信息等所引起的财务方面的曲解。特别是在持续经营假设前提下的企业价值评估中，对资产的重置成本、资产的预期收益以及预期风险的测算更离不开企业当前财务会计数据的支持。

在企业整体价值的评估上，评估工作都是从阅读企业的财务会计报告开始的。通过阅读财务会计报告，资产评估人员可了解许多有关企业资产的信息，尤其是价值信息，并进而将其作为资产评估的重要基础资料。在采用收益现值法对企业整体价值进行评估时，更是应在复核企业历史数据的基础上，对企业的未来趋势进行分析性复核，确定企业的未来收益，并进行折现，确定企业的整体价值。财务会计信息的准确性，直接关系到资产评估所依据的基础资料的准确性，进而影响到资产评估结果的准确性。在企业进行股份制改造的评估过程中，一般由注册会计师对企业的历史会计报表进行审计，由注册资产评估师对评估基准日的资产现实价值进行评估，资产评估所涉及的资产账面价值一般也是经注册会计师审计的资产账面价值。

因此，评估人员必须充分重视对企业情况的了解，扩展评估证据范围，在此基础上，有效利用内控评价结果，合理选择评估方法、时间与范围，充分利用各种会计信息作为分析、判断的重要依据，而且还应根据评估管理理论的发展及企业的具体情况，科学地把握评估质量并积极参与并购企业的并购过程，进行信息及技术方法的不断调整和完善，运用信息网络及工程技术等使评估工作程序化、科学化，以保证资产评估的质量和效率。当对企业所提供的财务报表的重新编制没有把握时，评估人员应考虑适用基于现金流量或已调整利润的资产评估模式。当然由于这些评估模式在某种程度上仍然是以记账为基础的，适用它们也并不能消除所有的顾虑，此时评估人员仍然需要进行与基于现金流量或已调整利润的资产评估模式有关的所有可能的数据换算与调整。

3. 非历史成本计量属性下会计与资产评估具有相关性

传统会计计量模式下，财务会计的计量基础主要考虑资产的历史状况。随着社会经济环境的变化和会计计量理论的发展，重置成本、可变现净值、现值、公允价值等逐渐走向历史舞台。当企业选用重置成本、可变现净值、现值或公允价值作为会计计价的基础时，资产评估的结论就可能与会计计价相一致。而且当企业选用可变现净值、公允价值等标准作为会计计价基础的情况下，专业评估的专业属性则能为会计计量的客观真实提供专业服务和技术支持。比如在重置成本法下资产评估是以会计核算的成本，即以评估基准日的现行平均的物料、人工等消耗价值归集出评估资产的重置成本。在这种情况下，会计提供资产的价值与评估的资产价值会一致或比较接近。在公允价值计量模式下，诸如房地产、企业合并等诸多情形下，更是需要专业的独立评估师评估确定某些资产的公允价值。因此，会计提供的资产价值与资产评估提供的资产价值仍存在一定的相关性。在不考虑主客观因素影响的情况下，资产评估结果与会计计量的结果应是基本一致的。

4. 资产评估结果可作为财务会计核算的重要参考

在资产评估所对应的经济行为实现时，企业是否需要根据资产评估结果进行会计核算，主要由国家有关法规制度予以规范。如果企业的资产评估结果与其账面价值不一致，而根据国家有关法规制度又需要进行会计核算时，即使不以资产评估结果作为会计核算的依据，一般也会以资产评估结果作为会计核算的重要参考。此时，资产评估所采用的非历史成本计量基础则成为新的产权利益主体取得资产时的历史成本。

5.1.2 资产评估的“价值”并非会计计量中的“公允价值”

目前比较常见的会计计量属性有历史成本、现行成本、现行市价、可变现净值、未来现金流量的现值以及公允价值。尽管资产评估可以为公允价值的确定提供专业技术支持，但是评估所谓的公允价值并非作为会计计量基础的“公允价值”，即评估中的公允价值不完全等同于作为会计计量属性的公允价值。对此，刘炳南、刘永清曾作过深刻的论述。刘炳南、刘永清(2000)分析指出[29]：①重置成本仅从生产者角度考虑资产价值的构成，未考虑购买者对资产未来使用价值的要求，忽视了市场的接受能力；同时没有包括公允价值中应包括的生产者的正常利润，因此重置成本不是公允价值。②收益现值由未来使用价值决定，但究竟是价值还是价格，与所涉及的收益的具体种类有关。折现率的选择由于交易双方考虑问题角度问题的不同而有所差异，并因此影响评估结果的性质。由资产评估者选择的折现率并非公认的含风险的投资报酬率，而是反映其消费偏好的等值折现率，他们愿意以此为等价原则折算其未来收益；资产购买者心目中的折现率为含风险的投资报酬率，反映出他们对未来收益的风险度量，他们须以此计量将要获得的资产的价值。只有双方意愿一致且评估所选折现率可以反映此意愿的情况下，评估结果为公允价值；否则评估结果不是公允价值。③现行市价法的评估结果应是价格，它是由市场提供的交易信息决定的。但是否可成为，则需考察市场本身。如果市场活跃，评估结果可为公允价值；反之，不一定是公允价值。

---

[29] 刘炳南、刘永清：《论资产评估结果——关于公允市价、价值、价格的思考》，《财务与会计》2000 年第 12 期。

我们认为，作为资产评估最重要的价值基础的价值类型，事实上代表了一种"价值估计或认识"。资产评估作为一种价值（或者价格）发现的技术手段，其所评价出的物的价值（或者价格）总体可以被称为"公允"的价值。换而言之，作为资产评估目标以及结论的公允价值实际上就是公允价格的代称。作为资产评估目标和结论的公允价值是相对的、受限制的、局限于一定范围之内的公允价值，超出了限制就会失之不公了，比如，针对现行成本而言的公允价值和作为交易基础而言的公允价值。所以，基于不同价值类型所评估出来的公允价值其实是针对特定价值基础而言的公允价格。

按照资产评估理论，实际上凡是资产评估的结论均可称之为"公允的价值"，资产评估而言的"公允价值"，是对资产评估基于诸多价值类型中所得出的评估结论的一种总体称谓，换句话说，无论针对特定资产项目的评估结论是基于何种价值类型而作出的，其价值意见都可以称之为"公允价值"，其实质含义是"公允的价值意见"。但针对特定的资产所进行不同目的的评估所提出的公允价值结论却极有可能是不同的，因为评估涉及价值类型，也即特定资产评估价值意见所能成立的价值基础。正如会计计量属性是一个抽象的概念，评估的价值类型也是一个抽象的概念，而且因为种种原因，评估的"价值类型"似乎更加抽象。在资产评估界所给出的价值类型中，没有"公允价值"这一类型；反之，评估界将所有的评估价值结论皆称之为"公允价值"，其本意即"公允的资产评估价值结论"，而所有这些价值结论应该是以市场价值为基准并按具体价值类型进行修正之后的公允价值。但是对于同一资产来说，基于各种不同价值类型所得出的公允评估价值结论可能并不相同。

因此，无论基于何种价值类型，评估师提出的价值意见都应该是针对特定评估目的而提出的公允的价值意见，而会计计量属性中的公允价值只是其中的一种价值类型。从理论上看，就公允价值而言，资产评估的方法和会计计量的思路近乎一致。FASB 对公允价值定义进行修正和完善的思路即印证了这一点。SFAS157 对公允价值计量提出的估值技术包括三种常用方法：成本法（cost approach）、收益法（income approach）、市场法（market approach）。在实务中，需要运用估价技术的情况无非有两种，一种是拟进行交换的估价，另一种是不拟进行交换的估价。但是否所有类型的资产都一定存在活跃市场，则是值得怀疑的，而针对特定资产而言，是否如此就更无法断言了！如果存在活跃市场，且基于交换目的，则对其采用公允价值模型估价是可行而有效的，但现实中通常是不能尽如人愿的，也有诸多虽然需要进行交换，但不存在活跃市场的情况——资产特殊性、市场限定性、变现因素制约等等，都可能导致现实中并不存在符合条件的“活跃市场”。所以 FASB 也不得不一再退而求其次，在给出公允价值的 1 级估计后，其次给出 2 级估计，再次更是给出 3 级估计，而仔细考究 3 级估计的内涵，其实已经距其所给出的“公允价值”定义（即在公平交易中，熟悉情况的当事人自愿据以进行资产交换或者负债清偿的金额）有了一定距离。所以 FASB 强调公允价值的“估计”特性，并指出在运用估值技术时要注意：①所采用的估价技术应该保持一贯性；②估价是为了寻求可靠的公允价值。因此，只有产生更可靠的公允价值估计时，才应变更估价技术，即进行评估技术的更新；③估计公允价值都必须以市场信息为假定和数据。对于资产评估业界人士而言，这几种估值技术即是评估中的专用和常用技术方法而异。

公允价值作为一种特殊的会计计量属性，是具有一定的使用范围的，而且作为会计计量属性的公允价值是以整个市场为基础计量的，而不是基于个别的会计主体，即市场参与者假设。市场参与者假设包含风险因素，也包括因资产销售(或使用)限制的影响。而在评估中则代表着“公允的价值评估结论”或者“公允的评估价值结论”。虽则它本身不是一种评估价值类型，但却代表了几乎所有的评估价值类型以及基于此而得出的评估结论及其特性。而看起来似乎没有多大关系的评估价值类型与会计计量属性之间，其实有着无法割裂的牵涉，评估作为一种价值发现的技术手段，在与会计计量技术更新发展的同时，为会计计量提供了技术、市场和现实服务方面的帮助。可以说，价值评估无论是作为在理论认识上还是技术手段上，都无法与会计截断分开，或者说价值评估无论是技术手段还是认识水平的发展都会受到会计计量理论和实践发展的影响。值得注意的是，无论是作为资产评估的价值类型，还是作为会计计量的计量属性，都会遇到诸多的非交易经济行为，比用于抵押目的和咨询目的的价值评估，以及作为期末计价目的的会计计量，都无需真实交易，但因需要重新核实验证或予以计量(后续计量)而有必要评估。

5.2　公允价值计量模式下专业评估作用凸显

5.2.1　公允价值的引入为评估业带来机遇和挑战

从目前世界各国惯例来看，确定公允价值的方式主要有三种：存在市场交易的情况下，若没有相反证据表明所进行的交易是不公正或非出于自愿，市场交易价格即为资产或负债的公允价值；在不存在活跃市场交易的情况下，应寻找市场上相类似的交易，以类似交易的价格作为公允价值的计量基础；如果资产或负债（包括类似项目）没有交易价格可供参考，此时确定公允价值的最好方式就是采用定价模型或未来现金流量折现等估值技术估计公允价值。例如，按照FASB对公允价值的分类划分为三个层次：1级估计是相同的资产或负债存在着活跃市场的报价信息，使用该信息估计公允价值属于最优的估计级1级估计；2级估计是如果缺乏活跃市场上相同资产或负债的报价，公允价值应使用活跃市场上相似资产或负债的报价进行估计；3级估计是如果既不可能进行公允价值的1级估计，2级估计的差异（相同资产与负债的价格和相似资产与负债的价格差异）又不能客观确定，那么就使用3级估计，即采用市场法、收益法和成本法要求相符的评估（公允价值）的技术。

我国新企业会计准则在坚持历史成本基础的前提下，在非同一控制下的企业合并、投资性房地产、生物资产、股份支付、金融工具确认和计量等准则都采用公允价值计量属性。准则同时指出，活跃的市场上形成的关于资产或负债的交易价格是公允价值的首选，其次便是以类似项目市场价格为计量基础并作适当调整后确定。如果同类项目或类似项目均不存在可观察的市价，或者可观察的价格不能代表可靠的市价，则需要考虑采用估价技术法对所计量项目的公允价值做出估计。显然如果企业采用公允价值模式，不可避免会涉及对资产的评估和重估。也就是说，在采用公允价值模式计价以后，将产生以财务报告为目的的评估业务，而在严格的历史成本模式下，没有必要进行以会计为目的的评估。资产评估由于其专业性和独立性，在公允价值的确定过程中发挥着越来越重要的作用。从供需两方面来分析，企业为合理确定公允价值和提高披露效果，有要求独立评估师进行评估的需求；审计师也有为回避审计风险，建议客户聘请专业评估师独立评估的需求。因此，公允价值的引入，将会给我国会计带来重大而深远的影响，同样也将对资产评估行业产生重大影响。

但是，公允价值的引入为我国评估业既带来了发展的机遇，同时也是一个挑战。因为评估使用的方法有重置成本法、收益现值法、现行市价法、清算价格法等，但我国资产评估最常用的是重置成本法。因此评估选用的方法有时不一定和会计准则的要求一致。比如《企业会计准则第 8 号——资产减值》规定，资产减值是指资产的可收回金额低于其账面价值，也就是说，如果可收回金额比账面价值低，那就要计提减值准备。资产的可回收金额为其公允价值减处置费用后的净额与资产预计未来现金流量的现值之间较高者，即在确定资产是否减值时，既要评估该资产的公允价值减处置费用后的净额，也要评估该资产预计未来现金流量的现值。资产的公允价值减处置费用后的净额按以下原则确定：①根据公平交易中销售协议价格减去可直接归属于该资产处置费用的金额确定；②不存在销售协议但存在资产活跃市场的，应当按照该资产的市场价格减去处置费用后的金额确定，资产的市场价格通常应当根据资产的买方出价确定；③在不存在销售协议和资产活跃市场的情况下，应当以可获取的最佳信息为基础，估计资产的公允价值减去处置费用后的净额，该净额可以参考同行业类似资产的最近交易价格或者结果进行估计；④企业按照上述规定仍然无法可靠估计资产的公允价值减去处置费用后的净额的，应当以该资产预计未来现金流量的现值作为其可收回金额。由此可见，从会计角度考虑资产是否存在减值，评估常用的重置成本不一定与会计所作的资产减值测试有关联。

此外，准则还使用“资产组”、“资产组组合”的概念，要求企业难以对单项资产的可收回金额进行估计的，应当以该资产所属的资产组或资产组合为基础确定资产组或资产组合的可收回金额，当资产组或资产组合的可收回金额低于其账面价值的，确认相应的资产减值损失。因此，评估选用的方法如果与会计准则不一致，那么评估出来的结果很可能无法应用，这就要求我们的评估师必须熟悉会计准则和企业的会计政策。可见，新会计准则的执行，必将给评估行业及评估实务带来广泛的影响。如何理解公允价值、资产评估如何服务于新会计准则、如何提供公允价值计量的评估服务等，是我国资产评估行业面临的重要课题。

5.2.2 专业评估能够为公允价值计量提供强力支持

公允价值计价的基础是市场机制以及完备的会计理论体系。如市场不活跃、不健全，缺乏公平价格的形成机制，对市场价值的判断就难以进行。在发达的市场经济条件下，公允价值比较容易确认，但是在市场不充分的情况下，如何确认公允价值则是一个难题。尤其是我国经济发展的市场化程度不高，很多资产还没有形成活跃的交易市场，对于会计人员而言，采用估值技术和未来现金流折现计算以及公允价值的后续计量难度较大，未来现金流量和折现系数的确定主要依赖于职业判断，且较多地受管理层和会计人员素质的影响。新会计准则体系引入公允价值计量以后，在很多情况下企业会计人员必须要在公允价值的确定方面有基本的定位，哪些公允价值的计量可以自己做，而哪些应由外部专业评估人员承担等。因为现实生活中，许多资产或负债并无活跃的市场，会计人员往往无法观察到这种由市场机制决定、双方均可接受的金额，从而不能直接用来计量。例如交易双方签订一项合同，一方有权收取金融资产，另一方有义务在未来支付金融负债，其偿付的金额、时间安排均不确定。而且受专业技术、独立性及时间等所限，会计人员又不可能自己承担直接确定诸如房地产、无形资产等项目公允价值的责任。因此，在公允价值的确定中，外部专业机构和评估师的介入以及介入的领域，是各种要素综合作用的结果，因而是一种客观的要求。

1. 专业评估的专业属性能够为会计计量的客观真实奠定基础

资产评估是一种专业人员的活动，评估机构及其评估人员对资产价值的估计判断都是建立在专业技术知识和经验的基础之上。因而这种估计是一种专业判断，它是按照一定准则和程序所揭示的现实价值最可能的值或值域区间。虽然市场上同一物品在同一时点、不同地点，对于不同的买者或卖者，其现实价值可能是不同的。只要在一定范围内，就属于正常的现象，这也是市场均衡的客观形式。而且这种差别一般并不影响到相关经济行为的当事人依据评估结果对经济行为作出取舍安排。如果因会计上反映过去事项的唯一性而否定评估现实价值的客观性，认为评估是主观随意，具有不可验证性，则是犯了方法论的错误。因为会计的“真实”并非“绝对真实”，而只能是相对真实，绝对真实只是一种理想状态。即使严格按准则行事，对相同的会计原始资料进行处理，不同的会计人员也会得出不同的结果，这又犹如唱歌，同一首歌曲不同的歌手会唱出不同的风格。资产评估作为一种专业中介性服务活动，它对客户和社会提供的服务是一种专家意见及专业咨询。由于注册资产评估师在评估过程中能够比较全面地了解企业的财务状况、经营状况等，聘请提供资产评估的事务所从事相关的服务，对企业来说可以节约一定的沟通成本。就一般情况而言，资产评估机构和评估人员主观上并不愿意提交可能会对客户及社会造成误解、误用或误导的评估意见或咨询报告。

2. 专业评估的独立属性则提高了评估意见的公正性

独立性是资产评估的基本特征，也是资产评估的灵魂。注册资产评估师的独立性应包含两方面——实质上的独立和形式上的独立。实质上的独立是指注册资产评估师在发表意见时其专业判断不受影响，公正执业，保持客观和专业怀疑；形式上的独立，是指事务所或鉴证小组避免出现这样重大的情形，使得拥有充分相当信息的理性第三方推断其公正性、客观性或专业怀疑受到损害。独立性原则的要旨是使注册资产评估师免于利益冲突，从而奠定正直与客观的执业基础。利益冲突的发生，一般认为有两种情况：一是某人的自我利益与其作为特定角色应尽的义务冲突；二是某人身兼双重角色时相对应的两种义务发生冲突(Beauchamp and Bowie，1988)。资产评估是按照公允、法定的准则和规程进行，评估人员是专职执业且与资产业务没有利害关系的第三者。因此，资产评估活动服务于资产业务的需要，而不服务于资产业务当事人的任何一方的需要。在市场经济条件下，由专业化的独立评估机构依据相关评估法规、准则、规范和行业惯例，提供现时价值尺度，对于政府、产权交易各方、债权人和社会公众是一种具有较强公信力的专业咨询。这种独立的专业咨询有利于客观、公正披露相关经济行为所涉及的资产价值的相关信息，是经济行为各方据以决策的重要依据。这种独立性的专业评估，是建立市场经济秩序、维护债权人和公众利益的重要手段。

国际会计准则也已承认重估可以替代历史成本，并指出“在给定的价格变动影响下账目净值通常称为重估净值，重估净值是通过历史成本指标或者对资产评估值或者某个时期资产的重估值建立起来的，当资产的价值是以资产的评估或某一时期资产的重估值为基础时，国际资产评估标准可以作为评估的基础”。这一理念已在相关的具体会计准则中有所体现。例如 IAS40 第 33 条指出：初始确认后，选择公允价值模式的主体应按照公允价值计量其全部投资性房地产（但不包括第 53 段所描述的情形）。而 IAS16 第 32 条则指出：土地和建筑物的公允价值通常是由基于市场的证据所决定的，而这些证据一般是由合格的专业估价人员评估确定的；厂房和设备项目的公允价值通常是通过评估确定的市场价值。而且一旦评估的结果被认可，评估的基础、评估的次数和是否有外聘的评估人员参与都应在会计报表和会计公布的信息中予以披露。

以前国际评估准则也是更多地着眼于不动产领域。随着评估行业在经济中作用的发挥，以及会计行业对评估结论依赖程度的加大，以财务报告为目的的评估业务正快速增长。根据 IVSC 的计划，IVSC 将对国际评估准则进行全面复核，目的之一是审查国际评估准则是否满足国际财务报告准则中对相关资产评估的要求。在国际资产评估标准委员会（IVSC）公布的《以财务报告及会计事项为目的的资产评估》中再次说明了资产评估本身可以为会计提供技术服务和专业支持。这一趋势无疑将改变传统上评估业主要为税收、交易、抵押贷款和法律诉讼等服务的局面，以财务报告或会计用途为目的的评估将成为评估服务业的另一重要领域。

近年来，国际财务报告准则积极借助评估来确定资产的公允价值，其中以《国际会计准则第 16 号——不动产、厂场和设备》最为典型。该准则规定，土地和建筑物的公允价值通常通过评估手段根据市场证据确定，该评估一般由具有专门资格的评估师进行。厂场和设备的公允价值通常是评估得出的市场价值。如果由于厂场和设备的特殊性，缺乏市场证据支持，则可以运用收益和重置成本估计公允价值。除此之外，投资性房地产、租赁、资产减值、存货、企业合并、持有待售的非货币性资产和终止经营等会计准则中也都要求或允许对有形资产进行评估。"安然事件"等会计丑闻的发生也促进了美国会计准则体系积极借助于外部评估机构来确定资产的公允价值，以提高财务报告信息的可靠性和公正性。总而言之，市场信息吸收得越多，公允价值计量的可靠性就越大。

5.2.3 评估行业服务于公允价值计量需要研究和解决的问题

1. 公允价值计量与资产评估的对接问题

在我国新准则引入公允价值计量后，评估师首先应研究公允价值与资产评估价值类型的对接问题。资产评估价值类型是资产评估结果质的规定。根据国际评估准则，价值类型中的市场价值是指："评估基准日，自愿的买卖双方在知情、谨慎、非强迫的情况下通过公平交易资产所获得的资产的预期价值。"尽管市场价值的定义与公允价值定义很接近、很相似，但二者并非完全等同。公允价值与市场价值相比，其定义更广泛、更概括。公允价值并不是单独的一种计量属性，它与各种计价属性相联系，是各种计价属性的综合，或仅仅是对五种计量属性在某种市场交易条件下的一种再现与重复。因此，市场价值可以看作是公允价值，但公允价值并不仅仅包括市场价值。评估师必须研究和理解公允价值与评估价值类型的概念及区别，研究资产的状态和交易条件，据以确定评估的价值类型，并对具体价值类型的评估结论是否符合公允价值计量做出判断。

2. 以财务报告为目的的评估理论与实务研究

目前的会计准则上越来越多地应用到公允价值，表明会计和审计工作需要更多的评估专业的支持，对评估的需求越来越大，评估行业有很大的发展前景。尽管以财务报告为目的的评估的基本理论、基本原理与其他目的的评估是一致的，资产评估业务中也一直包括以财务报告为目的的评估。但是由于我国新准则对于公允价值的计量业务刚刚兴起，对以财务报告为目的的评估理论和实务研究显然落后于其他方面。

以财务报告为目的的资产评估有其自身的特点和确定方式，我国会计准则对公允价值的估价也有一些专门的规定，评估师应在掌握评估专业技能的基础上熟练运用会计准则的规定，并根据会计计量的要求和特点，正确地评估资产价值，研究公允价值特点、估价方式和方法，以保证会计计量的可靠性：①以财务报告为目的的资产评估与通常的资产评估往往有很大区别，评估师应理解会计准则的价值内涵，并根据准则的具体要求，采用与之相适应的价值类型、评估假设及评估方法；②以财务报告为目的的资产评估对象是以最基本的现金产出单位为主体。现金产出单位是指从持续使用中产生现金流入的最小的可辨认资产组合，而该资产组合的持续使用很大程度上独立于其他资产或资产组合；③在收益法评估应用方面，从预测基础考虑，通常评估师对未来现金流预测是建立在合理的、有根据的假设基础之上，而以财务报告为目的的评估，该假设代表管理部门对资产剩余使用期限内整个经济状况的最好估计。根据IAS36的要求，预测周期最多应涵盖5年。除非有理由证明更长的预测期是合理的。需要注意的是：在使用财务预算或预测信息时，评估师应考虑该预测的假设是否合理并有依据；是否代表了管理部门对资产剩余使用期限内整个经济状况的最好估计。至于折现率的确定，根据 IAS36 的要求，折现率应是反映货币时间价值的当前市场评价以及资产特有风险的税前折现率。如果评估师获得的计算折现率基础数据是税后的，则应对其加以调整以反映税前折现率。

5.3 美欧关于公允价值计量及评估的实践经验

目前美欧各国在公允价值计量实践中已不同程度利用了外部专业评估为其提供专业技术服务。在美国，投资性房地产、股份支付的公允价值确定主要是由外部评估人员承担。实务中欧洲上市公司按照国际会计准则规定，对公允价值计量的广泛使用，也为外部的专业评估带来了很大市场，专业评估的领域涉及多方面的公允价值计量项目，包括有形资产、无形资产和不动产等。在德国和英国，对企业公允价值的估价主体没有强制性规定。企业既可以委托外部独立的评估，也可以由企业内部进行评估，但对于复杂资产项目的公允价值估价则通常委托外部专业机构进行独立的评估或复核。特别是在企业合并、无形资产、资产减值、投资性不动产等领域，外部独立评估更能发挥专业服务的优势，在审计实务中，审计师通常也会要求企业委托具有资质的外部专业评估师，以专家的身份提供服务。这样做，一方面是公允价值评估独立性和专业性的要求；另一方面，它对提高会计信息的质量及其他方面是非常有益的。而且借助于外部评估服务，还可以降低会计和审计的风险及企业信息披露成本。

5.3.1　美国关于公允价值的计量及其与专业评估的衔接互动

从 20 世纪 90 年代起，FASB 先后出台了一系列针对资产和负债项目运用公允价值的会计准则。这在对金融工具进行确认和计量的准则中体现最为明显。其中，SFAS105、107、115、119、126 要求主体对公允价值信息进行表外披露。例如，1991 年的 SFAS107 要求所有企业在财务报表或附注中披露相关金融资产和负债的公允价值；1994 年的 SFAS119 要求披露衍生金融工具的公允价值。SFAS115、133、137 则要求主体对公允价值进行表内确认。例如，1993 年的 SFAS115 要求企业在报表中直接报告短期交易性证券投资的公允价值，因此，未实现的损益将直接反映在损益表和资产负债表中。在非金融工具项目准则方面，公允价值也渐被引入。例如，SFAS114《债权人对贷款减损的会计处理》要求金融机构按照预期现金流量的现值按照贷款的市价或其抵押物的公允价值，对已经发生价值减损的贷款重新计价，并将减损计入当期损失。如果其预期现金流量再度发生变化，金融机构必须对这些贷款的账面余额进行调整。2001 年 FASB 发布的 SFAS142《商誉和其他无形资产》要求对不进行摊销的无形资产(如商誉)每年作减值测试，包括对无形资产公允价值和账面金额的比较。同年发布的 SFAS144《长期资产减值与处置会计》则进一步明确规定减值资产应按公允价值计量。期间，FASB 还曾于 2000 年 2 月颁布了第 7 号财务会计概念公告(SFAC7)《在会计计量中使用现金流量信息和现值》(*Using Cash Flow Information and Present Value in Accounting Measurements*)，着重推荐了在缺乏市场价格的条件下应用未来现金流量的现值来确定公允价值，这份距FASB第6号概念公告15年之后专门为公允价值发表的概念公告，其目的已非常明显。

2001年底发生的安然事件所反映出的能源衍生工具会计处理及其金融风险控制问题引起了美国和国际会计界的极大震动，因此FASB在开发金融工具会计准则的过程中，再次确立了以公允价值计量所有金融工具的目标。一向与国际会计准则委员会保持距离的FASB也进行了改革，推动美国通用会计准则体系(GAAP)与IAS相融合。FASB也开始采纳并越来越多地应用公允价值概念，在商誉和企业并购会计准则中已经做出了相关规定。2003年6月，FASB在议程中增加了公允价值计量项目来广泛讨论这一问题。2003年12月，FASB在其网站上公布了关于公允价值计价的决定，指出在进行公允价值计价时的一个原则是："公允价值的估计应当建立在评估技术结果的基础上，评估技术应当尽可能的吸收来自活跃市场的市场信息，即使所计量的资产(负债)并不在活跃市场上交易……总而言之，市场信息吸收得越多，公允价值估计的可靠性就越大。"上述变化已经对美国评估业带来重大影响，美国各大评估协会联合起来，积极与会计界、立法界和相关经济部门进行沟通，努力推动评估业与会计业的合作。美国会计准则的变动趋势不仅对会计领域产生重大影响，也对美国评估业乃至国际评估业的发展构成实质性影响。

2003年10月，美国评估师协会(ASA)、美国农场管理者和农业评估师协会(ASFMRA)、英国皇家特许测量师学会美国和加拿大分会(RICS-USA，RICS-Canada)、美国评估促进会(AF)、美国评估学会(AI)、加拿大评估协会(AIC)和美国高级财产经济中心(CAPE)七家在北美地区有较大影响的评估协会和组织共同签署了《多伦多评估协定》(*Toronto Valuation Accord*，TVA)。该协定的主要宗旨是联合七家评估协会和组织的力量，为维护公众、投资者、政府部门和经济决策人的利益，努力推动在财务评估中使用市场价值，并探讨如何更合理地评估市场价值。TVA已经开展了相关工作，与立法部门、管理部门和准则制定部门进行沟通，以推动加快财务报告准则简化和与国际会计准则融合的步伐。TVA表示全力支持《国际评估准则》，努力推动与会计准则特别是公允价值计价的衔接，并致力于帮助专业评估师、会计师、财务报告使用人和编制人为即将到来的变化做好充分的准备。TVA于2004年6月在多伦多召开关于财务报告的北美评估峰会（North American Valuation Summit on Financial Reporting），邀请美国公共公司会计监管委员会及其他会计师、评估师代表，讨论在国际会计准则框架下以及北美会计准则与国际会计准则逐步融合的背景下，如何加强评估与会计行业的合作与沟通，以更好地为投资人、资本市场服务。

2004年6月，FASB发布了《公允价值计量》征求意见稿，共接收到近百位回复者的反馈意见信。该意见稿对SFAS125的公允价值概念进行了修订。2006年9月，在广泛征询社会各界意见的基础上，FASB正式出台了财务会计准则公告第157号《公允价值计量》（*Fair Value Measurements*，简称SFAS157或FVM）。SFAS157从公允价值定义、估价假设、估价技术及其运用和披露等方面建立了一个相对较为完整的指导框架。其中SFAS157重点强调企业应使用与情况相适宜并且有足够数据可以利用的评估技术来计量公允价值。评估技术应当与市场法、收益法和/或成本法一起使用。有些情况下，一种评估方法已足够恰当（例如使用活跃市场上相同资产或负债的开列价格评估资产或负债的情况）；有些情况下，多种评估方法一起应用会更恰当（例如对报告单位进行评估的情况)。如果使用多种评估方法进行公允价值计量,考虑到其结果所指范围的合理性,应该适当地评价、权衡结果(各自计算的公允价值)。

5.3.2 欧盟关于公允价值计量及评估的实践:以德英为例

2001年,欧盟通过法律规定,要求各成员国所有上市公司自2005年1月1日起,按照国际财务报告准则(IFRS)编制财务报表,2001年至2004年为过渡期。目前欧盟各国的7000多家上市公司已按2001年欧盟通过的法律的要求,采用国际财务报告准则编制会计报表。其中,德国在欧盟中应用公允价值计量的范围最广泛。德国自2004年就开始进行财务转制方面的工作,所有的公司都可以采用IFRS,同时也要按照德国商法的规定提供财务报告。其中,上市公司必须采用IFRS,非上市公司可以选择使用IFRS,但没有强制性要求。在英国,2005年后开始广泛引入IFRS作为本国的会计准则,目前1600多家主板上市的公司均采用IFRS,以公允价值进行计量。

国际会计准则委员会对欧盟统一采用国际会计准则的会计改革给予积极、有力的配合和支持,为了避免因国际会计准则自身的不断变化,影响到欧盟会计国际准则化改革的进程,国际会计准则委员会决定在2009年1月1日前不再发行新的准则,以便给欧盟留出时间稳步推进和完成这项改革。

1. 以财务报告为目的的资产评估及其实施方式

在英国采用公允价值进行会计计量的公司中,评估师(测量师)对公司资产进行评估,公司会计师根据评估结果进行账务处理,注册会计师根据评估报告和企业会计师的处理发表审计意见,彼此之间形成相互合作、相互依赖、相互制约的专业合作关系，不仅保证了会计准则的有效执行和财务报告的真实性，也界定了各自的专业责任和法律风险。在欧洲以财务报告为目的的评估的发展可以追溯到20世纪70年代，其中一个重要标志就是1978年7月欧共体制定的第四号法令，即公司法。该法令第七章第35条规定了为财务报告目的对固定资产进行估价的规则，对欧洲地区评估与会计业的发展影响深远。在此基础上，欧洲出现了以服务于财务报告目的的专门评估固定资产的固定资产评估师，比、法、德、英和爱尔兰发起成立欧洲固定资产评估师联合会。

国外会计师事务所都有自己的资产评估方面的专家，虽然有这些专家，但出于独立性原则的考虑。审计过程中不能为客户同时提供评估服务。基于这一原则，虽然会计师事务所有评估专家，但不能自己做评估。一般会计师事务所会要求客户先提供评估的结果，然后会计师事务所对这个结果进行审计。客户会请专业的评估师进行评估，对于这样的专业评估会计师事务所会从审计的角度给予评价。审计准则要求，当会计师事务所要利用专家的工作时，审计人员要评价评估专家的专业胜任能力和客观性，审计人员并且需要和评估专家交流，以确定评估目的以及评估过程中采用的方法和假设是否合理，对所采用的数据也需要进行测试。对于有些复杂的评估，会计师事务所了解这些评估专家的工作时一般都要利用会计师事务所内部的专家，让他们和客户所聘用的评估专家进行沟通。

2. 公允价值具体计量中外部评估的主要服务领域

(1)企业合并。IFRS3——企业合并要求符合范围内的所有企业合并采用购买法进行会计处理，购买方应按在交易日为换取对被购买方的控制权而放弃的资产、发生的负债或承担的负债以及发行的权益性工具的公允价值，加上任何可直接归属于合并的成本的总计数计量企业合并成本（极少数情况除外）。报价权益性工具在交易日的牌价是该工具公允价值的最好证据。同时，IFRS3 要求在并购日，并购成本要按公允价值分配被并购方的可确认的资产、负债和满足确认标准的或有负债（PPA）。在企业并购过程中，如何确定所购买资产和负债的公允价值，即并购成本的分配及商誉的分摊，成为外部专业评估主要服务的领域之一。

（2）不动产、厂场和设备。IAS16——不动产、厂场和设备规定，对于厂场设备（PPE）可以采用成本减折旧和公允价值两种计量模式，如果采用公允价值，土地和建筑物的公允价值通常通过评估手段根据市场证据确定，该评估通常由具有专业资质的评估师进行。机器设备的公允价值通常是评估得出的市场价值。如果由于厂场设备的特殊性，缺乏市场证据支持，则"可以运用收益途径和重置成本途径估算公允价值"。IVSC 也在国际评估准则中专门制定了《IVA1——以财务报告为目的的评估》，以指导财务报告目的的评估业务的发展，并随着国际会计准则的变化不断进行调整。不动产、厂场和设备公允价值确定的专业性，也使英国、德国大量的企业委托外部独立的评估服务。

（3）无形资产。IAS38 规定，企业取得的无形资产，应以公允价值计量（公允价值无法可靠计量时例外）。初始确认后，无形资产应以重估价入账，即其重估日公允价值减去随后发生的累计摊销额和累计减值损失后的余额。为进行重估，公允价值应参考活跃的市场予以确定。重估次数应根据被重估无形资产公允价值的波动情况而定，当被重估资产的公允价值与其账面价值相差太大时，有必要作进一步的重估，有些无形资产由于重大而无规则的波动，因而需要每年进行重估。对无形资产初始确认和后续的重估，也成为德国和英国外部专业评估重点服务的领域。

(4)资产减值。资产减值是外部评估专业服务最重要的领域之一。IAS36 要求在每一个资产负债表日，主体应评估是否存在可能已经减值的迹象。若存在，就应估计资产的可收回金额，而可收回金额是指资产或现金产出单元的公允价值减出售费用与其使用价值两者之中的较高者。如果有外在或内部因素导致公司商誉或无形资产有减值的可能性，则无论是否达到一年期限，公司都需要自己或聘请专业人士对该项资产做出评估。

(5)金融工具及金融衍生品。国际财务报告准则关于金融工具及金融衍生品的初始确认和计量、后续计量、期末估价、减值等都是以公允价值为标准的。当金融工具没有较活跃的交易市场时，按照 IAS 的规定，并购方应使用评估后的价值。而在具体评估过程中，需要考虑类似特征企业的可比金融工具的市盈率、股利和预期增长率等。由于金融工具及金融衍生品公允价值计量的复杂性和较强的专业性，因而也成为外部独立评估服务的领域之一。

3. 德国、英国公允价值评估的方法及规范

在公允价值的评估方法及选择方面，德国、英国的上市公司按照 IAS 的规定，主要采用市场法、收益法和成本法。通常最优先考虑的是市场法，即参考同样或者是类似的资产在活跃市场上的交易价格。其次考虑的是收益法，对资产未来的现金流量进行折现计算价值。当市场法和收益法都不适用时，成本法是最后的选择。对于一些重要的资产还应当同时采用多种方法去进行评估分析。评估方法的选择也要考虑诸多因素，如信息提供的充分性和可靠性等，以判断评估方法是否适用。在公允价值计量方法的具体应用中，不动产、厂场和设备以市场价格确定公允价值；土地、建筑物(特殊厂场和设备)采用重置成本法确定公允价值；无形资产多采用收益法确定公允价值。对于金融工具，有活跃市场的采用市场法，无活跃市场的通常采用评估技术，评估公允价值。另外，英国的非上市公司公允价值计量更需要评估技术的支持，并采用评估的常用模型确定公允价值。目前德、英两国的上市公司对公允价值的评估可总结成如图 5—1 所示的方法体系。

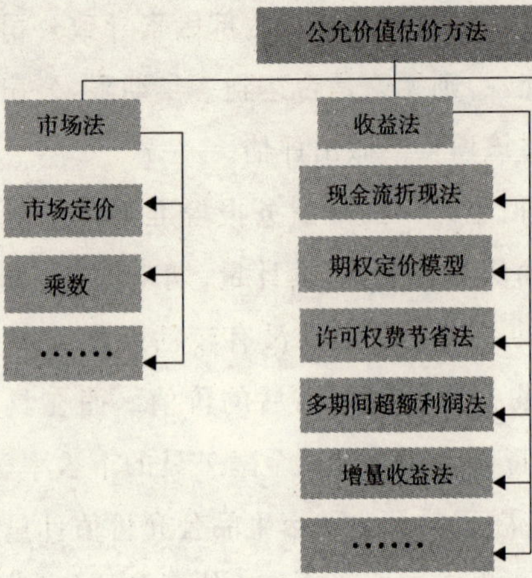

图 5—1 公允价值估价方法

考虑公允价值评估的复杂性，欧洲的一些专业机构经过深入研究和相互协作，还共同制定了公允价值评估的规范指南。如德国、英国的一些大型的专业机构，参照 IASB 和 FASB 的规定，通过自身对公允价值评估的实践，自发组织起来制定了《企业合并会计中资产和负债价值计量以及在 IFRS 下的减值测试》。该规定要求参与制定的专业机构评估时参考执行，如不参照，必须说明其区别和不同之处，从而形成了相对统一的操作标准。该规定包括六个组成部分，分别为介绍、基本原则、评估途径(方法)、企业合并中各项资产与负债公允价值的确定、具体资产的减值测试以及可信性检查和文件。其中,基本原则包括公允价值计量的原因、相关的价值概念等;评估途径(方法)包括市场法、收益法和成本法的应用,涉及具体方法的选择、顺序及有关要求,在收益法确定公允价值时,还明确了有关参数的具体要求;企业合并中各项资产与负债公允价值的确定,涉及无形资产、不动产、厂场和设备、负债和或有负债、正商誉和负商誉的计算等;具体资产的减值测试,包括减值测试分类(涉及资产和现金产出单元的减值测试及程序、商誉的减值测试等)、测量使用价值和估算销售成本等内容。

5.4 我国关于公允价值评估的实践、规范及发展动向

5.4.1 我国现行法规下,专业评估与会计计量之间的对接

我国《公司法》《证券法》等相关法律、法规明确规定,国有资产有下列情形之一的,必须进行资产评估,并由国有资产监督机构进行核准和备案:(1)改组为募集设立的股份有限公司,发行上市股票;(2)由定向募集公司转为社会募集公司;(3)老股份制企业重新规范,股票上市交易;(4)境外上市;(5)股票已在国内上市需在境外上市,或已在境外上市需在国内上市;(6)已发行上市股票,需要增发其他种股票;(7)以非现金资产配发股票;(8)涉及上市公司兼并、收购、转让股权、对外投资等经济行为;(9)已进行过资产评估,但评估不是为上述目的,或自评估基准日起超过一年时间的。

但是对于上述经济行为下的资产评估,企业并非都能根据评估结果建账或调账。因为我国《企业会计制度》明确规定:企

业的各项财产在取得时应当按照实际成本计量……除法律、行政法规和国家统一的会计制度另有规定者外,企业一律不得自行调整其账面价值。因此,一般而言,以资产抵押、财产投保、企业承包经营为目的资产评估,由于这些活动不直接引起资产转移,国家规定对这些经济事项,当事人可以自行决定是否需要评估。如果需要评估,其评估结果也不需要按照评估确认的价值进行会计处理,对其资产评估的结果,一般只应作为上述经济行为决策的参考依据。

在实现了产权变动的条件下,企业就需对会计账面记录的价值进行调整。比如按照《企业会计准则》和《企业会计制度》的规定,投资者投入股份有限公司的资产应该以投资各方确认的价值作为实际成本入账。《公司法》则明确规定,对于新设股份有限公司的发起人出资的实物、工业产权、非专利技术、土地使用权等,必须评估作价,并据以折为股份,但以工业产权、非专利技术作价出资的金额不得超过公司注册资本的20%。这说明如果发起人共同认可了资产评估结果,就应该将资产评估价值作为入账价值,并据以折为股份。中国证券监督管理委员会在发行审核备忘录《首次公开发行股票公司资产评估资料审核指引》中也规定,公司根据资产评估结果进行账务调整是否合规,应区分公司设立方式及其资产评估的目的来判断公司根据资产评估结果进行账务调整是否符合《公司法》及相关的财务会计法规。

由此看来,对会计账面价值是否根据评估结果进行必要的调整,要视资产评估的目的和其后评估报告将被如何使用而定。概括而言,我国现行相关法律、法规下,会计准则或制度与资产评估对接的情况可以大致归纳为如表5—1所示的内容。

表5—1　资产评估经济行为及账务处理情况一览表㉚

序号	评估目的对应的经济行为	评估目的	投资（转让）方会计处理	被投资方（受让方）会计处理
1	国有企业整体改制为有限责任公司或股份有限公司	出资或折股出资	国有资产权益按评估值调整	按评估值调账
2	国有企业分立式改建	出资或折股出资	发起人按评估值调整	按评估值建账
3	国有企业合并式改建	出资或折股依据	各发起人按评估值调账	按评估值建账
4	非货币资产对外投资	出资依据	按评估值确认长期投资	按评估值建账
5	公司清算	偿债参考依据	供清算参考	以实际成交价入账
6	增资扩股和股权转让、股东股权比例变动	供新出资方确定出资价格参考	作为确定溢价参考	不改变原计价基础
7	转让国有企业全部股权	作为转让价格	按转让价格确认投资损益	按评估值入账
8	转让企业部分股权	作为转让价格参考	按转让价格确定	不改变计价基础
9	资产转让	作为转让价格参考	以实际成交价确认资产转让损益	以实际成交价入账

新会计准则中虽然没有规定企业合并必须通过评估程序，但《企业会计准则第20号——企业合并》中要求企业视“同一控制下

㉚　引自全国注册资产评估师考试用书编写组编：《财务会计》，中国财政经济出版社，2007年版 p. 491—492。

的企业合并”与“非同一控制下的企业合并”而分别采用“账面价值”或“公允价值”入账，同时规定了要处理“企业合并发生的各项直接相关费用，包括为进行合并而支付的审计费用、评估费用……”。这说明企业合并中通常是需要进行评估的。实务中也是如此。企业进行资产重组，如合并、脱钩改制、破产清算等等，按照规定或者惯例都必须进行审计和评估。然而在会计实务中，是否按照资产评估结果进行会计处理，则需视具体情况而定。

在实现了产权变动的条件下，由于资产的价值关系到了日后经营资产的价值高低，所以我国现行有关法律法规中规定：投资、转让、捐赠、企业转制等有产权变动情况下，可以根据评估结果建账或调账。例如《公司法》规定，对于新设股份有限公司的发起人出资的实物、工业产权、非专利技术、土地使用权等，必须评估作价，并据以折为股份；国家财务会计和资产评估等相关法规也规定，资产重组尤其是国有企业改制发起设立股份有限公司，必须对投入到拟发起设立的股份有限公司的资产进行评估，并以评估结果作为折股、工商注册和调整账务的依据。评估以后，如果产权交易双方确实采用了评估报告所确认的价值进行了产权交易，应按评估价值进行账务调整，以便交易之后能以资产的实际价值在会计账面上体现；如果产权交易双方仅以评估价为参照，在交易中进行了讨价还价，最后以高于或低于评估确认的价值实现了产权变动，则应按实际成交的价值进行账务调整；如果由于某种原因，最终交易双方未能达成协议，即未发生产权变动，则任何一方均不应以评估价值进行账务处理。

至于何时调整，则首先应确定资产评估所对应的经济行为是否实现。如果资产评估所对应的经济行为未能实现，则不能根据资产评估的结果进行会计确认和计量。其次，按照评估结果进行会计计量时，应确定评估目的所对应的经济行为是否在评估结果有效期内实现。若超过评估结果有效期，则需以重新评估的结果作为会计计量的依据。另外，由于资产评估所对应的经济行为一般不会在评估基准日实现，且资产评估所对应的经济行为实现后有关资产的权属变更需要一定的时间，所以在利用资产评估进行会计处理时，一定要考虑评估基准日后资产价值发生贬损的情形，如基准日后资产价值出现明显下跌，评估基准日和账务调整日之间固定资产评估值和原账面净值的折旧调整以及存货发出、应收账款的收回等情况。调账时还应关注资产的权属变更情况以及评估基准日到建账日之间可能发生的资产抵押等情况。

5.4.2　公允价值模式下专业评估的规范及发展动向

1. 以财务报告为目的的评估及规范指南

国际会计准则中规定，如果采用公允价值模式，可能会涉及对资产的评估和重估，有的具体会计准则甚至直接要求由专业评估师进行评估。其中以《国际会计准则第 16 号——不动产、厂场和设备》最为典型。该准则规定，土地和建筑物的公允价值通常通过评估手段根据市场证据确定，该评估一般由具有专门资格的评估师进行。厂场和设备的公允价值通常是评估得出的市场价值。如果由于厂场和设备的特殊性，缺乏市场证据支持，则可以运用收益和重置成本估计公允价值。除此之外，投资性房地产、租赁、资产减值、存货、企业合并、持有待售的非货币性资产和终止经营等会计准则中也都要求或允许对有形资产进行评估。安然事件等会计丑闻的发生也促进了美国会计准则体系积极借助于外部评估机构来确定资产的公允价值，以提高财务报告信息的可靠性。总而言之，市场信息吸收得越多，公允价值计量的可靠性就越大。

我国会计准则相关规定，按照以下顺序确定资产的公允价值：资产的公允价值应当根据公平交易中销售协议价格金额确定；不存在销售协议但存在资产活跃市场的，应当按照该资产的市场价格金额确定，资产的市场价格通常应当根据资产的买方出价确定；在不存在销售协议和资产活跃市场的情况下，应当以可获取的最佳信息为基础，估计资产的公允价值，可以参考同行业类似资产的最近交易价格或者结果进行估计；采用其他估值技术方法确定公允价值。但是如何评估，由谁来评估，我国会计准则中没有具体提及。

随着会计理论的发展和实践的要求，资产评估理论也应该与之衔接。以财务报告为目的资产评估需要从资产评估角度分析公允价值及明确与公允价值计量的相关内容。为适应公允价值在新会计准则中的运用，规范注册资产评估师执行以财务报告为目的的评估业务行为，维护社会公共利益和资产评估各方当事人合法权益，中国资产评估协会（2007）根据《资产评估准则——基本准则》，制定《以财务报告为目的的评估指南（试行）》。该指南明确规定，注册资产评估师可以参照本指南执行以下与以财务报告为目的的评估业务相关的其他业务，主要包括：(1)开展与价值估算相关的议定程序，以协助企业判断与资产和负债价值相关的参数、特征等，主要包括：①估算或测算资产的复原或更新重置成本；②协助企业判断、确定资产使用年限、尚可使用年限、实物状态、质量等参数、特征，以及验证资产的真实存在性；③协助企业确定、判断资产获利能力和预测资产的未来收益；④执行与负债价值有关的议定程序。(2)协助企业管理层对能否持续可靠地取得公允价值做出合理的评价。

指南明确要求，注册资产评估师执行以财务报告为目的的评估业务，应当根据评估对象、价值类型、资料收集情况和数据来源等相关条件，参照会计准则有关计量方法的规定，分析市场法、收益法和成本法三种资产评估基本方法及其他评估方法的适用性，恰当选择一种或多种资产评估方法。其中：①在运用市场法进行以财务报告为目的的评估，应当关注相关市场的活跃程度，从相关市场获得足够的交易案例或其他比较对象，判断其可比性、适用性和合理性，并尽可能选择最接近的、比较因素调整较少的交易案例或其他比较对象作为参照物。并对参照物的比较因素进行比较，做出恰当、合理的调整，还应重点关注作为参照物的交易案例的交易背景、交易地点、交易市场、交易时间、交易条件、付款方式等因素。②运用收益法进行以财务报告为目的的评估，应根据评估对象的特点和应用条件，可以采用现金流量折现法、增量收益折现法、节省许可费折现法、多期超额收益折现法等具体评估方法。并结合相关会计准则的要求，按照资产评估准则对收益法应用的有关规定，恰当考虑收益法的适用性，选择恰当的收益口径。在此过程中，注册资产评估师应当从委托方或相关当事方获取被评估对象的经营状况和相关收益的预测资料，按照会计与评估相关准则的规定，对其进行必要的分析、判断和调整，并应充分考虑未来各种情况可能发生的概率及其影响，不得采用不合理的假设。确信折现率与预期收益的口径保持一致。③注册资产评估师运用成本法进行以财务报告为目的的评估，应当按照资产评估准则的规定，考虑评估对象的实体性贬值、功能性贬值和经济性贬值[31]。对于非以资产减值测试为目的且不存在相同或相类似资产活跃市场的，或不能可靠地以收益法进行评估的资产项目，可以采用成本法

---

[31] 会计准则规定的资产减值测试不适用成本法。

进行评估。但注册资产评估师应当获取企业的承诺，并在评估报告中披露，其评估结论仅在相关资产的评估值可以通过资产的未来运营得以全额回收的前提下成立。

注册资产评估师对同一评估对象采用多种评估方法时，应当对形成的各种初步价值结论进行分析，在综合考虑不同评估方法和初步价值结论的合理性及所使用数据的质量和数量的基础上，适当地评价、权衡各结果所在范围的合理性，并确定价值范围内最具代表性的结果作为评估结论。注册资产评估师应当知晓相关经济合同上记载与资产或负债价值相关的金额不一定等同于该项资产或负债于某一时点的公允价值。注册资产评估师应当知晓相关税收法律、法规对评估对象价值估算的影响，并在相关评估过程中予以恰当的考虑和处理。并在所出具的评估报告重点披露以下内容：①评估对象的具体描述；②价值类型的定义及其与会计准则或相关会计核算、披露要求的对应关系；③评估方法的选择过程和依据；④评估方法的具体运用，结合相关计算过程、评估参数等加以说明；⑤关键性假设及前提；⑥关键性评估参数的测算、逻辑推理、形成过程和相关评估数据的获取来源；⑦对企业提供的财务等申报资料所做的重大或实质性调整。

注册资产评估师应当参照会计准则的规定，关注所采用的评估数据，并知晓公允价值获取层级受评估方法的选择及评估数据来源的影响。选择评估方法时应当与前期采用的评估方法保持一致。如果前期采用的评估方法所依据的市场数据已发生重大变化而不再适用，或通过采用与前期不同的评估方法可使得评估结果更具代表性、更能反映评估对象的公允价值或特定价值时，注册资产评估师可以变更评估方法，并披露本次与前次评估相同或类似资产或负债时采用的评估方法不一致的变动及原因说明。

2. 投资性房地产的价值评估及其规范

根据我国新会计准则的规定，在进行投资性房地产后续计量中，可以采用公允价值模式和成本模式两种方式。有确凿证据表明该投资性房地产的公允价值能够持续可靠取得的，且同时满足下列条件的，可以对投资性房地产采用公允价值模式进行后续计量：(1)投资性房地产所在地有活跃的房地产交易市场；(2)企业能够从房地产交易市场上取得同类或类似房地产的市场价格及其他相关信息，从而对投资性房地产的公允价值作出合理的估计。采用公允价值模式计量的，不对投资性房地产提取折旧或进行摊销，应当以资产负债表日投资性房地产的公允价值为基础调整其账面价值，公允价值与原账面价值之间的差额计入当期损益。

那么，如何确定投资性房地产的公允价值呢？通常而言，投资性房地产的价值评估与一般不动产的评估方法相同，即主要有市场法、收益法和成本法三种基本评估途径。(1)评估投资性房地产的市场法，应根据替代原理，选择同一供需圈内功能相似且近期发生的交易实例，经过差别修正后，测算评估对象的价格。在具体操作中，评估人员一般应选择三个以上的属于同一供需圈、房屋用途一致、类型相似的交易案例作为参照物，然后经对案例的实地查勘，对交易情况、交易日期、区域因素和个别因素分别进行比较和修正，最后得出所评估投资性房地产于评估基准日的基准价格。(2)评估投资性房地产的收益法，基于预期原理，考虑房地产具有连续性、使用期较长以及其产生的纯收益能够在未来连续获得的特点，选用适当的资本化率将其折现为评估基准日时点的价格。(3)评估投资性房地产的成本法应获取重新取得或重新开发、重新建造全新状态的评估对象所需的各项必要成本、应纳税金与正常开发利润之和，再根据评估对象现状进行差别修正，即扣除所存在的损耗与贬值，从而得到评估价格。

从理论上来说，只要在评估中参数取值得当，三种评估途径求得的投资性房地产的评估结果应该是基本一致的。但在实际操作中，三种评估途径求得的结果可能存在差异。此时，评估人员需要重新检查各个评估途径所采用的数据依据与方法是否存在问题。当然，由于房地产市场可能会存在投机现象，房地产市场的供求关系可能会因此产生扭曲。对此，资产评估师应该清醒地认识到市场中的泡沫和风险。在评估中，资产评估师应该从包括房地产管理部门资料系统在内的各种渠道获取真实成交案例的价格，仔细调查分析双方发生交易的目的和价格影响因素；并可通过以房地产买者身份与挂牌出售者的价格谈判，或通过以卖者与房地产中介的价格商洽，准确获取市场交易信息。通过仔细调研，才能甄别房地产价格与真实价值之间的差异，对影响房地产成交价格的市场和个别因素作出准确判断，从而把握市场发展的趋势和动向。在评估报告中，资产评估师应对房地产市场的环境和发展趋势作出解释、说明和判断，提请报告使用者密切关注市场的系统风险。

实务中，《IAS 第 40 号——投资性不动产》，要求企业经常对资产进行重估，以使其账面金额不至于与资产负债表日该项资产的实际价值相差太大。国际会计准则要求企业的财务报表应体现投资性不动产的公允价值的变化。国际会计准则要求，如需要评估该公允价值，应由专业的价值评估人士进行。如在香港上市的房地产开发公司，如需要对投资性房地产采用公允价值计量的，每年均应聘请独立的测量师（即价值评估师）对其投资性房地产进行评估，以获得符合要求的公允价值。

目前我国也按照国际惯例建立了社会化的专业价值评估服务的机制和专业价值评估人员执业的准入制度。合格的资产评估师掌握了房地产交易市场资料和扎实的价值评估理论知识。同时，行业管理部门开通了有关评估机构和评估师信用档案的网上公示系统，已将评估机构和评估师置于社会公众的监督之下。至于评估方法，从我国新会计准则对确定的投资性房地产运用公允价值进行后续计量的两个条件来看，在评估确定投资性房地产的公允价值时，市场法可以作为首选的评估方法。至于收益法与成本法通常含有较多的假设，使用时更需要慎重。

对此，中国资产评估协会《投资性房地产评估指导意见(内部征求意见稿)》也已经明确指出，注册资产评估师运用市场法执行投资性房地产评估业务，应当细化相关比较因素，包括交易情况、交易日期和投资性房地产状况，尤其要关注房地产租约的差异，建立价值可比基础。如果所评估的投资性房地产在合理的评估前提下其未来收益能够可靠地分析和判断，可以使用与情况相适宜的并且有足够的数据可以利用的收益法来评估公允价值。注册资产评估师在不能运用市场法和收益法评估投资性房地产时，或针对专用资产，可以借助其他的方法进行评估；如仍不能合理得出投资性房地产公允价值，经委托方同意，还可以采用恰当的方式分析投资性房地产公允价值的可能范围。

5.5　本章小结

市场化取向的经济体制改革使会计环境发生了巨大变化，资产租赁、企业产权转让、资产重组、资产交换、抵押贷款、融资租赁、典当、财产保险、破产清算等等经济行为的频繁发生，历史成本会计的局限性逐渐凸显，以公允价值为代表的计量属性逐渐走上历史舞台。这些经济交易行为不能仅仅依据企业所反映的账面价值进行，而需借助于资产评估的理论与方法，以资产评估的结果为依据重新确定资产价值。虽然资产评估中的“公允的价值评估结论”不是一种评估价值类型，但却代表了几乎所有的评估价值类型以及基于此而得出的评估结论及其特性。看似没有多大关系的评估价值类型与会计计量属性之间，事实上却有着无法割裂的牵涉。评估作为一种价值发现的技术手段，在与会计计量技术齐头并进的同时，为会计计量提供了技术、市场和现实服务方面的帮助，而研究评估理论本身也不应该远离或者忽视了会计这个现实的和潜在的大市场需求。因此，资产评估与会计作为两门专业技能工作，尽管在工作方法、方式上有各自特点，但从理论发展和现实需求来看，两者是分不开的，资产评估与会计工作是紧密相连、相辅相成的，并且随着公允价值计量的发展，也必然会对资产评估工作提出更高的要求。

我们认为，对加强专业评估与会计界合作的最大推动力来自于目前向“公允价值”会计模式的逐渐转化。安然事件之前，美国通用会计准则(GAAP)一向与评估行业无关。安然事件等财务丑闻对美国会计准则体系构成了很大压力。迫于市场压力，一向与国际会计准则委员会保持距离的 FASB 也进行了改革，推动美国通用会计准则体系(GAAP)与国际会计准则相融合。FASB、IASB 及我国新准则均指出，当不存在活跃市场时，应采用估值技术确定资产或负债的公允价值。FASB157 还专门强调估值技术应当与市场法、收益法和/或成本法一起使用。FASB157 发布后已对美国评估业带来重大影响，美国各大评估协会联合起来，积极与会计界、立法界和相关经济部门进行沟通，努力推动评估业与会计业的合作。

在我国会计准则广泛引入“公允价值”计量属性之后，评估业界为会计计量提供服务应该是理所当然的事情，只是，我们要有足够充分的准备，来认真地承担这项工作。而在一段时间以来，我国评估界对作为会计计量基础的评估所存在的认识上的自我限制（因为"资产评估结果不能作为调整账面记录的依据"似乎已经根深蒂固），其实已经不再是实质的障碍，而一切问题的解决却都还需要我们去努力。中国会计准则与国际准则的趋同，更进一步向我国评估界发出了一个清晰的信号，那就是不仅中国的会计职业界，而且中国的评估界都需要致力于提高透明度、工作质量和高水准的执业准则。而这些，对于中国资本市场的发展是至关重要的。评估机构及其评估人员对资产价值的估计判断都是建立在专业技术知识和经验的基础之上，聘请提供资产评估的事务所从事相关的服务，对企业来说也可以节约一定的成本，而专业评估的独立属性则进一步提高了评估意见的公正性。因此，从实务和理论方面，继续深入加强会计界与评估界的协调与合作，实现评估界与会计届的良性互动乃大势所趋。资产评估与会计工作应是相互配合，共同完善的，只有两者协调一致才能更好地为市场交易服务。此外，从市场监管的角度来看，要做好会计监管工作，也必然要求先整顿资产评估工作中的不正之风，为公允价值计量的有效运用构建与之适应的市场环境。

第6章 公允价值计量和披露的审计

随着我国经济的发展和经济监督的完善，审计在保护国家财产、促进廉政建设、保护投资者和社会公众利益、维护市场经济秩序，以及加强企业自我约束与管理等方面发挥着越来越重要的作用。尽管公允价值计量属性在我国新会计准则体系中已经得到大量运用，但是对公允价值会计应用的争议依然存在，其中争议最大的就是公允价值计量的可靠性问题。如何对采用公允价值计量后的财务报表进行审计并尽可能地规避审计风险，是审计人员无法回避的问题，这也是提高会计信息质量的重要保障之一。国外的注册会计师职业组织对这一问题做了大量研究，并公布了一系列研究报告和指南。

为适应公允价值广泛运用所带来的种种问题，有效规避和防范风险，在充分借鉴和参照国际审计与鉴证理事会（IAASB）的《国际审计准则》体系的基础上，由中国注册会计师协会拟订、财政部发布的《中国注册会计师执业准则（2006）》已于2007年1月1日起实施。其中《中国注册会计师审计准则第1322号——公允价值计量和披露的审计》（以下简称“CIAS1322”）。在公允价值计量和披露规范非常简单分散、公允价值计量准则尚未出台的情况下，中国注册会计师如何才能有效地进行公允价值计量和披露的审计？CIAS1322则不失为保证中国新会计准则体系实施后会计信息质量的重要屏障或保障。本章将在新旧会计准则转换的大背景下,结合CIAS1322及相关审计准则,对与公允价值计量和披露有关的审计问题作一介绍。

6.1　执业审计:提高会计信息质量的重要保障

在市场经济条件下,经营权与所有权发生分离。企业所需资金或资本从证券市场上筹措,财产所有者在证券市场上通过入股和购买股票成为公司的股东,在股东和企业之间财产委托和受托之间产生了委托代理关系,客观上需要有一个独立、公正并且具有专业胜任能力的人员对履行受托责任的经营管理人进行鉴证,向委托人报告其经管责任的履行情况。而且证券市场在发挥其资源配置的功能中,信息是最基本、最重要的要素之一。会计信息则是委托人、受托人等社会公众进行受托责任关系运作决策的依据,影响着有关各方的利益。因此,与上市公司利益相关的社会公众根据上市公司公布的财务报表反映的会计信息和其他信息作出自己的决策。会计信息失真,就会导致社会公众决策失误和社会资源的不合理配置。

但是,企业委托人与受托人之间关于企业会计信息及其质量的信息分布严重不对称,加之经济人所普遍具有的机会主义动机以及委托人与受托人效用函数的不一致性,致使会计信息的质量受到严重扭曲,难以保障公众利益,所以必须通过一定的制度安排来克服。实践中,人们是通过对生产、传递会计信息的规则制定权的制度安排,来间接地控制、保证和提高会计信息质量的。有关会计规则制定权的制度安排经演进最终形成了如下的范式:政府享有一般通用的会计规则制定权,制定出"会计准则";企业受托人

(经营者)遵循会计准则并享有“剩余”的会计规则制定权;由独立、客观、公正的会计专家监督企业受托人遵循会计准则和对剩余会计规则制定权的合理行使。

我国新会计准则体系在坚持历史成本基础的前提下,在相关准则中采用了公允价值的概念或计量方法,成为一大亮点。新企业会计准则体系制定的主要思路之一是参照国际财务报告准则,并充分考虑我国的现阶段国情,以使按照企业会计准则体系编制的财务报表能够更加真实、公允地反映企业的价值。但同时也引发了人们对会计信息质量的担忧。因为公允价值会计确认、计量所依据的主要是相同或类似项目的市场价格,在市场经济发达的国家或地区,各要素和产品市场发达的情况下,这些市场价格还是比较可靠的。但在缺乏可比价格的市场下,需要充分运用各种估计和判断。因此,实务中难免发生部分上市公司为了粉饰财务状况和经营成果,利用公允价值计量模式调节各期利润等现象,最终致使公允价值会计信息有失“公允”。

注册会计师的审计是防止会计造假的最后一道防线。为保障投资者的利益,注册会计师等中介机构应本着独立客观公正的原则,以应有的职业审慎实施审计工作,严格按照鉴证业务准则的要求实施鉴证程序,获取充分、适当的鉴证证据,对公司公允价值选用的合理性,包括公司的决策程序、公允价值的确定方法及披露的充分性给予关注,对上市公司选用的会计政策、做出的会计估计及其合理性、适当性做出独立的实质性专业判断,并恰当地发表鉴证意见。其中有应重点评价被审计单位管理当局对资产减值准备的计提、公允价值估值的技术和假设是否合理、披露是否充分。如果缺乏客观数据或存在重大不确定性,注册会计师就更应当考虑其对审计报告的影响,决定是否在审计报告中揭示,以引起会计报表使用者的充分注意，保证会计信息的真实、可靠。公允价值显失公允，公司又拒绝调整的，注册会计师将考虑对鉴证结论的影响。

目前注册会计师独立审计制度业已成为我国社会经济监督体系的重要组成部分，它的一个核心功能就是通过注册会计师的审计鉴证工作，保障会计信息的真实可靠，维护广大投资者和社会公众的合法权益。通过注册会计师的审计，可以充分发挥注册会计师的监督作用，以有效地遏制上市公司的滥用公允价值的虚饰行为，提高会计信息质量，促进社会资源的合理、有效配置。

6.2 公允价值计量或将引发审计风险

6.2.1 公允价值计量加大审计风险

注册会计师审计的风险主要取决于会计信息质量本身。新会计准则的颁布和实施增强了新准则的规范性和可操作性，使得审计工作有据可依，从而相对降低了审计实施的难度，有利于防止企业通过债务重组、非货币性交易等手段虚饰利润，也有利于审计风险的降低和审计环境的改善。但是新会计准则关于公允价值的广泛应用给会计职业判断留下的较大空间，对于社会审计来说，不确定因素增加，无疑使注册会计师在执行审计业务时难度增加，审计风险也加大，同时对注册会计师的职业判断能力与业务素质水平提出了更高的要求。比如，由于资产减值准备等需要较多地运用估计和判断，会计处理有一定的难度，而由于还没有明确的标准、不同的会计人员对可收回金额的估计结果可能不同，致使审计工作难度加大。其中尤其是公允价值的引入，给管理当局更多的会计选择权，会计弹性空间越来越大，而极有可能成为利润操纵的工具，因此，审计人员能否对会计人员确认计量的公允价值以及会计核算方法选择的恰当合规性作出客观公正的审计评价就更为关键，这将大大提高审计的难度和风险。

对此，美国公众公司会计监督委员会（PCAOB）主席 Mark Olson 不久前业已明确表示，当公司开始扩大其公允价值会计的使用范围时，其审计师可能并未完全准备好对此进行评估。PCAOB 担心公允价值会计可能给财务报告审计的可靠性带来风险。Olson 表示，PCAOB 正在对事务所如何处理潜在风险展开监测。对投资者而言，尽管按照当前市场价值计量的资产和负债价值要比按照历史成本计量的价值更具有相关性，但是 Olson 对按照当前市场价值计量的资产和负债价值的可靠性表示担忧，在一次会议中，Olson 表示："公允价值会计日益广泛的应用给审计师和 PCAOB 带来了挑战。"Olson 的担忧集中在公司用来计量公允价值的各种不同的方法上。他指出："审计师在估价方法方面可能尚未经过足够的训练，这使得审计师无法对公司作出选择的正确性作出判断。"在华盛顿举行的《公司遵循周刊》年会上，Olson 在其演讲稿中表示"审计师应当注意财务报表编制者（有意或无意中）对公允价值的计量存在的偏差"。此外，Olson 还提醒审计师应当注意，影响到公允价值计量的内部控制与那些影响到典型的商业交易的内部控制是不同的。

通常而言，与审计密切相关的财务报告风险主要包括：

（1）会计政策选择风险。比如资产减值准备计价政策、收入确认办法、投资计价方法、存货计价方法、所得税会计政策等一些会计政策的选择与公认会计准则不一致等。

（2）舞弊风险。比如管理层的业绩压力促使对财务报表进行人为操纵；公司法人治理结构形同虚设加大了管理层舞弊的机会等。

(3)会计估计风险。比如,资产重置价值或公允价值并不是真实交易的反映;资产减值估计所采用的假设不客观;存货可变现净值计算不准确;各项费用或准备计提的计算不准确;应收款项、坏账准备的计提不够充分等。

(4)财务报告流程风险。这些风险主要表现在:销售环节对销售数据的获取和输入不完整或不正确;销售环节中发票所反映的实物或数量不能真实地反映交易;采购环节反映的原材料的数据输入没有经过合理授权或记录不及时;期末结账流程存在人为的或重大的调整;总账与合并报表系统之间的数据传输不完整或不正确;财务报告和财务报告附注中的内容或金额不完整或不正确等。

(5)财务报告披露风险。这些风险主要表现在:公司董事或高管的报酬与政策法规不一致;分部报告的披露要求、内容与公认会计准则不一致;年金计划披露与公认会计准则不一致;金融衍生工具的披露与公认会计准则不一致;关联方交易或披露不符合上市要求;大股东资金占用的披露不符合要求等。

注册会计师执行审计业务时,在其审计报告中应就审计单位的财务报表是否按照适用的会计准则和相关会计制度的规定编制,财务报表是否在所有重大方面公允反映审计单位的财务状况、经营成果和现金流量发表意见。这就需要审计师在对新会计准则学习掌握的基础上,学会使用恰当的估价技术和方法,同时需拥有对风险管理和有效的内部控制制度方面的知识,这样才能对会计人员做出的大量职业判断进行客观评价,从而对资产风险的确认、计量和披露以及企业利润的真实和完整做出评价。在此过程中,注册会计师还应熟悉并能查找出其本身职业判断与企业会计人员职业判断之间的差异及其原因,以降低审计风险。

6.2.2 审计风险评价

1. 可能影响公允价值计量的因素

注册会计师在进行公允价值审计之前，应当对审计风险做出评价。公允价值计量错误的风险是由管理部门的计量程序的可靠性所决定的。而计量程序的可靠性反过来也受到与公允价值计量相关的不确定的影响。注册会计师在进行公允价值审计时，至少应当仔细考虑以下可能影响公允价值计量的因素：

(1)预测期间的长度；

(2)与计量过程相关的、重要的和复杂的假设的数量；

(3)与计量中所用到的假设和所考虑的因素有关的主观性的程度；

(4)作为假设基础的未来事项的不确定性的程度；

(5)在运用主观判断时，客观数据的缺乏。

2. 风险评估时应考虑的因素

注册会计师在进行实质性测试之前，应当就公允价值审计的内部控制风险进行评价，根据评估结果来设计实质性测试的性质、时间和范围。在风险评价结束以后，注册会计师需要根据风险评价的结果确定实质性测试的范围和步骤。在进行与公允价值的计量和披露有关的风险评价时，注册会计师需要考虑的因素包括：

(1)对公允价值计量过程的控制；

(2)进行公允价值计量的人员的专业熟练程度和经验；

(3)信息技术在整个过程中所扮演的角色；

(4)进行公允价值计量的账户和交易的类型(如该交易是常规的、经常性交易还是偶然的、非经常性交易)；

(5)如果企业雇用了中介机构协助进行公允价值的计量，那么应当评估企业对中介结构的依赖程度；

(6)企业利用专家工作的程度；

(7)管理部门进行公允价值计量时用到的重要的假设和估计；

(8)支持管理部门假设的证据；

(9)管理部门作出假设和估计的过程；

(10)用来控制管理部门假设和估计的变化的措施；

(11)对估价方法和相关信息系统(包括批准步骤)变化的控制和安全步骤的完整性；

(12)对估价方法所用到的数据的一致性、及时性和可靠性的控制。

6.3　公允价值计量与披露的审计责任及关注重点

6.3.1　公允价值计量模式下的审计责任

按照会计准则和相关制度的规定，作出公允价值计量和披露是被审计单位管理层的责任。即企业的管理部门应当对公允价值的计量和披露的真实性承担责任。为了履行这一责任，管理部门应该制定一套进行公允价值计量和披露的程序；选择适当的估价方法；确定所使用的假设和估计并对其假设和估计给予充分的支持；进行估价；确保对公允价值的计量和披露与会计准则保持一致。管理部门可以雇用专家进行公允价值的估价工作，但是管理部门应当对所聘用专家的专业能力进行评估，以确保所雇用的专家有进行公允价值评估的能力，并且管理部门要对专家的评估结果负责。

获取充分、适当的审计证据，以确定公允价值计量和披露是否符合适用的会计准则和相关会计制度的规定则是注册会计师的法定责任。为此，注册会计师需要对报表中有关公允价值计量和披露部分是否符合会计准则做出评估。在进行实质性测试时，管理部门所雇用的专家的评估结果也可以作为审计证据的一部分。但是，审计人员应当对专家的专业能力做出评估，以确定其有进行公允价值估价工作的能力，并且还应该对其估价的结果进行实质性测试。审计人员可以自己雇用专家对管理部门的估价结果进行评估，但审计人员要对其所雇用专家的评估结果负责。

目前我国新会计准则体系在企业合并、投资性房地产、生物资产、股份支付、债务重组、非货币性交易、金融工具确认和计量等准则中直接或间接采用了公允价值计量。因此，充分估计新会计准则执行中可能存在的问题，采取切实可行的措施，做好新旧会计准则的衔接工作，以确保会计信息的质量。在新旧会计准则过渡期间，上市公司应以重要性原则为基础，遵循谨慎性原则，对执行新会计准则过程中的重点问题予以充分关注，确保财务会计信息披露的真实、准确和完整。注册会计师则应秉承风险导向审计理念，严格执行新的《中国注册会计师执业准则(2006)》，科学选用鉴证方法和技术，全面了解被鉴证单位及其环境，审慎关注重大错报风险，充分履行控制测试和实质性程序，为发表合理的鉴证结论获取充分、适当的证据。

6.3.2 公允价值计量和披露的审计重点

新会计准则体系的变化使新审计准则的体系结构、审计准则名称和编号、审计模式也发生了改变。针对新审计准则和新会计准则的较大变化，注册会计师在履行审计时，应加强对被审计单位及其环境的了解，在审计的各阶段都要实施风险评估程序和对重大的各类交易、账户余额、列报和披露实施实质性测试程序，并将识别、评估和应对风险的关键程序形成工作记录，以保证审计执行的质量，明确执业责任。同时，注册会计师在审计时，应重点关注、研究新会计准则的核心内容：如引入公允价值涉及的关键性准则。这些准则主要包括：资产减值、投资性房地产、非货币性资产交换、债务重组、企业合并等。此外还有政府补助、股份支付、合并报表范围的变化、贷款资产计价的变化、产品成本结构的变化、固定资产折旧方法的变化、无形资产摊销的变化等。

由于新会计准则体系在企业合并、投资性房地产、生物资产、股份支付、债务重组、非货币性交易、金融工具确认和计量等准则中直接或间接采用了公允价值计量，上市公司可能为了粉饰财务状况和经营成果，利用公允价值计量模式调节各期利润；或出于某种出于不当动机，要求相关中介机构出具虚假鉴证报告。因此，注册会计师在公允价值审计过程中尤其应重点关注以下领域：

(1)公允价值计量模式的谨慎适度选用。注册会计师在鉴证业务过程中应履行充分的鉴证程序，对公司公允价值选用的合理性，包括公司的决策程序、公允价值的确定方法及披露的充分性给予关注，并做出独立的专业判断。公允价值显失公允，公司又拒绝调整的，注册会计师应考虑对鉴证结论的影响。

(2)存货发出计价取消“后进先出法”后的审计。存货价格处于上涨时期，采用“后进先出法”，是将最高价格的材料入账，使当期成本费用上升，减少当期利润；若采用先进先出法，是将最低价格的材料入账，使当期成本费用下降，增加当期利润。若存货价格处于下降时期，则正好相反，即采用后进先出法会减少成本，增加利润；采用先进先出法则增加成本，减少利润。这一核算小法变动的目的是杜绝企业利用变更存货计价方法来调节当期利润水平。准则的变化对原先采用“后进先出法”、存货较多、周转率较低的公司将有一定影响，2007 年采用新的存货计价方法后，其财务报表反映出来的毛利率和利润将出现波动，在对上市公司财务报告进行审计的过程中，应当充分考虑该会计政策变动引致结果的合理性。

(3)投资性房地产范围的划分及后续计量方法的选择。新会计准则要求上市公司应严格合理划分投资性房地产的范围，谨慎选择投资性房地产的后续计量方法。通常应当采用成本模式对投资性房地产进行后续计量，也可以采用公允价值模式对投资性房地产进行后续计量。但同一企业只能用一种模式对所有投资性房地产进行后续计量，不得同时采用两种计量模式。如选用公允价值计量模式，公司应对其公允价值的确定方法和确定过程进行充分披露。并且上市公司不得随意将成本计量模式变更为公允价值计量模式，也不得通过随意变更房地产用途等手段进行利润操纵。公司董事会应就重要投资性房地产项目后续计量模式的选择、变更以及投资性房地产用途转换等事项做出决议。为此注册会计师需要履行充分的鉴证程序，就上市公司投资性房地产确认标准、计量模式选择的合理性获取充分、适当的鉴证证据。对于上市公司变更房地产用途以及后续计量模式的转换应重点关注。

(4)新无形资产准则的变化审计。新准则明确规定无形资产使用范围不包括商誉；并且增加有关不确定使用寿命无形资产的会计处理，规定了此类无形资产不再采用摊销的办法，而是采用减值测试。商誉的后续计量方式由按照直线法摊销，改变为至少每年进行减值测试不摊销的方法，并规定按照相关资产组或组合进行减值测试的方法。可能增加或减少企业的损益，从而造成权益变化，资产结构随之发生变化。这样的改变能够进一步规范上市公司相应的会计处理。对开发过程中的费用符合条件可以资本化的新规定，使得符合条件的上市公司财务报表将表现出费用减少、利润增加或资产增值。但是，在实际操作中，由于无形资产研发业务复杂、风险大，将很难明确划分研究和开发两个阶段。公司如何划分研究阶段和开发阶段，也就决定了研发支出费用化和资本化的分界点。因此，对于不符合条件的上市公司而言，利用这个政策变化，随意调节费用所属期间，从而达到操纵利润的目的。此外，新准则对无形资产的摊销不再仅仅局限于直线法，并且摊销年限也不再固定。新准则实施后，上市公司可能会通过调节无形资产的摊销年限或方法来进行盈余管理。通过减少摊销年限和加速摊销来提高公司的业绩，或者以相反的手法来降低业绩，达到盈余管理的目的。此外，新会计准则对高科技公司本身短期做好业绩有利，但这仅在于会计处理，作为审计人员还是要从谨慎角度去评估这类上市公司的长期真实价值。

(5)资产减值准备计提和转回的问题。财政部及证监会相关法律、法规要求上市公司应建立、健全资产减值准备相关的内部控制制度，形成科学合理的决策程序。上市公司 2006 年度应按照现行会计准则的要求充分计提相关资产减值准备。对于 2006 年的大额资产减值准备转回，公司管理层应向董事会提供充分表明转回的合理性和资产价值恢复的证据，董事会应就此进行审议并形成决议。如无充分证据表明原计提减值准备的合理性，应按前期差错更正的原则进行会计处理。在新会计准则实施后，上市公司需要密切关注其长期资产是否存在减值迹象，并根据有关规定对存在减值迹象的资产进行减值测试。上市公司 2007 年及以后年度出现重大资产处置，导致计提的资产减值准备在短期内大额转出的，应提出充分证据证明原减值准备计提的合理性，否则按前期差错更正的原则进行处理。上市公司不得在2006年底前突击转回长期资产的减值准备。不得利用计提资产减值准备的机会"一次亏足"，或在前期巨额计提后大额转回，随意调节利润；也不得随意变更计提方法。因此，注册会计师应根据相关鉴证业务准则的要求实施鉴证程序，获取充分、适当的鉴证证据，在此基础上对上市公司的会计政策、会计估计及相关会计处理的适当性做出实质性判断，对于2006年的重大资产减值准备转回的，要给予重点关注。对于转回理由不充分或存在减值迹象而公司未合理计提准备的，注册会计师应提请公司予以调整，公司拒绝调整的，注册会计师应考虑对鉴证结论的影响。

(6)债务重组和非货币性资产交换损益的确认。债务重组和非货币性资产交换准则再次引入公允价值计量，这将在2007年及以后的上市公司财务报表上体现为资产价值的变化和利润明细项目的增加。比如在非货币性资产交换中，新准则规定上市公司应严格按要求确定其是否具有商业实质，并谨慎判断相关资产的公允价值能否可靠计量，如实进行充分的信息披露。新准则还规定在确定是否具有商业实质时，企业应当关注交易各方之间是否存在关联方关系。在交易对方为关联方的情况下，上市公司需要考虑该项交易的背景及交易价格的公允性。因此，注册会计师在鉴证过程中应对交易背景和真实性予以必要的关注。对于明显异常的债务重组协议、不具有商业实质或公允价值不能可靠计量的非货币性资产交换要予以重点关注。

(7)借款费用资本化的审计。新准则对于借款费用资本化不再仅仅限于固定资产，并规定，如果相关资产的购建或生产占用了专项借款之外的一般借款，被占用的一般借款的利息支出允许计入资产。根据新准则,公司可能在一般借款的利息支出和符合资本化条件的资产上打主意。例如,企业如欲提升业绩,需要扩大利息资本化范围,则可以采用一定的手段使专项借款之外的一般借款的利息支出符合计入资产的要求;另一方面,将已完工的固定资产长期作为在建工程核算,这样既延长了利息支出计入资产的时间,又减少了折旧的计提,从而达到操纵利润的目的。因此,注册会计师应当特别关注债务较多且有虚增利润动机的企业。

(8)各项金融工具的划分及计量问题。我国 2006 年首次出台的《金融工具确认和计量》《金融资产转移》《套期保值》和《金融工具列报》四项金融工具准则,其核心是将金融衍生工具纳入表内核算并按公允价值计量,相关公允价值变动计入当期损益或所有者权益。为避免企业对金融工具计量的随意性,财政部及证监会要求上市公司董事会和管理层应严格依照法律、法规和公司章程规定的决策权限,履行相应决策程序,根据金融工具的持有意图和风险管理目标,合理划分类别并形成明确的书面结论。在后续计量过程中如涉及采用估值模型确定公允价值,上市公司应谨慎选用相关计算参数,并做出充分的信息披露。上市公司不得利用金融工具分类进行利润操纵,对于已经确定类别的金融工具,不得随意变更其类别;发生变更的,上市公司应提出充分证据,并在附注中充分披露。上市公司不得利用金融工具的重分类人为调节各期利润。因此,注册会计师应就金融工具的相关业务合理制定鉴证计划,充分履行鉴证程序,对公司及其环境、可能存在的重大错报风险等给予合理关注,并对金融工具类别变更给予重点关注。对于变更理由不充分,公司拒绝调整的,注册会计师应考虑对鉴证结论的影响。

(9)企业合并会计处理及相关信息披露的充分性。新会计准则对企业合并分为两种情况:同一控制下的企业合并,采用账面价值计量,并在最近一期定期报告中充分披露企业合并对公司当期财务状况和经营成果的影响程度;对于非同一控制下的企业合并,应采用公允价值计量基础,并在定期报告中充分披露合并时点被合并方资产、负债的公允价值及其后续变动情况,及其对财务状况和经营成果的影响程度。目前中国企业的合并大部分是同一控制下的企业合并,合并对价形式上是按双方确认的公允价值确认,而实质上并非是双方都认可的价值,尽管公允价值是要经过中介机构评估确认,但是人为操纵因素过多地干扰了公允价值的实现。因此,相当一些亏损上市公司通过合并重组"扭亏为盈"。新会计准则规定同一控制下的企业合并对价按资产账面价值进行会计处理,规范了企业盈余管理行为。另外,投资成本与投资企业拥有被投资企业的"份额"之间的差额不再作为股权投资差额处理,将来的会计核算和财务报表将不再存在股权投资差额及其摊销;被购买方的或有负债将从表外披露项目转变为影响购买方成本的表内项目。注册会计师需要获取充分、适当的鉴证证据,重点关注企业合并的类型以及相应会计处理的正确性,尤其是一些上市公司也会抓住机会加速合并,以公允为名操纵利润,或出于合并报表目的之收购新公司、卖出老公司行为将升级,将有更多公司推迟报表的刊登。同时应关注企业合并相关信息披露的充分性。

(10)关联方交易及其信息披露问题。关联交易在市场经济条件下既广为存在,又有悖于市场经济的公平交易基本原则。按照市场经济的公平交易原则,一切企业之间的交易都应该在市场竞争的原则下进行,包括定价原则、交易方式等。而关联方的交易存在着各种各样的关联关系,存在利益上的牵扯,不是在完全公开竞争的条件下进行,因而,客观上将给投资者、债权人、国家、企业带来或好或坏的影响。因此，我国相关法律、法规规定，上市公司应按照新会计准则的有关要求确定关联方关系，对关联方及其交易情况进行充分披露。上市公司的关联方不得利用关联方交易等手段侵吞上市公司资产或操纵上市公司利润，也不得将关联方交易非关联化，掩盖实质上的关联方关系及交易，规避相关信息披露。为此，注册会计师在鉴证业务过程中应当关注交易的真实性、价格的公允性和信息披露的充分性。对于公司与非正常业务关系单位或个人发生的偶发性交易或重大交易、缺乏明显商业理由的交易、实质与形式明显不符的交易，以及交易价格、条件、形式等明显异常或显失公允的交易应当予以重点关注，并视重要性程度考虑其对鉴证结论的影响。

6.4　CIAS1322：公允价值审计的操作指南

《中国注册会计师执业准则(2006)》尤其是《中国注册会计师审计准则第 1322 号——公允价值计量和披露的审计》(简称“CIAS1322”)为审计包含公允价值计量和披露的财务报表提供了指南。CIAS1322 要求，执业注册会计师必须取得充分适当的审计证据证明公允价值计量和披露都遵守了相关规定。注册会计师必须理解 CAS 对特定公允价值估计的要求。但是由于 CAS 中并没有制定用以确认以公允价值计量的项目价值的具体方法或程序。CAS 只是指出，通常而言，公允价值应以活跃市场的报价为基础。若没有活跃的市场价格，管理当局估计公允价值的方法应该和个体在市场中可能采用的方法一致。如果这样的信息仍然无法获得，CAS 允许企业在没有证据表明市场参与者不会使用不同方法的时候使用其自己的假设。因此，注册会计师对公允价值的审计难免有一定难度。CIAS1322 把审计公允价值计量和披露所采用的方法和程序结合在一起，并为审计公允价值计量和披露提供了一个总体框架。

6.4.1 公允价值计量和披露及重大错报风险的审计

1. 了解被审计单位公允价值计量和披露的程序以及相关控制活动并评估重大错报风险

注册会计师应当按照《中国注册会计师审计准则第 1211 号——了解被审计单位及其环境并评估重大错报风险》的规定，了解被审计单位公允价值计量和披露的程序及相关控制活动，以足够识别和评估认定层次的重大错报风险，设计和实施进一步审计程序。在了解被审计单位公允价值计量和披露的程序及相关控制活动时，注册会计师应当考虑下列事项：

(1)从事公允价值计量人员的专业知识和经验；

(2)信息技术在计量过程中的作用；

(3)需要以公允价值计量或披露的账户或交易的类型；

(4)依赖服务机构提供公允价值计量或支持计量数据的范围；

(5)在确定公允价值计量和披露时，利用专家工作的程度；

(6)在确定公允价值时，管理层做出的重大假设；

(7)支持管理层作出假设的记录；

(8)在形成和运用假设以及监控假设的变化时，管理层采用的方法；

(9)估值模型及相关信息系统的更改控制和安全性程序的完整性；

(10)对估值模型中使用数据的一致性、及时性和可靠性的控制。

在了解被审计单位确定公允价值计量和披露的程序及相关控制活动后，注册会计师应当识别和评估与公允价值计量和披露相关的认定层次的重大错报风险，以确定进一步审计程序的性质、时间和范围。当确定与公允价值计量或披露相关的重大错报风险是特别风险时，注册会计师应当遵守《中国注册会计师审计准则第 1211 号——了解被审计单位及其环境并评估重大错报风险》的相关规定。值得注意的是，公允价值计量通常涉及管理层的主观判断，可能影响能够实施的控制活动的性质，注册会计师在评估重大错报风险时应当考虑控制的固有局限性[32]。

2. 评价公允价值计量的适当性和披露的充分性

（1）评价财务报表中公允价值计量和披露是否符合适用的会计准则和相关会计制度的规定

在审计过程中，注册会计师应通过了解适用的会计准则和相关会计制度的规定、被审计单位的业务和行业情况以及实施其他审计程序的结果，评价应以公允价值计量的资产和负债的会计处理是否适当，对公允价值计量和相关重大不确定性的披露是否充分。如果适用的会计准则和相关会计制度已规定公允价值计量方法，注册会计师应当考虑被审计单位采用的计量方法是否与规定的方法一致。

按照会计准则及相关规定，被审计单位对资产和负债以公允价值进行计量和披露，应当以公允价值能够可靠计量的假定为前提。如果某项资产和负债不存在活跃的市价，且其他合理估计公

---

[32] 内部控制存在下列固有局限性，无论如何设计和执行，只能对财务报告的可靠性提供合理的保证：①在决策时人为判断可能出现错误和由于人为失误而导致内部控制失效；②可能由于两个或更多的人员进行串通或管理层凌驾于内部控制之上而被规避。

允价值的方法也明显不适用或无法实施，该项假定可能不成立。当管理层确定公允价值能够可靠计量的假定不成立时，注册会计师应当获取支持管理层做出这项决定的充分、适当的审计证据，并确定该事项是否得到恰当的会计处理。

如果管理层采取特定措施的意图与公允价值计量和披露相关，注册会计师则应就管理层的意图获取审计证据，并考虑管理层实施该意图的能力。针对管理层意图获取审计证据的范围属于职业判断，注册会计师实施的审计程序通常包括向管理层询问，并通过下列方式对管理层的答复予以印证：①考虑管理层以前所述的对于资产和负债的意图的实际实施情况；②复核包括预算、会议纪要等在内的书面计划和其他文件记录；③考虑管理层选择特定措施的理由；④考虑管理层在既定经济环境下实施特定措施的能力。

如果适用的会计准则和相关会计制度规定了可供选择的公允价值计量方法，或者对公允价值计量方法未做出规定，注册会计师应当评价被审计单位是否根据具体情况采用适当的计量方法。在评价特定情况下采用的公允价值计量方法是否适当时，注册会计师应当运用职业判断。如果被审计单位从可供选择的方法中选用某一估值方法，注册会计师应当通过与管理层讨论，了解其选择该估值方法的理由，并考虑下列事项：

①如果适用的会计准则和相关会计制度规定了选用估值方法的标准，管理层是否充分评价和恰当运用这些标准，以支持其选用的方法；

②根据被估值资产或负债的性质以及适用的会计准则和相关会计制度的规定，采用的估值方法是否适当；

③根据被审计单位业务情况、行业状况和所处的环境，采用的估值方法是否适当。

由于管理层可能已经确定不同的估值方法会导致公允价值计量结果存在重大差异。因此，注册会计师还应当评价被审计单位在确定公允价值的估值方法时如何调查产生这些差异的原因。

(2) 评价公允价值计量方法是否得到一贯运用

如果管理层选定了某种公允价值估值方法，注册会计师应当评价其是否得到一贯运用。如果得到一贯运用，注册会计师应当考虑影响被审计单位的环境和情况可能发生的变化，或适用的会计准则和相关会计制度要求的变更，以确定这种一贯性的运用是否仍然适当。如果管理层变更了估值方法，注册会计师应当考虑管理层是否能够充分说明变更后的估值方法提供了更为适当的计量基础，或适用的会计准则和相关会计制度或其所处环境的变化能够支持其变更估值方法。

3. 公允价值计量与披露的实质性测试

根据《中国注册会计师审计准则第 1322 号——公允价值计量和披露的审计》规定，注册会计师应当针对评估的与公允价值计量和披露相关的认定的重大错报风险，设计和实施进一步审计程序。由于公允价值计量可能相对简单，也可能非常复杂，注册会计师实施的审计程序在性质、时间和范围上可能存在很大差异。一般而言，注册会计师实施的与公允价值计量和披露相关的实质性程序通常包括：①测试管理层的重大假设、估值模型和基础数据；②对公允价值进行独立估值，以印证其计量是否适当；③考虑期后事项对公允价值计量和披露的影响。

(1) 测试管理层的重大假设、估值模型和基础数据

注册会计师对管理层确定公允价值过程的可靠性的了解，是支持公允价值计量结果的重要因素，并影响进一步审计程序的性质、时间和范围。在针对管理层确定公允价值过程的可靠性获取审计证据时，注册会计师应当评价下列因素：①管理层使用的假设是否合理；②当使用模型进行公允价值计量时，模型是否适当；③管理层是否使用了在当时能够合理获取的相关信息。

第一，对管理部门的重要假设和估计进行测试

常用的公允价值估价方法有三种：市场法、收益法、成本法。假设和估计是各种估价方法的内在固有特性。例如，当采用成本法进行公允价值的估价时，所依据的假设之一就是：企业资产的价值是由其成本所决定的。按照所采用估价方法的不同，所依据的假设也会有所差别。但是在财务报表审计过程中，注册会计师针对管理层假设实施审计程序的目的不是为了对假设本身发表意见，而是为了评价这些假设是否对公允价值计量提供了合理的基础。注册会计师应当重点关注管理层运用判断识别对公允价值计量有重大影响的假设。这些重大假设通常涉及可能对公允价值计量产生重大影响的下列事项：①对数量、性质的变化或不确定性敏感的事项；②易于误用和易受偏见影响的事项。

在审计过程中，注册会计师需要考虑管理层以前期间使用的估值技术和假设，并将前期确定的公允价值计量结果与本期可取得的实际结果进行比较，以获取有关管理层公允价值计量过程可靠性的审计证据。同时还应当考虑公允价值计量结果和实际结果的差异是否源于经济环境的变化。如果认为存在与公允价值计量相关的特别风险，注册会计师应当从个别和整体的角度评价管理层在计量公允价值时所使用的重大假设，以确定这些假设是否为财务报表中公允价值计量和披露提供了合理基础。其中注册会计师应特别关注估值方法依据的重大假设，并评估假设是否合理。只有当假设具有相关性、可靠性、中立性、可理解性和完整性时，才能为公允价值的计量和披露提供合理的基础。

注册会计师应考虑公允价值估值对重大假设(包括可能影响价值的市场状况)变化的敏感度。在适用的情况下,注册会计师应提请管理层使用敏感性分析等技术,以识别特别敏感的假设。当管理层拒绝进行分析时,注册会计师应当考虑是否进行独立分析。同时考虑与公允价值计量相关的不确定性或缺乏客观数据是否可能导致无法合理估计公允价值。在考虑假设是否为公允价值计量提供合理基础时,注册会计师既要将这些假设作为一个整体来考虑,也要对每一假设单独考虑。即也应考虑假设从个别和整体上是否合理,是否符合实际,并与下列事项保持一致:

①总体经济环境和被审计单位的经营状况;

②被审计单位的计划;

③适当的情况下,前期使用的假设;

④当前仍然适用的被审计单位以往的经验或状况;

⑤与财务报表相关的其他事项,如管理层做出其他会计估计所运用的假设;

⑥与现金流量相关的风险,包括现金流量的潜在变化及其对折现率的影响。

总之,假设和估计通常可以得到来自于内部和外部的不同类型证据的支持,审计人员应当对这些证据的来源和可靠性加以测试。假设和估计还会受到会计准则的影响,在会计准则中往往会对公允价值计量的重要假设和估计做出规定。注册会计师应当评价支持管理层假设的审计证据的来源及其可靠性,包括根据历史信息考虑这些假设,并评估这些假设是否以被审计单位有能力执行的计划为基础。如果假设反映了管理层的意图和实施特定措施的能力,注册会计师应当考虑这些假设与被审计单位的计划和以往经验是否一致。历史信息可能无法反映未来的状况或事项。如果管理层在形成假设时依赖了历史财务信息，注册会计师应当考虑是否能够依赖这些信息。

第二，所使用的估价方法是否适当

不同的行业，不同的企业，不同的资产或负债，所使用的估价方法是有所差异的。估价方法本身无所谓好与坏、正确与错误，关键是使用得是否恰当。因此，对被审计单位使用估值模型进行公允价值计量的项目，注册会计师应当复核该估值模型，并评价该模型是否恰当以及使用的假设是否合理。

第三，对基础数据的测试

注册会计师应当对管理部门和专家在公允价值计量过程中所依据的基础数据的准确性、完整性和相关性进行测试，并针对形成公允价值计量和披露所依据的数据实施相应的审计程序，以评价公允价值计量的数据是否准确、完整和相关以及公允价值是否依据这些数据和管理层的假设予以适当计量。测试内容包括：验证数据来源，对数据重新进行计算以及对数据的内在一致性做出测试。

（2）对公允价值进行独立估值

注册会计师在审计中对于重要项目的公允价值应当考虑进行独立估值，以印证被审计单位的公允价值计量结果，而不是轻信管理部门和专家的评估意见。在对公允价值进行独立估值时，注册会计师仍应按照 CIAS1322 第四十一条的规定对形成公允价值计量和披露的数据实施审计程序。

如果运用管理层的假设进行独立估值，注册会计师应当按照 CIAS1322 第三十条至第四十条的规定评价管理层的假设。注册会计师也可另行设定假设，而不使用管理层的假设。在这种情况下，注册会计师仍应了解管理层的假设，据此确定另行设定的估值模型是否已考虑管理层估值模型所含的重要变量，并与管理层的公允价值计量结果进行比较及评价重大差异。如果估价的结果与管理部门和专家的意见不一致，应当探究产生差异的原因；假如差异无法得到合理的解释，那么注册会计师就要考虑在审计报告中反映这一事实。

(3) **考虑期后事项**

资产负债表日以后，审计完成之前发生的交易和事项，往往可以为公允价值的计量和披露提供参照。注册会计师应当考虑期后事项对财务报表中公允价值计量和披露的影响。值得注意的是，财务报表期末存在的一些情况在财务报表期后的一段时间内可能已经发生了变化，期后的公允价值信息可能仅反映期后发生的事项，而不反映资产负债表日已经存在的情况。当评估与这些期后事项相关的审计证据时，注册会计师应当遵守《中国注册会计师审计准则第 1332 号——期后事项》的相关规定。

(4) **公允价值的披露**

在完成了对公允价值计量的实质性测试以后，审计人员还应该对公允价值的披露予以关注。因为对公允价值相关信息的充分披露，有利于投资者判断投资风险，对于审计中的风险控制而言，也是重要的一环。通常需要重点关注的内容主要包括：

①管理部门是否按照会计准则的要求进行了公允价值的披露；

②当公允价值的计价中存在不确定性时，管理部门是否充分披露了这一不确定性；

③管理部门是否在报表附注披露了其进行公允价值计量时所用的假设和估计以及计量方法等信息。

6.4.2 利用专家的工作

在了解被审计单位及其环境以及针对评估的风险实施进一步审计程序时，注册会计师可能需要会同被审计单位或独立获取专家的报告、意见、估价和说明等形式的审计证据。在公允价值审计过程中，注册会计师应当确定是否需要利用专家的工作。在项目组讨论被审计单位财务报表存在重大错报的可能性时，注册会计师也应当考虑是否邀请专家参与讨论。在确定是否需要利用专家的工作时，注册会计师应当考虑下列因素：①项目组成员对所涉及事项具有的知识和经验；②根据所涉及事项的性质、复杂程度和重要性确定的重大错报风险；③预期获取的其他审计证据的数量和质量。

实务中，由于公允价值估价的复杂性，所以很多时候管理部门和审计人员不得不雇用专家对特定资产或负债项目的公允价值进行估价，但是所雇用的专家是否具备进行公允价值估价的专业素质，还需要做出相应的评估。因此，在确定利用专家的工作之前，注册会计师应当获取充分、适当的审计证据，以证明专家的工作能够满足审计的需要，并符合《中国注册会计师审计准则第 1421 号——利用专家的工作》的要求。

1. 评估专家的专业胜任能力和客观性

当利用会计师事务所内部专家的工作时，注册会计师可以依赖会计师事务所的招聘和培训系统确定专家的专业胜任能力，而不必就每一项审计业务对专家的工作进行评价。通常而言，审计人员应当从以下几个方面，对专家的专业素质做出评估：

(1)该专家所拥有的职业证书和资格，以及他所拥有的各种职业组织的会员资格，比如是否具有适当职业团体授予的专业资格或执业许可证，或是适当职业团体的会员；

(2)该专家对所估价的资产和负债的熟悉程度和估价经验；

(3)该专家在公允价值估价领域的声望和地位。

专家的独立性或客观性也是影响公允价值信息的主要因素之一，因为当该专家受雇于被审计单位或者与其存在其他的关联关系时，该专家估价结果的公允性就值得怀疑了。因此，注册会计师应当评价专家的客观性。当存在下列情况时，通常认为专家的客观性受到损害的风险将会增加：①专家受雇于被审计单位；②专家在其他方面与被审计单位存在关联关系，如经济上依赖于被审计单位或投资于被审计单位。

如果对专家的专业胜任能力或客观性存有疑虑，注册会计师应当与管理层交换意见，并考虑能否通过专家的工作获取充分、适当的审计证据。必要时，注册会计师应当考虑实施追加的审计程序，或利用其他专家获取审计证据。

2. 专家的工作性质和范围

在审计人员完成了对专家专业素质的评估、确认其具备了进行公允价值估价的专业素质之后，还需要对专家所进行的工作的性质有所了解。如果对专家所进行的工作没有足够的了解，审计人员就不能对专家的工作成果做出恰当的评价，从而无法控制审计风险。因此，审计人员通常还应该了解：

(1)专家工作的目标和范围；

(2)专家对公允价值定义的理解和确定公允价值拟使用的方法，是否与管理层的理解和方法一致，是否与适用的会计准则和相关会计制度的规定一致；

(3)了解专家使用的重大假设和估值方法，并基于对被审计单位情况的了解和实施其他审计程序的结果，考虑这些假设和估值方法是否适当、完整和合理；

(4)清楚客户向专家所提供的数据内容，从而确定实质性测试的范围；

(5)比较所使用的方法和假设在前后各期是否有一致性；

(6)专家能在多大程度上接触到关键性的人物、记录和档案；

(7)专家是否理解其工作成果将被审计人员用来评估在财务报表中有关的呈报；

(8)考虑估价结论的时效性问题，这有可能会影响到报告和公允价值审计的时效性；

(9)判断估价结果中是否存在某些项目需要审计人员重新做出评估；

(10)对于由审计人员雇用的专家，还要确保这些专家了解审计公司一贯的职业政策和习惯。

审计人员了解上述情况的方法很多，包括：阅读专家的估价报告和专业文献；与进行类似的审计工作的其他审计人员探讨所面临的问题；与所雇用的专家或者其他专家探讨所面临的问题；参加有关的研讨会；等等。当然，注册会计师应当评价专家工作的结果作为审计证据的适当性，审计人员可以自己雇用专家对管理部门的估价结果进行评估，但审计人员要对其所雇用专家的评估结果负责。

3. 评价专家的工作

在将专家工作结果作为审计证据时，注册会计师应当评价专家工作的适当性，包括评价专家工作结果是否在财务报表中得到适当的反映或支持相关认定，以及考虑下列因素：

(1)专家使用的原始数据。在考虑专家使用的原始数据是否适合具体情况时，注册会计师应当考虑实施下列审计程序：①询问专家为确信原始数据是否相关和可靠而实施的程序；②复核或测试专家使用的原始数据。

(2)专家使用的假设和方法，及其与以前期间的一致性。专家应当对其选择的假设和方法的适当性、合理性及其运用负责。注册会计师不具备与专家同等的专业技能，对专家选择的假设和方法提出异议存在一定的困难。但是，注册会计师应当了解专家选择的假设和方法，并根据对被审计单位的了解和实施其他审计程序的结果，考虑专家选择的假设和方法是否适当和合理。

(3)专家工作的结果与注册会计师对被审计单位的了解和实施其他审计程序的结果是否相符。如果专家工作结果未能提供充分、适当的审计证据，或专家工作结果与其他审计证据不一致，注册会计师应当考虑采取下列措施：①与被审计单位和专家讨论；②实施追加的审计程序，包括聘请其他专家；③出具非无保留意见的审计报告。

当出具无保留意见的审计报告时，注册会计师不应在审计报告中提及专家的工作。如果专家工作结果致使注册会计师出具非无保留意见的审计报告，注册会计师应当考虑在审计报告中提及或描述专家的工作，包括专家的身份和专家的参与程度等。在这种情况下，注册会计师应当征得专家的同意。如果专家不同意而注册会计师认为有必要提及，注册会计师应当征询法律意见。

6.4.3 评价审计程序实施的结果

在最终评估财务报表中公允价值计量和披露是否符合适用的会计准则和相关会计制度的规定时，注册会计师应当评价获取审计证据的充分性和适当性[33]，及其与执行其他审计程序获取的审计证据的一致性，以将审计风险降至可接受的低水平。在此过程中，注册会计师应当考虑所有相关的审计证据，包括能够印证财务报表认定的审计证据和与之相矛盾的审计证据。

注册会计师需要获取的审计证据的数量受错报风险和审计证据质量的影响。错报风险越大，需要的审计证据可能越多；审计证据质量越高，需要的审计证据则可能越少。当然尽管审计证据的充分性和适当性相关，但如果审计证据的质量存在缺陷，注册会计师仅靠获取更多的审计证据可能无法弥补其质量上的缺陷。

在确定审计证据的相关性时，注册会计师则需要考虑：①特定的审计程序可能只为某些认定提供相关的审计证据，而与其他认定无关；②针对同一项认定可以从不同来源获取审计证据或获取不同性质的审计证据；③只与特定认定相关的审计证据并不能替代与其他认定相关的审计证据。

审计证据的可靠性受其来源和性质的影响，并取决于获取审计证据的具体环境。注册会计师通常按照下列原则考虑审计证据的可靠性：①从外部独立来源获取的审计证据比从其他来源获取的审计证据更可靠；②内部控制有效时内部生成的审计证据比内部控制薄弱时内部生成的审计证据更可靠；③直接获取的审计证据比间接获取或推论得出的审计证据更可靠；④以文件记录形式（无论是纸质、电子或其他介质）存在的审计证据比口头形式的审计证据更可靠；⑤从原件获取的审计证据比从传真或复印件获取

---

[33] 审计证据的充分性是对审计证据数量的衡量，主要与注册会计师确定的样本量有关。审计证据的适当性是对审计证据质量的衡量，即审计证据在支持各类交易、账户余额、列报（包括披露，下同）的相关认定，或发现其中存在错报方面具有相关性和可靠性。

的审计证据更可靠。

值得注意的是，审计工作通常不涉及鉴定文件记录的真伪，注册会计师也不是鉴定文件记录真伪的专家，但应当考虑用作审计证据的信息的可靠性，并考虑与这些信息生成与维护相关的控制的有效性。如果在审计过程中识别出的情况使其认为文件记录可能是伪造的或文件记录中的某些条款已发生变动，注册会计师应当作出进一步调查，包括直接向第三方询证，或考虑利用专家的工作以评价文件记录的真伪。如果在实施审计程序时使用被审计单位生成的信息，注册会计师应当就这些信息的准确性和完整性获取审计证据。如果针对某项认定从不同来源获取的审计证据或获取的不同性质的审计证据能够相互印证，与该项认定相关的审计证据则具有更强的说服力。如果从不同来源获取的审计证据或获取的不同性质的审计证据不一致，可能表明某项审计证据不可靠，注册会计师应当追加必要的审计程序。

注册会计师可以考虑获取审计证据的成本与所获取信息的有用性之间的关系，但不应以获取审计证据的困难和成本为由减少不可替代的审计程序。在具体评价审计证据的充分性和适当性时，注册会计师应充分运用职业判断，并考虑下列因素的影响：

(1)认定发生潜在错报的重要程度，以及潜在错报单独或连同其他潜在错报对财务报表产生重大影响的可能性；

(2)管理层应对和控制风险的有效性；

(3)在以前审计中获取的关于类似潜在错报的经验；

(4)实施审计程序的结果，包括审计程序是否识别出舞弊或错误的具体情形；

(5)可获得信息的来源和可靠性；

(6)审计证据的说服力；

(7)对被审计单位及其环境的了解。

注册会计师可采用下列审计程序获取审计证据:①检查记录或文件;②检查有形资产;③观察;④询问;⑤函证;⑥重新计算;⑦重新执行;⑧分析程序。如果对重大的财务报表认定没有获取充分、适当的审计证据,注册会计师应当尽可能获取进一步的审计证据。如果不能获取充分、适当的审计证据,注册会计师则应当出具保留意见或无法表示意见的审计报告,以降低审计风险。

如果注册会计师合理预期不存在其他充分、适当的审计证据,就应当就对财务报表具有重大影响的事项向管理层获取书面声明。管理层对其口头声明的书面确认可以减少注册会计师与管理层之间产生误解的可能性。注册会计师要求管理层提供的书面声明可仅限于单独或汇总起来对财务报表产生重大影响的事项。必要时,注册会计师应将对声明事项重要性的理解告知管理层。

通常而言,注册会计师应就下列事项向管理层获取书面声明:①管理层认可其设计和实施内部控制以防止或发现并纠正错报的责任;②管理层认为注册会计师在审计过程中发现的未更正错报,无论是单独还是汇总起来考虑,对财务报表整体均不具有重大影响。未更正错报项目的概要应当包含在书面声明中或附于书面声明后。

当管理层声明的事项对财务报表具有重大影响时,注册会计师还应实施下列审计程序:①从被审计单位内部或外部获取佐证证据;②评价管理层声明是否合理并与获取的其他审计证据(包括其他声明)一致;③考虑作出声明的人员是否熟知所声明的事项。

值得注意的是,注册会计师不应以管理层声明替代能够合理预期获取的其他审计证据。如果不能获取对财务报表具有或可能具有重大影响的事项的充分、适当的审计证据,而这些证据预期是可以获取的，即使已收到管理层就这些事项作出的声明，注册会计师仍应将其视为审计范围受到限制。如果除通过询问外，预期不能获取其他审计证据，注册会计师应当向管理层获取书面声明。如果管理层的某项声明与其他审计证据相矛盾，注册会计师则应当调查这种情况。必要时，重新考虑管理层作出的其他声明的可靠性。如果管理层拒绝提供注册会计师认为必要的声明，注册会计师应当将其视为审计范围受到限制，出具保留意见或无法表示意见的审计报告。在这种情况下，注册会计师应当评价审计过程中获取的管理层其他声明的可靠性，并考虑管理层拒绝提供声明是否可能对审计报告产生其他影响。

6.4.4　与治理层的沟通㉞

实务中，有些资产或负债项目的公允价值的计量通常涉及不确定性，由此产生的特别风险对财务报表的潜在影响可能为治理层所关注。因此，注册会计师应当按照《中国注册会计师审计准则第1151号——与治理层的沟通》的规定，就与财务报表审计相关，且根据职业判断认为与治理层责任相关的重大事项，以适当的方式及时与治理层进行明晰的沟通，并提请治理层以同样的方式与注册会计师沟通，以建立有效的双向沟通关系。注册会计师在建立这种关系时应当保持独立性和客观性。

1. 沟通的主要目和时间

注册会计师应当及时与治理层沟通，沟通的主要目的是：①就

㉞　本文所称治理层，是指对被审计单位战略方向以及管理层履行经营管理责任负有监督责任的人员或组织。治理层的责任包括对财务报告过程的监督。管理层，是指对被审计单位经营活动的执行负有管理责任的人员或组织。管理层负责编制财务报表，并受到治理层的监督。

审计范围和时间以及注册会计师、治理层和管理层各方在财务报表审计和沟通中的责任，取得相互了解；②及时向治理层告知审计中发现的与治理层责任相关的事项；③共享有助于注册会计师获取审计证据和治理层履行责任的其他信息。

沟通的时间[35]因沟通事项的重大程度和性质，以及治理层拟采取的措施等业务环境的不同而不同。注册会计师应当根据具体的业务环境确定适当的沟通时间：①对于计划事项的沟通，通常在审计业务的早期进行，如系首次接受委托，沟通可以随同对业务约定条款的协商一并进行；②对于审计中遇到的重大困难，如果治理层能够协助注册会计师克服这些困难，或者这些困难可能导致出具保留意见或无法表示意见的审计报告，应尽快予以沟通；③对于注册会计师注意到的内部控制设计或实施中的重大缺陷，应尽快与管理层或治理层沟通；④对于审计中发现的与财务报表或审计报告相关的事项，包括注册会计师对被审计单位会计处理质量的看法，应在最终完成财务报表前进行沟通；⑤对于注册会计师的独立性，应在最终完成财务报表前或在对独立性威胁及其防护措施作出重大判断时进行沟通；⑥如果同时审计特殊目的财务报表或其他历史财务信息，沟通时间应与通用目的财务报表审计的沟通时间相协调。

2. 沟通的对象

在沟通之前，注册会计师应确定与被审计单位治理结构中的哪些适当人员沟通。适当人员可能因沟通事项的不同而不同。在确定与哪些适当人员沟通特定事项时，注册会计师应当利用在了

㉟ 可能与沟通时间相关的其他因素包括：①被审计单位的规模、经营结构、控制环境和法律结构；②其他法律、法规要求的期限；③治理层的期望，包括对与注册会计师定期会面或沟通的安排；④注册会计师识别出特定事项的时间。

解被审计单位及其环境时获取的有关治理结构和治理过程的信息。如果无法清楚地识别需要与哪些人员沟通，注册会计师应当与委托人商定。

(1) 与管理层沟通

在与治理层沟通特定事项前，注册会计师通常应先与管理层就财务报表审计相关事项讨论。如果被审计单位设有内部审计职能，注册会计师可以在与管理层沟通特定事项前，先与内部审计人员讨论有关事项。这对于控制审计风险、降低审计成本往往也很有必要。在与内部审计部门的沟通过程中，审计人员应当确认，公司的内部审计部门对于管理层进行会计估计的过程和形成会计估计的基础有着清楚的了解。具体而言就是指：公允价值计量中所用的重要假设和估计、主观性的程度以及所计量项目在资产负债表中所占的比重等内容。值得注意的是，在国外，通常而言的内部审计部门是独立于管理层的、直接向股东大会负责的审计委员会。换言之，这种审计委员会代表的是股东的利益而非管理层的利益。在这种情况下，与审计委员会的沟通就很有必要，而且对于审计风险的控制也很有意义。但是，我国目前大多数公司的内部审计部门是隶属于管理层的，代表着管理层的利益，与国外的审计委员会在地位上和立场上有着本质的不同，所以在我国的公允价值审计中，对于这一步骤，还要视公司的内部治理结构的不同而判断是否有实施的必要以及决定实施的范围和程度等。

就公允价值计量和披露的重大假设的合理性获取管理层的书面声明，包括这些假设是否恰当地反映管理层针对公允价值计量或披露而采取特定措施的意图和能力等，是注册会计师与管理层沟通的重要内容之一。管理层的声明取决于公允价值的性质、重要性和复杂性，以及管理部门所雇用的专家、所使用的计量方法和所依据的假设和估计。但是无论何种情况下，声明都至少应对下列事项做出说明：

(1)管理层在适用的会计准则和相关会计制度下确定公允价值计量方法(包括相关的假设)的适当性及运用这些方法的一贯性；

(2)在适用的会计准则和相关会计制度规定了运用公允价值的假定时，管理层确定该项假定不成立的理由；

(3)在适用的会计准则和相关会计制度下，公允价值披露的完整性和适当性；

(4)期后事项是否要求对财务报表中公允价值计量和披露予以调整。

(2) 与治理层的下设组织或个人沟通

在决定与治理层某下设组织或个人沟通时，注册会计师应当考虑下列主要事项：①下设组织、个人以及治理层整体各自的责任；②拟沟通事项的性质；③法律、法规的规定；④下设组织或个人是否有权对沟通的信息采取措施，以及是否能够提供注册会计师可能需要的进一步信息和解释；⑤是否有必要将有关信息详尽或扼要地与治理层整体沟通。

如果被审计单位设有审计委员会或监事会，注册会计师应当着重与审计委员会或监事会沟通。注册会计师应当考虑仅与审计委员会或监事会沟通是否足以履行其与治理层沟通的责任。在某些情况下，注册会计师可能还需要与治理层整体沟通。如果被审计单位是某集团的组成部分，注册会计师则应根据不同的业务环境和沟通事项，确定与哪些适当人员沟通。适当人员除了包括该组成部分治理层外，可能还包括集团治理层[35]。

---

[35] 当集团治理层履行组成部分治理责任时，适当人员包括集团治理层。

如果注册会计师无法进行足够的沟通，就可能存在不能获取充分、适当的审计证据的风险。在这种情况下，注册会计师应考虑沟通不充分对评估重大错报风险的影响，并寻求与治理层讨论这种情况。如果这种情况得不到解决，注册会计师应采取下列主要措施：①根据审计范围受限的程度出具保留意见或无法表示意见的审计报告；②就采取不同措施的后果征询法律意见；③与治理结构中拥有更高权力的组织或人员沟通，或与监管机构等第三方沟通；④解除业务约定。

3. 沟通的事项

注册会计师应直接与治理层沟通的事项通常主要包括注册会计师的责任、计划的审计范围和时间、审计工作中发现的问题、注册会计师的独立性等。除上述事项外，注册会计师还应就下列事项与治理层沟通：①注册会计师有责任按照审计准则的规定执行审计业务，发表审计意见；审计准则要求沟通的事项包括财务报表审计中发现的，且与治理层履行对财务报告过程监督职责相关的重大事项；②审计准则并不要求注册会计师专门为识别与治理层沟通的补充事项设计程序，但如果注册会计师注意到根据其职业判断认为重大且与治理层责任相关的补充事项，并且这些事项没有通过其他渠道与治理层作过有效沟通，注册会计师应当就这些事项与治理层沟通；③如果存在要求和商定沟通的其他事项，注册会计师还有责任就这些事项与治理层沟通。

对于与治理层沟通的重大事项（包括与管理层、治理层整体及其下属机构和人员的沟通事项），注册会计师应记录在案。如果以被审计单位编制的纪要作为沟通的记录，注册会计师应当确定这些纪要恰当地记录了沟通的内容，并将其副本形成审计工作底稿。如果根据业务环境不易识别适当的沟通人员，注册会计师还应当记录识别治理结构中的适当沟通人员的过程。如果治理层全部参与管理，注册会计师还应记录根据 CIAS1151 的规定对沟通的充分性进行考虑的过程。

6.5 本章小结

具有"真实与公允"本质特征的公允价值会计信息较之历史成本会计下的信息更具相关性和反映真实性，从而更有利于维护公众利益，而这也正是注册会计师行业所应该追求的立身之本。公允价值会计信息在最大程度上有利于实现现代审计目标之一（对财务报表的公允性发表意见），符合现代风险导向审计理念，也有利于消除长期以来审计界和司法界之间在"公允表达"理解上存在的重大分歧。只要被审计单位按照适用的会计准则和相关会计制度的规定进行确认、计量、记录和报告，就有可能从根本上大大降低注册会计师审计失败和法律败诉的风险。而在历史成本会计模式下，这一点却越来越难以实现，因为历史成本会计不符合会计环境的巨大变化，所提供的信息越来越失去相关性和经济真实性（不只是以原始凭证表示的会计真实性）。

公允价值计量和披露的审计带给注册会计师行业的究竟是风险还是机遇，与以前相比，注册会计师面临的审计风险总的来说是会增大还是减小，这是许多注册会计师十分关注的问题。但是要准确回答这一问题，似乎很难一言以蔽之。但有一点人们似乎已经达成共识，那就是公允价值计量将引发审计风险。因为审计在很大程度上也依赖于注册会计师的职业经验和专业判断，而以一种主观上的判断（注册会计师）去检验另一种主观上的判断（会计人员）必然存在一定的风险。

新会计审计准则体系为规范会计核算提供了制度上的保障，使会计核算有了依据，同时也为审计提供了法规依据。但是在我国新会计准则体系对公允价值计量和披露规范非常简单分散、相关的公允价值审计准则又没有为具体类型公允价值估计的审计提供具体指南的情况下，中国注册会计师如何才能有效地进行公允价值计量和披露的审计？在公允价值计量和披露的两道关（会计关和审计关）下，谁能保证上市公司会计信息的质量？虽然考虑到人们对财务报告中公允价值计量和披露给予了越来越高的重视，CIAS1322 将对公允价值计量和披露的审计集于一体，为注册会计师的执业审计提供了操作框架。但 CIAS14322 新的规定并没有为具体类型公允价值估计的审计提供具体指南。相反，它主要是为理解管理人员制定公允价值估计的程序以及评估其计量是否符合 CAS 的规定提供了操作指南。我国新企业会计准则所存在的上述系统性缺陷在影响被审计单位公允价值计量和披露的信息质量的同时，也会给注册会计师的公允价值审计带来困惑。当注册会计师按照 CIAS1322 第十条的规定，评价被审计单位财务报表中公允价值计量和披露是否符合适用的会计准则和相关会计制度的规定时，评价标准本身若不明确和统一，就会影响注册会计师评价的正确性；当注册会计师按照 CIAS1322 第四十二条和第四十三条的规定，对公允价值进行独立估值时，更需要明晰统一的参考指导。显然，我国相关会计审计准则的完善之路任重而道远。

总之，公允价值计量和披露的审计是当前注册会计师应当以职业怀疑态度、不得不认真学习和谨慎从事的一项问题复杂、风险可能很大的鉴证业务。至于公允价值对审计风险的影响到底如何，取决于注册会计师对上述若干方面问题的认识和把握能力。相信，随着公允价值会计理论和公允价值会计审计方法研究上的不断突破以及我国有关会计审计准则的进一步完善，有关各方对公允价值概念及其计量和审计过程理解和把握也将逐步深入，相关审计风险最终将会减少。当然，注册会计师应以应有的职业审慎实施审计工作，获取充分、适当的审计证据，以评价被审计单位职业判断是否合理、披露是否充分则是重中之重。

第7章　公允价值运用:影响、现实障碍及未来展望

7.1　公允价值运用的经济后果及其表现分析

公允价值在投资性房地产、债务重组、金融资产等中的应用和推行,标志着我国会计准则体系正在由历史成本计量模式向混合计量模式乃至规范的公允价值计量模式转变。公允价值计量能够较好地反映企业的市场价值和盈利能力,体现会计信息质量可靠性与相关性的统一,促进了我国会计准则与国际准则之间的协调。但其对上市公司的影响也是不容忽视的[37]。尤其是在当前我国市场经济环境发育尚不健全、从业人员素质较低以及监管体制不完善等的情况下,公允价值仍有可能被某些企业用作调节利润或粉饰财务状况的工具。因此,必须关注公允价值的经济后果及其影响,分析考虑企业采用公允价值的行为及财务报告的变化可能对报表使用者的影响。

7.1.1　公允价值运用的经济后果及总体表现

通常而言,经济衰退时期的资产价格往往会被低估,公允价值

---

[37] 企业业绩有不同的衡量指标,其中最主要的衡量指标是利润。所以本部分只要以公允价值对利润的影响进行分析。

计量往往会导致资产负债率等指标的提高，进而增加公司的筹资难度。但在市场非理性繁荣时，资产价格往往被高估，公允价值计量下的财务指标则往往被虚假地改善，公司的融资能力得以提升，金融机构也往往可能因单纯的报表质量改善增加贷款的冲动，这无疑会助长经济的非理性繁荣，最终影响到资源配置的效率和宏观经济的稳定。假设三家上市公司互相交叉持有对方股票，在市场繁荣时期，公允价值计量的公司财务状况会大为改善，如果其中任一公司以自身股票获取抵押贷款进行投资，那么，资产的泡沫会越来越大，一旦市场萧条，其中任一公司股票价格出现下跌，则往往会引发多米诺骨牌效应。因此，采用公允价值计量也会助长宏观经济景气下的乐观预期，增大经济萧条期下的悲观预期，无法有效对冲和熨平宏观经济波动较大的预期，从而引致资本市场的剧烈震动。最近，让华尔街为之震动的次级债按揭风波（subprime mortgage woes）迅速波及欧美，蔓延亚太地区的铮铮事实即说明了这一点。由于美国监管部门允许按照各自的模型计算次级债按揭公允价值，为吸引更多的资金进入，对冲基金刻意提高次级债按揭的账面价值，当信用评估部门降低债券等级后便引爆了市场的恐慌情绪，引起信贷按揭市场紧缩并且导致市场流动性短缺。追本溯源，尽管可以将此次风波归咎于信贷体系的无限扩张和信用衍生工具的过度应用，但本质上，次级债按揭采用公允价值计量仍难辞其咎。

我国新会计准则关于公允价值计量的广泛应用究竟会产生怎样的影响？从长远来看，在全流通的背景下，新会计准则的实施将有利于证券市场资源的优化配置。在全流通的背景下，控制权市场将更加活跃，并购重组将由政府主导型向市场主导型转变，上市公司的质量将会进一步提高，改善公司治理结构的内在动力会增强，企业操纵利润的动机将有所减弱，这有利于新会计准则的顺利实施。而且公允价值的使用会使企业潜在的投资价值部分地从账面上反映出来，这将更有利于投资者选择优质的上市公司。但在短期内，由于新会计准则的实施会有一个衔接过渡期，难免对企业的损益造成波动，由此引致资本市场的波动也就在所难免。

理论而言，会计准则的变化，只是在某些方面改变了会计信息的记录方法，并不会改变上市公司的真实价值。但是，从具体的会计处理方法来看，会计信息记录方法的改变，必将对上市公司的损益产生了重大的影响，其中不少上市公司的收益水平大为提高，主要是净利润和留存收益增加。虽然并非所有公允价值变动损益都进入利润表，有部分公允价值变动损益绕过利润表直接进入了所有者权益，但这种不可控的公允价值变动仍不可避免，当市场出现反面波动时，存在红利计划的管理当局薪酬会受到负面影响，进而操纵公允价值的选择或估值技术，削弱投资人对经济衰退的迅速反应能力，损害报表的可比性和透明度。所以，从长期看，新准则无论对一个企业还是一个企业集团业绩的总体影响是有限的。但是短期来看，新准则对一个企业或是一个企业集团的影响是肯定的，有的甚至是很大的。就单一企业而言，新准则的实施对利润不同的构成部分的影响是不同的，有的准则实施将使企业利得或损失发生变化，而有的则将使企业营业收入或营业成本发生变化。对利润影响的结果总体上是增利还是减利，与企业的业务性质、主副业的比重、经营方式乃至款项结算方式均有很大关系。就某一企业集团而言，对母企业与对子企业乃至对不同的子企业的影响也是不同的。

从整体盘面上看，宏观经济整体向好、人民币升值及企业经营管理水平改善等对业绩提升至关重要，然而新会计准则的实施及其所引发的债务重组等非经常性行为对上市公司业绩的影响不容小觑。而拥有土地和法人股增值潜力的企业也将成为“新会计准则”的受益者。因为新准则规定,采用公允价值计量的投资性房地产,其公允价值的变动可以计入当期损益,由此必将提高这些公司的利润。如深宝安 A(000009)拥有大量地产、法人股,若按“新会计准则”计算,公司 2007 年净利润将增加约 15 亿,每股“利润”约增加 1.48 元。万科预计按新会计准则计算 2007 年将实现净利润 43 亿～53 亿,全年净利润较去年增长 100%～150%。

从上市公司披露的年报来看,公允价值的运用上市公司业绩的影响已经是不争的事实。从 2006 年年报的披露来看,上市公司按照要求调整了留存收益,调整幅度超过 20%的有 74 家,其中有 5 家留存收益调减,其余都是调增。留存收益调整的主要因素是股权投资差额、所得税、可供出售的金融资产和少数股东权益。股权投资差额大多调减留存收益,而所得税、可供出售的金融资产和少数股东权益则调增留存收益。从上市公司已公布的 2007 年第一季度的财务报表来看,净利润成倍增长的企业比比皆是。在业绩增长的企业中,部分企业的业绩增长来自于主业的提升,但是也有不少企业业绩的增长来自新会计准则计量方式的变化。如 ST 长控得益于新会计准则下债务重组对损益带来的影响达 2.85 亿元;丽江旅游第一季度净利润比上年同期增长了 50%～100%,主要来自于公司持有“新动力”基金带来的短期投资公允价值变动收益;岁宝热电、东方集团、两面针等参股券商的上市公司的利润大部分来自于投资收益;青岛海尔的利润很大一部分来自于少摊销商誉,2001 年青岛海尔通过增发收购母公司的空调资产,原值约 5 亿元的资产定价 20 亿元,近 15 亿元的收购溢价每年需摊销近1.5 亿元,从 2007 年起,青岛海尔也无需对此进行摊销,届时便可年增利润 1.5 亿元;四川长虹的利润来自于与母公司资产置换,同时少摊无形资产,2006年12月为解决巨额应收账款造成的沉重负担,公司将应收账款与集团拥有的长虹商标以及土地使用权等置换,其中长虹商标作价13.78亿元,并置入1.9亿元的土地资产,如果按照旧会计准则,长虹一年需摊销1.3亿元费用,按照新会计准则这些费用无需摊销,置入的土地又可以为公司带来新的收益。这些会计政策的变化都会大幅增加上市公司的净利润。

尽管有研究机构曾根据一季度利润表汇总数据中公允价值变动净收益仅占净利润的5.33%、半年报利润表中公允价值变动净收益仅占利润总额的2.33%的事实,得出了执行新准则对净利润增长的贡献十分有限,净资产变动比较平稳,新准则对上市公司财务数据的影响不大的结论。但是决不能因此而放松上市公司利用公允价值操纵利润的"警惕"。我们不应忘记1999年债务重组及非货币性交易准则引入公允价值后上市公司对其滥用的前车之鉴,也不能忽视2005年香港上市公司执行国际准则后整体业绩增加近50%的铮铮事实。

当然,由于会计规则的变动带来的是收益或权益的一次性变化,并不能从根本上改变公司的经营管理状况及发展前景,所以,在上市公司2007年年报相继披露后,广大投资者不能简单地考虑业绩增加了多少,还应该深入分析公司的基本面及其成长性,并需着力关注债务重组、非货币性资产交换、金融工具以及投资性房地产等引入允价值后对上市公司利润的影响。

7.1.2 CAS引入公允价值后对企业的具体影响及案例分析

1. CAS引入公允价值后对企业的具体影响

我国新会计准则体系引入了公允价值的计量属性,从会计国际趋同的要求来看，采用公允价值进行会计计量也是必然选择。但是公允价值强调充分运用市场信息计量未来事项和风险对企业或特定项目的影响，在运用时需发挥主观判断，公允价值本身的引用以及会计人员的主观判断加大了对企业业绩的影响力度。考虑到中国市场发展的程度与现状，新准则对公允价值的应用采取了比较谨慎的态度。下面主要就投资性房地产、非货币性交易、资产减值、债务重组、非同一控制下的企业合并、金融工具等准则中公允价值的应用对企业财务状况及经营成果产生的影响作简要分析。

(1) 投资性房地产的公允价值计量及其影响㊳

我国企业会计制度及原相关准则规定固定资产、无形资产一般采用历史成本计量，并计提折旧或摊销。CAS3 首次规范了投资性房地产的会计核算，并为企业的投资性房地产提供了成本模式与公允价值模式两种可选择的计量模式。新会计准则规定，企业应当在资产负债表日采用成本模式对投资性房地产进行后续计量，在有确凿证据表明投资性房地产的公允价值能够持续可靠取得的情况下，可以对投资性房地产采用公允价值模式进行后续计量。采用公允价值计量的投资性房地产的价值变化直接反映在公允价值变动中，并通过“公允价值变动损益”科目核算(利润的构成部分)。

在目前房地产价格处于持续上涨的背景下，拥有用于出租的建筑物或持有待升值的土地使用权的商业、房地产类企业，将受到利好的影响。比如，原先上市公司拥有的物业都被计入了固定资

㊳ 《企业会计准则第 3 号——投资性房地产》中规范的投资性房地产，是指能够单独计量和出售的，企业为赚取租金或资本增值而持有的房地产，包括已出租的建筑物、已出租或持有并准备增值后转让的土地使用权等。

产,物业的升值与否,并没有体现在报表中。近几年物业升值迅速。一旦上市公司采用公允价值模式来计量其之前购入的投资性房产,必将大大提高其净资产和当期净利润。而且公允价值模式计量下,不对投资性房地产计提折旧或摊销,不需计提折旧和摊销减少的成本支出也会增加企业的当期利润。更何况,公允价值究竟应该是多少,不同的评估方式有不同结果,由此导致的公允价值的变化将进一步加大净利润的波动幅度。2005年1月1日香港绝大部分地产上市公司因采用新会计准则,把物业升值或贬值差价列入损益账中,利润出现三级跳。从香港的经验来看,其中第40号准则实施后,各大地产公司物业重估增值占净利润的比重平均近50%左右。

另外,重估往往也成为股价上涨的一个契机。这是近期地产股尤其是投资性物业类公司表现出色的主要推动力。在房地产价格保持稳定的情况下,按公允价值计量会使企业账面利润显著增加。当然,房地产市场固有的周期性波动也会使企业利润出现较大波动,对此投资者应保持应有的警惕性。

(2) 非货币性资产交换中公允价值的应用及其影响

CAS7规定,对于非货币性资产交换,如果具有商业实质,且换入资产或换出资产的公允价值能够可靠地计量,应当以公允价值和应支付的相关税费作为换入资产的成本,公允价值与换出资产账面价值的差额计入当期损益,而不再计入资本公积金。这个规定改变了以前以换出资产的账面价值作为换入资产价值的做法,当公允价值大于账面价值时,将增加利润;当公允价值小于账面价值时,将减少利润。上市公司的控股股东很可能会在公司出现亏损的情况下,或者出于维持公司业绩或配股的需要,通过以优质资产换劣质资产的非货币性交易来改变上市公司的当期损益,从而达到提升公司利润的目的。虽然新准则增加了非货币性资产交换的限定条件，但是非货币性资产交换中对商业实质的判断存在一定的会计弹性，公司如想提高企业的业绩，会想方设法予以规避，将关联交易非关联化。何况，在发达的市场条件下，公允价值比较容易确认，而在市场不充分的情况下，如何确认公允价值仍是一大难题。

(3) 资产减值中公允价值的应用及其影响

CAS8 明确规定，企业应当在资产负债表日判断资产是否存在可能发生减值的迹象，存在减值迹象的，应估计其可收回金额。资产可收回金额应当根据资产的公允价值减去处置费用后的净额与资产预计未来现金流量两者之间较高者确定，同时，对资产公允价值减去处置费用后的净额以及资产预计未来现金流量的现值的计量提供了较为详细的应用指南，具有较强的实务操作性。由于减值损失一经确认，企业当年的利润就会直接减少，而且长期性资产的资产减值一经计提不得转回，避免了部分企业提取秘密准备，在以后年度突击转回减值准备的可能。这在一定程度上将有效地遏止企业利用减值准备调节利润。但是对于坏账准备、存货跌价准备的计提与转回，我们仍持怀疑态度。

(4) 股份支付中公允价值的应用及其影响

我国原会计规范规定，股份性质的支付在行权前费用一般不纳入表内反映，在实际行权时，才全额计入行权当期的损益。CAS11 则规定，企业为获取职工和其他方提供的服务而授予权益工具时，如果授予后立即可行权的，则在授予日以权益工具的公允价值计入相关成本或费用，从而使公司利润减少，业绩下降。对于存在等待期的股份支付方式，计入当期成本或费用的是在对可行权权益工具数量的最佳估计的基础上，再乘以公允价值；在资产负债表日，后续信息表明可行权权益工具的数量与以前估计不同的，应当进行调整。对于可行权条件为规定业绩的股份支付，应当在授予日根据最可能的业绩结果预计等待期的长度。这样，不仅公允价值可以调整，对可行权权益工具数量的估计和最可能的业绩结果也容易被操纵。因此，新准则实际上是要求企业在行权前按照公允价值确认负债或权益，并将费用计入当期或等待期的损益，这必然会影响企业期末资产负债表和利润表。这对实行股权激励的公司的业绩尤其对主要依赖企业家才能或人力资源的新兴行业或高新技术企业将引起利润的大幅下降。

(5) **债务重组中公允价值的应用及其影响**

CAS12 将原来因债权人让步而导致债务人豁免或者少偿还的负债的债务重组利得计入资本公积的规定，改为计入当期营业外收入而进入利润表。与原会计准则相比，新准则的一个重大突破就是引入了公允价值计量模式，由此引起上市公司净利润和净资产等的剧烈波动。新修订的债务重组准则规定：对于债权人的让步，应当确认为债务重组利得，计入当期损益；如果以转让非现金资产的方式进行债务重组，则债务重组利得是以非现金资产的公允价值来确定的，转让的非现金资产公允价值与其账面价值之间的差额，确认为资产转让损益，计入当期损益。这些规定有可能诱使部分债务负担沉重的上市公司在 2007 年之后，通过债务减免或者重组而获取巨额利润。因为一些无力清偿债务的公司，一旦获得债务全部或者部分豁免，其收益将直接反映在当期利润表中，由此极大地提高每股盈余。这对 ST 类公司影响尤为明显。ST 长控一季度能够实现巨额盈利，即是得益于新会计准则。2007 年 1 月至 3 月，该公司与中国长城资产管理公司、宜宾市国资公司、宜宾中元造纸等进行债务和解，其 2.85 亿元债务被豁免，并按照新准则规定计入当期营业外收入。因此，上市公司的控股股东很可能会在公司出现亏损的情况下，出于维持公司业绩的考虑，通过债务重组为上市公司注入优质资产，负债率较高且可能发生债务重组的公司利润也有大幅提升的可能性。

（6）企业合并中公允价值的应用及其影响

CAS20 规定，非同一控制下的企业合并，购买方在购买日对作为企业合并对价付出的资产、发生或承担的负债应当按照公允价值计量，公允价值与其账面价值的差额，计入当期损益，即将付出的资产视同销售，确认损益；确定的合并成本与所取得的被购买方可辨认净资产公允价值份额的差额，视情况分别确认为商誉或是计入企业合并当期的损益。目前，我国许多上市公司为了扩大资产规模，增强市场竞争力，正在资本市场上演一幕幕的“并购大戏”。新会计准则的实施必然对这些企业损益产生较大影响(原制度是按账面价值计量，不产生损益)。而且新准则中，对正商誉不作摊销，而是作减值测试，这会对企业业绩有一定影响。在被并购企业无大幅波动年度，商誉不作减值，企业当期利润会较原规定下有所提高，而在被并购企业经营运作出现明显不利时，商誉大幅减值，企业当期利润将可能大幅降低。

（7）金融工具的公允价值计量及其影响

新会计准则规定，除贷款和应收款、持有至到期投资外，金融工具的计量全面引入公允价值模式。相关准则规定，以公允价值计量的金融工具主要包括交易性金融资产和金融负债，例如企业为充分利用闲置资金、以赚取差价为目的从二级市场购入的股票、债券、基金等；以及企业不作为有效套期工具的衍生工具，如远期合同、期货合同、互换和期权等。以交易性金融资产为例，取得该资产时以当时的公允价值入账，持有期间由公允价值引起的变动计入公司当期的损益。这必然会对那些拥有大量交易性金融资产的上市公司产生极大的影响。若当期股票或债券的价格大幅上升,公司当期利润就会大幅增加;若股票或债券价格大幅下跌,则公司当期利润就会大幅减少。

此外,企业基于风险管理需要或为消除金融资产或金融负债在会计确认和计量方面存在不一致情况等,可以直接指定某些金融资产或金融负债以公允价值计量。这些被列为公允价值计量的金融工具,其报告价值即为市场价值,且其变动直接计入当期损益。这也意味着,如果企业能够较好地把握市场行情和动向,其业绩即会随"公允价值变动损益"增加而提升;相反,如果企业的投资策略与市场行情相左,其当期利润就会因此受损。

2. 公允价值影响的案例分析:以金融资产领域和投资性房地产领域为例

截至2007年4月30日,沪深两市共有1468家上市公司披露了第一季度财务报表。在上市公司涉及公允价值的交易事项中,投资性房地产和金融工具所占比重较大,下面在具体分析公允价值对上市公司利润的影响时,仅就金融工具和投资性房地产两方面的案例进行分析。

(1) 金融资产领域

新会计准则实施后公允价值在金融工具项目中的应用对2006年年报和一季度报表带来立竿见影的效果。在统计的1139家上市公司中,共有246家公司股东权益调节表下"以公允价值计量且其变动计入当期损益的金融资产以及可供出售金融资产"项目发生了调整,其中241家为正向调整,5家公司为负向调整,合计变动数值为539.17亿元。在上述对可出售金融资产以公允价值进行调整的公司中,数值变动最大的是中国平安和中国人寿。

中国平安保险(集团)股份有限公司2007年第一季度公允价值变动收益发生额为13.66亿元;2006年末交易性金融资产账面余额为439.83亿元,2007年3月31日账面余额975.14亿元,变动幅度达121.7%。中国人寿保险股份有限公司2007年第一季度公允价值变动收益发生额为39.06亿元;2006年12月31日交易性金融资产账面余额为373.69亿元,2007年3月31日账面余额为389.2亿元,变动幅度达4.14%。由于中国股市在2007年第一季度大幅度上涨,上述金融资产的市价也大都出现了相当可观的增长。

另外,还有21家公司的可出售金融资产公允价值超过了1亿元,其中包括持有大量民生银行股份的岁宝热电、持有5800多万股栖霞建设的南京高科等。2007年第一季度,南京高科(600064.SH)以新会计准则测算出的股东权益较旧会计准则下的股东权益增长了76%,其变动的主要原因则是因为"以公允价值计量且其变动计入当期损益的金融资产以及可供出售金融资产"项目下出现了较大增长,金额高达10.65亿元。据该公司解释,其在2006年12月31日账面有投资成本为1.85亿元的可流通股票和处在限售期间的可流通股票,公司将其归类为可供出售金融资产,当日该金融资产的公允价值大于其账面价值的差额为12.53亿元,扣除所得税后净额为10.65亿元,应于2007年1月1日增加股东权益。

可见,公允价值计量性在新准则中的广泛运用,提高了上市公司的业绩。对以公允价值进行调整的金融资产,增加的不仅是2007年1月1日上市公司的股东权益,同时还以当期损益直接体现在持股公司的一季报中,使得上述公司一季度利润增加。另外,金融衍生工具表外业务表内化,并一律以公允价值计量,相关公允价值变动计入当期损益或所有者权益,从而改变了原制度按成本与市价孰低法计量的规定,有利于及时、充分反映企业的衍生工具业务所隐含的风险及其对企业财务状况和经营成果的影响。

(2) 投资性房地产领域

与公允价值在金融资产中的积极应用不同,在投资性房地产领域,公允价值受到了冷遇。截至2007年4月27日,在已披露年报的1303家上市公司中,仅9家上市公司选择公允价值计量模式。即使从截至4月30日披露年报的1453家上市公司的年报来看,也仅有10家上市公司在年报中披露将对投资性房地产采用公允价值计量,其中9家上市公司在新旧准则股东权益差异调节表中明确列示了“拟以公允价值计量的投资性房地产”对股东权益的影响金额,这9家公司分别是津滨发展、方大A、武汉控股、武汉塑料、沱牌曲酒、中国银行、胜利股份、S深发展A、白云山A。另有1家非房地产类公司——S*ST百花(新疆百花村股份有限公司)是第一个主动表示要用公允价值模式对投资性房地产进行计量的上市公司。该公司在公布的2006年年报里表示,执行新会计准则后将对投资性房地产采用新的计量方式,但并没有在2007年第一季报的“股东权益差异调节表”中列示其对股东权益有限的金额。9家公司中影响金额最大的是中国银行,达到33.18亿元,影响金额最小的是武汉塑料,仅为140.11万元;有5家公司的影响金额超过了1000万元,有3家公司的增值贡献度超过50%。从这9家公司的股东权益合计数来看,投资性房地产影响金额达38.23亿元,其增值贡献度为12.97%。

此外,由于发行外资股(B股及H股等)的上市公司需要按境外会计准则编制财务报告,而公允价值模式又是国际财务报告准则中所规定的基准模式,即使上市公司采用成本模式也必须同时披露投资性房地产的公允价值，因此这些“A+H公司”与“A+B公司”无疑是最有条件采用公允价值模式的企业。但事实上，除中国银行外，有关上市公司大多仍选择了成本模式。既属于“A+H公司”同时又属于房地产类公司的北京北辰实业股份有限公司，在运用公允价值编制境内外财务报告时，存在着“会计准则上的差异”。在按境外会计准则所编制的财务报告中对投资物业按“公允价值”列账，“公允价值变动”计入当期收益；但北辰实业却在4月公布的年报中明确表示，执行新企业会计准则后公司仍然采用成本模式对投资性房地产进行核算。而同时，此前市场普遍预期的华业地产、陆家嘴、张江高科、金融街等房地产类上市公司也仍决定采用成本模式，不采用公允价值计量。

7.2 公允价值在我国运用的现实障碍分析

7.2.1 缺乏健全、成熟、有效的市场经济环境

众所周知，公允价值是市场经济的产物，在一个完善的竞争的市场中，市价是最好的公允价值的计量基础。因此，公允价值的确定首先离不开活跃的市场，如果市场不活跃、不健全，缺乏公平价格的形成机制，则对资产或负债市场价值的判断就难以进行。西方国家之所以在资产以及负债的计量方面广泛采用公允价值，一个主要原因就是西方市场经济比较发达，资本市场上提供的信息基本上能够准确地反映企业的价值。但是在我国，现实生活中公允价值要求的有效市场环境难以真正达到，不具备或缺少公允价值赖以存在的完备的公平公正的市场体系，公允价值的准确获取

仍然面临市场环境的巨大挑战,主要体现在:

1. 市场经济刚刚起步,经济发展的市场化程度较低

从目前的实际状况来看,我国尚处于从计划经济向市场经济的转型期,计划经济的影响与市场经济的发展并存,多年来一直执行的计划经济体制仍然影响着社会经济的发展,市场经济体制的建立和发展还不够成熟和完善,许多方面还有待进一步完善。一方面,货币市场、外汇市场、资本市场还没有完全开放,利率和汇率还没有完全市场化;另一方面,我国的金融产品相对来说还比较单一,金融衍生品市场(期货、期权市场等)发展缓慢,政策限制多,因此金融衍生品实务在我国的处理尚需假以时日。

非市场化的因素依然存在,活跃市场还会受到种种非市场因素的影响。目前还有相当一部分资产或负债缺乏完善的市场,难以通过市场取得有关公允价值的完备信息。而且,在我国,作为活跃市场事后证据的市场价格等交易信息系统还不够完善,难以为由公允价值计量的会计信息的鉴证提供可以依赖的、必不可少的证据,在这种情况下,并非所有资产或负债都可以交易,因而某些资产或负债项目的市价获取存在较大难度。如果不顾条件地全面推广运用公允价值计量,必然会带来公允价值的滥用,并最终导致会计信息的失真。

更为突出的是,由于长期以来我国资本市场不完善,致使国有股和法人股的流动受到极大限制。虽然2005年,我国已经拉开了股权分置改革的序幕,但是国有控股企业仍然居多,国家是企业最大的股东,社会公众等投资者则是一些较为离散小股东。在电力、能源等行业自然垄断下,以国家绝对控股的金融企业为主导并且实行严格的分业经营管理体制,难以形成完全竞争的生产要素市场。因此,现实生活中还不具备或缺少公允价值赖以存在的完备的公平公正的市场体系。

2. 交易行为不规范，由此反映的会计信息显失公允

从公允价值的概念中我们可以看出，公允价值要体现"公允"，交易就必须公平并本着自愿原则进行，清算等其他非持续经营下的交易价格或强迫交易的价格不是公允价值，也就是说公允价值的获取应该是在一个完全竞争的市场条件下进行的，它要求参加交易的各方必须充分了解市场情况，信息不对称的程度应尽可能地缩小，任何商品或要求权的市场价格都可以公开查阅，而且交易时他们都已经将各种交易的风险因素考虑在内，并据此确定交易的价格。但是，我国仍存在大量国有大型企业集团或企业，其人事权、财权等与政府还有着千丝万缕的关系，它们从事的一些交易不是建立在公平竞争的基础之上，由此所反映的会计信息很难说是公允的。比如，关联方交易在我国的上市公司中广泛存在，且已成为许多上市公司生产经营活动的重要组成部分。在实际的操作中，许多上市公司的关联方交易不是在自由竞争的市场条件下进行，而是被大股东操纵。这也往往成为上市公司调节利润、逃避税收的手段，由此反映的会计信息显失公允。

3. 市场分割对如何真实公允地反映某些交易或项目的公允价值提出了挑战

随着我国市场化程度的提高，无论是商品市场，还是生产要素市场和服务市场，市场领域不断拓展，市场体系不断延伸和扩大。但在生产力推动市场体系不断完善和扩大的情况下，各类市场中存在权力对市场的分割。权力与市场的错位大大强化了市场的负面效应与消极功能，把市场演绎成了瓜分和掠夺财富的场所，中国房地产市场触目惊心的暴利及对国有资产与居民财产的蚕食便是一种证明，由此产生的直接后果就是很多的交易事项都存在信息不对称的情况，难以形成统一、有效、权威的交易价格信息。再例如，债券市场存在交易所、银行间两个市场，且两者长期分割，银行间债券市场规模很大、价格操纵非常普遍，交易所债券市场交易真实、成交量很小，同一债券在两个市场可能存在不同甚至反向的市场价格，由此可能导致公允价值无法真实确定。

7.2.2　公允价值的认定缺乏应有的技术支持

1. 以活跃市场交易价格确定公允价值的局限性

基于活跃市场的交易价格获取的难度最小，也最能够代表公允价值和被广泛接受，因而通常是公允价值的首选。但是，这种方法的合理运用受制于市场的活跃程度和规范程度。目前我国缺乏活跃的市场，要素市场不成熟，市场化程度低，相当一部分资产或负债还缺乏完善的公平交易市场，难以通过市场取得有关公允价值的完备信息。加之我国金融工具市场化程度不高，交易行为也存在着不规范行为，当市场交易不活跃或市场被分割时，金融产品价格受到扭曲，从而会计信息的质量受到影响使得非现金资产的公允价值很难准确确定。而且即使所计量项目存在相应的市场价格，该价格并非一定就是所计量项目的公允价值，因为在某些特殊情况下会出现市场价格失灵的现象，例如正经历财务困难的企业之间发生的交易价格；关联方企业之间发生的交易价格；按先前签订好的合同执行交易的价格；非独立和经常性交易价格，等等。上述种种情况的存在，最终影响到公允价值计量的准确性。

2. 以类似项目的市场价格确定公允价值的缺陷

按照新会计准则规定，在不存在活跃市场交易的情况下，应寻找市场上相类似的交易，以类似交易的价格作为公允价值的计量基础。在具体应用该方法确定公允价值时，最关键的就是类似项目的选择和确定。前文已述及,确定两个项目是否相似通常遵循以下步骤:①确定所要计量的项目的期望现金流量;②选定另外一个初步认为具有相似特征的资产或负债;③比较两个项目的现金流量以确保它们是相同的;④判断两个项目的现金流量面对经济状况变化时是否按照同样的方式变化。如果不是,则它们不是相似项目。但是目前如何判别所计量项目的类似项目,新准则中并无明确的指导性意见。通过计量两个项目的期望现金流量这一方法本身就是公允价值确定的主要障碍,更何况现实的市场环境又是复杂多变的,交易的公平性还受到诸多因素影响。所以,该方法仍然不能令人信服地解决好公允价值在获取当中存在的困境。

3. 以估价技术确定公允价值在操作上难度很大

从我国市场经济的现状来看,证券交易市场、产权交易市场、生产资料市场等尚不成熟,价格难以真正反映价值,绝大多数资产的公允市价难以获得。当不存在相关资产的活跃市场时,往往需要运用估计技术确定公允价值。估价技术法是公允价值计量方法中实施难度最大的一个,也是争议最多的一个。究其原因,一是由于企业的资产种类繁多,并处于不同的市场环境中,市场信息的真实性难以辨认,不存在活跃市场交易价格的判断难度较大等问题难以解决,因此在实际工作中,只能大致地估计或采取近似价值,在市场信息不充分的情况下,容易形成操纵利润的嫌疑。二是公允价值有多种具体估值方法,使用不同的方法自然会输出不同的结果,但哪一种方法能使结果更"公允"往往很难判断。所以在计价的具体技术操作上往往难度很大,获取的信息成本亦较高。三是现值计量的复杂性是公允价值模式推行应用的难点。将未来现金流量按一定的折现率折算成现在的现金价值的现值计量,是估计公允价值的最重要的技术手段。该方法通常包括以下几个要素:①对未来现金流量进行估计;②对这些现金流量的金额和时间的各种可能变动的预期;③用无风险利率表示的货币时间价值等。但是由于不同的评价主体之间对投资的期望报酬率不可能完全统一,对未来现金流量的估计具有较大不确定性,在实际工作中,只能是依靠主观判断大致的估计或采取近似价值,由此必然会不同程度地受到企业管理当局和会计人员主观判断的影响。加之未来现金流量的金额、时点和货币的时间价值等等本来就是不确定的,因此,当不存在市场交易价格时,作为估计公允价值的现值技术在会计计量中是很难操作的,这在增加公允价值的不确定性的同时,无疑也大大增加了企业会计人员在"捕获"公允价值的难度。

此外,要及时准确地确定公允价值,仅依靠传统的手工会计相当困难,而我国会计电算化的普及仍然不广。据资料显示,目前我国企事业单位的电算化普及率为 30%左右,并且大都是使用最基本的会计核算软件,各种会计分析、管理软件还很少见。特别是由于国家整个市场网络还没有完全形成,企业与市场的信息无法实现实时在线的联系,仍靠手工处理,这显然不利于会计人员对市场价格和具有相同本质的其他资产市价的及时收集。在这种情况下,企业应用公允价值也就缺乏应有的技术手段支持。

7.2.3 会计准则体系尚不健全,执行与监管机制有待完善

1. 公允价值指导框架或规范的缺失使其在实务中操作性较差

比较国内外对于公允价值的研究,其对公允价值操作应用方面主要涉及的问题是两个:一个是范围问题,主要回答哪些经济事

项需要按照公允价值计量;另一个是方法问题,主要回答如何按照公允价值计量问题。对于前一个问题,国际准则和我国的新企业会计准则中已经做了明确的规定。但是对于后一个问题,从世界各国运用公允价值的情况来看,目前除 FASB 外,IASB 及其他各国并没有制定或颁布专门的公允价值计量准则(或指导框架,IASB 已发布征求意见稿)。在 IASB 要求直接应用公允价值计量的 17 项准则中,有 12 项提供了具体的计量指南,且目前已经发布了《公允价值计量》征求意见稿。

我国新会计准则体系虽然在引入公允价值方面实现了较大突破。但是现行准则中有关公允价值计量与披露的规定和阐述分散于各项具体会计准则及其应用指南中,很不详尽和统一,缺乏像 FASB 一样的单独的《公允价值计量》准则及其应用指南。纵观我国新企业会计准则,在我国新准则 17 项直接要求应用公允价值计量的准则中,仅"资产减值"、"金融工具确认和计量"和"企业年金基金"三项提供了具体计量指南或指引(表 7—1)。而且,前两项的指南还不一致。"资产减值"将销售协议价格作为确定公允价值的首选,而"金融工具确认和计量"将活跃市场中的报价作为首选。缺乏全面、统一的指南可能会影响公允价值计量的实务操作性和计量的可比性。这样最容易产生的后果是,会计人员虽然知道哪些具体业务需要进行公允价值计量,但是如何对其进行计量,却显得办法不多,或者干脆无所适从,最终导致计量结果的不一致甚至混乱。这也给企业以及审计师提出了一个比较大的挑战,即怎么样来判断公允价值的确认方法是否恰当,公允价值的确定是否合理。这也是相关资产后续计量是否合理、公允的关键。因此,缺乏明确统一的评价标准直接影响到注册会计师评价的正确性。

表 7—1　新企业会计准则中涉及公允价值计量具体指南简表

准则号准则名称	公允价值具体计量指南	备注
第 8 号:资产减值	第八条、第十条、第十一条、第十二条、第十三条	具体规定详见相关准则的规定条款
第 22 号:金融工具确认和计量	第七章:公允价值确定	
第 10 号:企业年金基金	初始取得投资时,应当以交易日支付的成交价款作为其公允价值入账。发生的交易费用直接计入当期损益。估值日对投资进行估值时,应当以其公允价值调整原账面价值,公允价值与原账面价值的差额计入当期损益	

而且,由于缺乏对为何审慎使用做比较详细的解释说明,其结果是容易传递出“公允价值存在较大缺陷,不宜采用”的错误信息,这就会曲解甚至误解我国在公允价值使用方面的初衷;另一方面,虽然我国新企业会计准则中要求运用公允价值计量的准则占总准则的 57.89%,但是在一些具体准则中公允价值计量仅仅是备选方案,也就是处于会计计量的从属地位,企业会计人员在具体运用相关具体准则时,可能会顾及其相对难以操作的特性而尽力回避。由此可能出现的局面是会计人员在具体执行相关准则时,尽量回避使用公允价值计量属性的局面,既达不到预期的效果,而且极易步入“因噎废食”的尴尬局面和误区。在 2007 年第一季报披露后仅有 10 家上市公司采用公允价值计量投资性房地产即部分地说明了这一点。

2. 公司治理结构和内部控制等准则执行保障机制不健全

近年来,我们在会计准则国际趋同的征程中取得了一定的成就，但是一个制定得再好的会计准则，如果得不到有效执行，也将成为一纸空文，会计准则国际化形同虚设。我国运用公允价值计量的先天不足主要在于我国目前公司治理结构方面的缺陷和内部控制的缺失。

目前我国企业由于公司结构不完善、内部控制薄弱，致使准则在实务中的具体执行还存在很多问题。就公司治理而言，由于管理当局、投资者和债权人之间存在矛盾和利益冲突，加之信息不对称等问题的存在，经理人员与股东、债权人之间存在着道德风险，股东、债权人分别与经理签订雇用合同和包含限制性条款的借款条约以降低道德风险，这些具有刚性的合约通常是以财务报表为基础的，因此，经理人员必然十分关注影响会计利润的会计政策的变动，尽管这些会计政策的变动可能对公司的现金流量没有直接影响。经理人员对会计政策变动的关注会引起公司经营政策的变化，从而引起股东对公司未来期望收益的变动，这必然会引起公司股票价格的变动，最终影响公司价值。虽然我国许多上市公司也设立了董事会、监事会，但在实际工作中，监事会、董事会的监控作用严重弱化，企业未能从根本上建立符合企业发展需要的公司治理机制。很多公司或者没有内部审计机构，或者建立的内部审计机构没有发挥应有的作用。由于公司治理机制不完善，往往缺乏有效的控制措施，产生了大量无为的内耗，无形中提高了公司的经营成本。而且，我国的上市公司国有股一股独大、所有者缺位导致上市公司“内部人控制”程度较高，由此造成的直接后果就是，管理当局成为会计信息的垄断提供者，他们为了达到自己的预期目的，而在会计准则允许的范围内，选择最为有利的政策。

从内部控制角度而言，内部控制是为了保证单位各项业务的有效运行，确保企业资产的安全完整，防止欺诈行为的发生，实现经济管理的目标而制定实施的一系列具有控制职能的方法、措施和程序。然而长期以来,受长期计划经济的影响,我国企业内部控制存在很多缺陷,内部机制不健全,内控组织形同虚设,控制乏力。许多企业对内部控制的认识还局限在内部牵制制度、内部控制制度或内部控制结构阶段,甚至有些企业以为内部控制就是内部监督。有的企业把内部控制制度只理解为各种规章制度的汇编及建立企业内部控制机制;有的企业内部控制制度残缺不全或有关内容不尽合理,更多的是有章不循,使内部控制制度流于形式,失去应有的刚性和严肃性。对内部控制的监督也很薄弱,管理控制的方法不够先进,内部审计机构没有起到应有的作用。很多企业的内部审计工作仅仅是审核会计账目,而在内部稽查、评价内部控制制度是否完善和企业内各组织机构执行指定职能的效率等方面未能充分发挥应有的作用。

会计信息连接了委托人和代理人,并作用于公司治理结构和内部控制之中。企业经营的失败、会计信息失真、违法经营等情况的发生,在很大程度上都可以归结为公司治理结构的不完善和内部控制制度的缺失或失效。诸如我国巨人集团的倒塌,郑州亚细亚的衰败,震惊中外的"琼民源"、"银广厦"事件的发生,乃至美国安然公司的破产等等,这些现象,无不与企业公司治理和内部控制制度有着一定的关系。公司治理结构不完善和内部控制缺失的直接后果就是上市公司利用"内部人控制"进行上市公司与其大股东之间不正常的关联方交易。在上市公司粉饰经营业绩报告、伪造盈利的行为中,上市公司会在资本市场中利用债务重组、资产置换、投资行为调节利润,使一些上市公司瞬间扭亏为盈。满足了个别利益主体利用上市公司的目的,对广大的中小投资者却无异于恶意欺骗。这些行为极大地扰乱了资本市场的秩序,降低了资本使用效率。

3. 监管和惩处机制的不健全影响了公允价值信息的“真实”和“公允”

《会计法》规定，在我国社会主义市场经济条件下，要建立健全单位内部会计监督、国家监督和社会监督三位一体的会计监督体系。就内部会计监管来看，如何充分发挥会计的监督控制职能，确保组织的经济活动合规、有效运行；如何适应会计主体组织形式和规模的发展变化，保证会计信息真实、完整；如何建立会计信息质量和单位履行会计法规制度的控制标准（规范性标准或示范性标准）；研究单位内部会计监控的形式与途径，建立并实施有效的会计内部控制体系。多年来，由于传统计划经济思想以及行政管理体制和考核机制等诸因素的影响，企业管理层及会计人员在虚假会计信息治理和监管上的作用发挥有限，对于公允价值的评估是否公允更是缺乏实质的审定。若不存在报表使用者以外的其他监督主体的话，对公允价值的估计必然给报表编制者很大的操纵机会。就外部会计监管而言，作为对企业进行监督的社会机构，会计师事务所承担着对企业向外公布的会计信息的重新认定工作，可是有些事务所在利益面前丧失了应有的职业道德。一些审计部门和审计人员，在执行审计业务时，受来自上市公司、当地有关部门等方面的压力和利诱，同时为了招揽客户，稳定与客户的合作关系，不顾执业规范而按客户意图进行审计，提供虚假审计报告，妨碍了执业质量的提高。因此缺乏外部审计的严格监督，直接影响了公允价值的准确获取和会计信息的真实反映。

而且随着经济体制改革的不断深入，企业的经营机制、经营方式等在不断更新。新企业会计准则的实施过程中出现了许多以前没有的新情况、新问题，而与之配套的机制还未能建立，针对所出现的经济活动，缺乏相应的监督机制和办法，或者是有法不依、执法不严。同时,我国法律对会计舞弊尚未有统一规定,舞弊主体的法律责任和对其惩罚机制亦不健全,这就为那些利用公允价值进行会计舞弊者留下了操纵的空隙。作为国家监督机构,证监会、国家审计部门和财政部门的监督是有限的,他们往往只进行不定期的"抽查",而且稽查力量很不充分,给利用公允价值造假的单位留下施展劣迹的余地,而对他们的惩罚却又很轻。由此导致我国证券市场屡屡上演"你方唱罢我登场"的事件,从"深圳原野"到"云南红塔",从"琼民源"到"红光实业",从"郑百文"到"银广夏"等等,都严重损害了公众股东的利益,但却没有法律条款对当事责任人进行制裁。所有这些又使得公允价值的信息质量大打折扣。

7.2.4　管理层及从业人员素质水平成为其全面推行的直接障碍

1. 管理层专业知识面临现实挑战

公允价值的引入影响到多种会计要素在多种情况下的计量及方法的选取。识别其对会计报表的影响程度和范围并选择适当的方法确定公允价值对管理层的知识、能力和经验等提出了较高要求。例如:资产减值测试。虽然原准则或会计制度已经提及资产减值的问题,但是,新会计准则下固定资产、无形资产、投资性房地产等长期资产的资产减值损失一经确认,不得转回。资产存在减值迹象时,其可收回金额根据资产的公允价值减去处置费用后的净额与资产预计未来现金流量的现值两者之间较高者确定。这是与国际准则主要的差异之一,也是新准则最为突出的中国特色之一。在当前情况下要求管理层对减值损失做出最为可靠的判断显然是一个严峻的挑战。

2. 会计从业人员素质成为公允价值近期全面推行的最大障碍

会计准则只是一个生产会计信息的技术规范，它解决的是该如何办的问题。会计人员的素质对会计准则的正确实施影响很大，它在一定程度上制约着会计信息质量的提高和会计准则中会计方法的运用。我国从20世纪80年代才开始重新发展会计，高素质会计人员的数量还没有形成一定的规模，会计人员整体业务素质偏低，相当数量的企业会计人员还是传统的记账先生。然而我国新准则体系中许多准则项目涉及公允价值的合理估计和判断，即要求会计人员能够及时地收集和应用具有相同特征的市场交易价格，熟练地运用理财学方面的知识和估价技术，同时还得具备一定的计算机技能，以摆脱复杂的计算且确保达到一定的精度。这就要求会计人员不仅是报表的编制者，还应是估价师。尤其是现值技术的应用需要有专业技术高超的高素质的企业会计人才，以准确界定未来的现金流量并进行正常的会计处理。但是我国会计人员的整体素质水平显然还达不到估计和判断较多、计算复杂、理解难度大的新会计准则的要求，加之会计电算化水平以及相关的信息处理能力较低等，这在一定程度上也制约着公允价值在我国实务中的运用。

此外，道德素质也是影响公允价值会计信息质量的又一潜在因素。在当今这样一个经济快速发展的社会，"经济人"的趋利动机越发明显。面对巨大的利益诱惑，会计人员往往容易丧失道德水准和职业良知，对资产进行虚假评估或不愿意披露详细、真实的信息，低估损失，高估收益，甚至在公司管理层的授意或指使下故意以欺诈、舞弊等手段，蓄意歪曲反映经济活动和会计事项的会计信息。

3. 审计、评估等中介机构及从业人员的执业水平面临严峻挑战

公允价值会计离不开中介机构和执法部门的公平与公正，否则资产评估和公允价值计量、报告的真实性以及审计意见的公正性就难以得到保证。现值技术的应用需要有专业技术高超、诚信的评估师队伍,也需要高素质审计师按照审计准则规范的要求对公允价值的计量和披露做出正确的审查并出具审计意见。目前中国内地的评估及其从业人员一般都是针对企业的有形资产进行评估,审计师则主要是对传统历史成本模式下的财务报表列报等进行审计并发表审计意见。在新会计准则尤其是金融类资产引入公允价值计量后,评估机构对于金融类资产的公允价值的评估经验比较欠缺,专业人才相对较少。采用公允价值计量方法后,传统的报表审计方法和程序也很难满足审计的目的和要求,报表审计工作的难度必然增加。加之近年来国内外接连发生的安然、世通公司及“银广夏”等一系列财务舞弊案件已引发了人们对审计、评估业的信任危机。现实生活中审计、资产评估中还存在很多不规范行为等,审计与评估师及相关机构缺乏应有的独立的第三方地位,其中不少中介机构为了拉到业务,不顾长远利益和职业道德,与客户合谋编造虚假财务报表,出具虚假审计评估报告;有的在土地评估、国有资产评估和工程审计时,故意高估或低估,造成国有资产大量流失等。所以,在实务操作中如何准确评估和审计公允价值成为评估和审计等相关专业机构及其从业人员面临的现实难题。

7.2.5　职业判断空间的加大使其易成为管理当局操纵利润的工具

公允价值模式符合会计发展的趋势,能够较好地反映企业的市场价值和盈利能力。我国新会计准则体系制定的主要思路之一是参照国际财务报告准则,并充分考虑我国的现阶段国情,以使按照企业会计准则体系编制的财务报表能够更加真实、公允地反映企业的价值。基于这一出发点,企业会计准则体系在引入公允价值方面实现了较大突破。与其他计量属性相比,公允价值计量属性的最大区别在于大部分按照公允价值计量的资产和负债,其在每一会计期间的公允价值上下变动的部分(包括超过初始成本的增值部分),立即计入当期损益。然而,如何确认公允价值仍然是一个难点。比如《企业年金基金》准则规定:年金在运营中所形成的投资,包括股票投资、债券投资、基金投资以及其他投资,其初始取得和后续估值应当以公允价值计量。《金融工具确认和计量》准则进一步指出,投资存在活跃市场的,以活跃市场中的报价作为其公允价值;不存在活跃市场的,应采用估值技术确定其公允价值。但是对于活跃市场中的报价如何采集、确定,以及不存在活跃市场时估值技术的选择等规定得较为原则,不能直接指导实际操作。因此在实务操作中很容易被利用为利润操纵的工具㊴。

我国历史上确实已经出现过上市公司借助公允价值操纵利润的情况。1998 年制定的债务重组准则中的公允价值一度成为一些上市公司为避免被 ST 和 PT 的救命稻草,依靠关联交易债权人的慷慨豁免,或以自身低值资产充抵巨额欠款等方式,致使经营困难的上市公司将不菲的债务重组收益计入利润,实现扭亏为盈,公允价值成为操纵利润的工具。因此,与国际财务报告准则相比,我国企业会计准则体系在确定公允价值的应用范围时,充分地考虑了我国的国情,做了审慎的改进,主要也是为了避免重蹈以前公允价值容易被操纵的"覆辙"。新会计准则在上述业务中的损益确认方面也做了较多限定性条件,比如投资性房地产准则减少了含

㊴ 因为使用不同的确定方法自然会输出不同的结果,哪一种方法能使结果更"公允",只能由会计人员的职业判断来确定。而运用职业判断进行估值、判断、推理的过程,无疑在一定程度上掺杂着会计人员的主观臆断性。

有较多假设的估值技术的应用,要求只有满足一定条件时才允许运用;非货币性资产交换准则也规定了采用公允价值计量的两个前提条件,即该项交换必须具有商业实质,并且换入资产或换出资产的公允价值能够可靠计量。

尽管新会计准则中在使用公允价值时规定的限定性条件将从在一定程度上有效制约企业利用公允价值操纵收益的行为。但这一条件仅仅依赖于会计人员对具体交易事项和相关条件的职业判断(在实务中,通常由资产评估机构对相关的业务进行评估)。在我国现阶段相关市场尤其是资产评估市场不够成熟和充分的客观情况下,公允价值的确认难免出现"显失公允"现象,也就难免会出现公允价值再次成为利润操纵的工具。即使在最早提出会计准则的美国,近年来也不断由于公允价值的滥用而发生一系列令人震惊的重大财务丑闻。这就给企业以及审计师提出了一个比较大的挑战,即怎么样来判断公允价值的确认方法是否恰当,公允价值的确定是否合理。这也成为相关资产后续计量是否合理、公允的关键。

7.3　适时创造有利条件,构建公允价值有效运用的长效机制

美欧各国之所以能够单独以公允价值作为计量属性,源于其有着发达的资本市场和完善的制度规范,以及高素质的会计从业人员。实际上,引起会计信息失真的主要原因,并不在于是否采用公允价值,而在于准则和相应法规的制定是否完善、会计人员的专业技能以及其他相应的社会、经济环境。在当前及今后一段较长的时期,我国推广应用公允价值计量属性首先必须从完善产权交

易与资本市场、健全制度规范入手,加强会计及相关人员专业技能培训和职业道德教育,建立健全专业评估机构,加强市场监管,充分发挥国家财政、审计、证券监管等部门依法加强对企业财务的监督检查等,努力构建一个完整、统一、开放、充分竞争的市场,为公允价值的采用创造良好的大环境,降低公允价值的获取成本。在此基础上,统筹规划,多管齐下,积极创造公允价值推广应用的社会经济环境。

7.3.1 健全和完善市场机制,创建公平、有效的市场经济环境

会计是社会环境的产物,它是在一定的社会环境中产生和发展的,反映着一定社会环境的要求,同时又受一定社会环境制约。市场环境是会计准则赖以生存的土壤,成熟、发达的市场才能促进会计准则的广泛应用。公允价值计价的基础是市场机制以及完备的会计理论体系,确立一个合理的制度安排首先是要深化我国经济的市场化程度,努力构建一个完整、统一、开放、充分竞争的市场,为公允价值的采用创造良好的大环境,并降低公允价值的获取成本。美国作为公允价值研究最有代表性的国家,即是源于发达的资本市场带来金融工具日新月异对计量属性提出新的要求与高度分散的股权结构带来的信息使用者更倾向于关注信息的相关性。所以,在社会主义市场经济逐步建立与完善的进程中,继续深化市场经济改革,健全生产资料市场、产权交易市场、资本市场等,规范市场交易,逐步形成充分竞争的市场环境,完善产品价格形成机制,使会计人员很容易地获得公允价值计量所需的各种假设和技术参数,从而在外部环境上创造一个有利于公允价值全面推广的外部市场条件乃当务之急。就目前我国的市场环境而言,亟需

完善资本市场,扩大债券市场、票据市场、外汇市场、黄金等贵金属市场,建立充分竞争的生产要素交易市场尤其是房地产市场和金融工具交易市场。同时,要打破行业垄断,降低金融、电信、能源、电力等行业的准入条件,允许私营、民资进入金融、保险等领域;打破分业经营的限制,鼓励混业经营,引入充分的市场竞争机制,努力构建一个完整、统一、开放、充分竞争的市场,为公允价值的采用创造良好的市场经济环境。

7.3.2　优化和改善制度安排,构建公允价值运用的制度基础

1. 制定和完善相关法规制度,防范和抑制违规违法行为

市场经济是法制经济,推广应用公允价值亟需加速市场交易立法,建立公平、开放、自由、诚信的交易规则体系。考虑到新的会计准则对上市公司会计确认、计量和报告带来的变化,应相应地修改中国证监会发布的相关法规,使得上市公司财务指标的计算及会计信息的披露尽可能地与会计准则的要求协调一致。在法制建设方面,不仅应该完善立法,制定有关会计监督的法律、法规,还应对违法行为规定明确具体的惩治措施,加大违法行为的处罚力度,使其违法所获收益难于弥补其违法所付出的惨重代价,达到禁止造假现象的发生,督促会计人员能够在准则、制度及相关法律、法规允许的范围内进行估计、选择和判断,以提高职业判断绩效。鉴于会计造假的违规机会成本远低于其预期收益,证券市场监管机构应借鉴美国的惩罚性赔偿制度对会计造假进行严惩。美国在1933年颁布实施的《证券法》中将注册会计师的法律责任扩大到所有推定的会计报表使用者,同时要求注册会计师承担所有的举证责任,再加上美国数额高昂的惩罚性赔偿制度,能相对有效地保

证财务报表信息的可靠性。《Sarbanes-Oxley Act》[40]（即《萨班斯—奥克斯利法案》，以下简称 SOX 法案）法案的出台再次强化了加大会计舞弊惩处力度的趋势。美国在近年来大力提倡和推行公允价值的应用，这与其法律制度能有效保障财务报表信息的可靠性是密切相关的。

2. 加强理论和实务研究，建立相应技术规范体系或操作指南，完善会计准则体系

目前我国涉及公允价值的相关准则较为普遍，但是分布较为零散，缺乏系统指导公允价值理论和实务的公允价值准则和框架体系。实务中更多的时候只能依赖于会计职业判断。但是在当前我国会计人员的整体素质仍然不是很高的情况下，过多依赖于较多职业判断的原则导向的会计准则，很可能诱发更多的会计人员和审计师借"职业判断之名、行会计造假之实"的行为，这显然与当前我国加强会计监管、提高会计信息质量的主旨相左。鉴于现行关于资产减值准备的规定以及公允价值确定等缺乏系统性及其在实务中所暴露出的诸多问题，借鉴 FASB 和 IASB 的做法，应进一步完善资产减值计提与转回[41]、公允价值确定等，以从会计规范上治理上市公司会计职业判断的滥用行为乃是当务之急。

作为权宜之计，监管部门还可以有针对性地制定相关规则，如为了减少计提政策差异导致的会计信息失真，应针对不同行业、不同资产减值状况及减值准备计提欲转回的时间、计价、比例、方法、

---

[40] 萨班斯—奥克斯利法案由美国参议员 Sarbanes 和众议员 Oxley 联合提出了一项法案，该法案即以他们的名字命名。

[41] 《CAS8——资产减值准备》明确规定：资产减值损失已经确认，在以后会计期间不多不得（第十七条）。但是存货准则规定存货计提的减值准备在满足条件的情况下可以转回，因此此处"转回"主要是针对存货、应收账款等的。

上下限等制定引导性、参考性的标准和限制条件的具体实施细则，并就减值准备计提或转回对利润影响等信息的披露作出进一步的规范要求，以提高计提会计信息的可比性与实用性。为了防止企业为保牌与配股等动机而利用公允价值创造利润，在证券市场监管机构制订相关指标考核时，还应考虑将未实现的损益与已实现收益分别考核。同时加强对公允价值有关信息的披露，规定任何公允价值方法不仅应反映资产和负债的价值及产生的收益，而且应根据相关项目进一步细分各种收益的来源和变动。从长期来看，则应加快建立公允价值计量准则及其框架体系，提高新准则的操作性，并择机引入全面收益表以确认公允价值带来的变化。

(1) 尽快建立公允价值计量准则及其框架体系，提高新准则的操作性

SFAS157 提供了一个统一指导公允价值计量的理论框架，阐明了公允价值计量的确认、目标、范围、计量、披露、生效期及过渡期等，并对公允价值的定义、资产、负债及其运用、主市场或最有利市场、初始确认和后续确认、估价技术(Valuation Technique)、估价技术参数(Valuation Technique inputs)、公允价值等级(Fair Value Hierarchy)做了详细的规范，为实现公允价值计量进行了较为全面、清晰的阐述。所以，切实加强公允价值计量理论和实务问题的研究，指导公允价值计量和评估实践，以推动公允价值的推广应用至关重要。为此，我们可以借鉴 FASB 的经验，成立由专家和实务界人士组成的专业委员会制定公允价值计量准则，将公允价值的定义、应用、确认、估值技术和披露等层面可以简略地规范，并在应用指南中对其予以具体地补充与说明，如具体在什么情况下，应该采用何种估值技术及参照信息等进行详细讨论等。对于公允价值计量准则的制定，不仅要经过理论界严密的逻辑论证，而且更要积极听取实物界的意见和建议；不仅要对公允价值定义、目标、确认与计量范围等要进行规范，而且更要在技术层面上，如估价技术、参数信息、公允价值等级和披露制度等进行更为详实的规范。结合现实国情，我国的公允价值计量和评估操作规范应主要包括两个部分：一是关于公允价值计量准则或指南。应由财政部制定，对公允价值定义、方法的选择和披露做出原则性的规定，规范会计人员对公允价值计量及信息披露的行为，同时，对相应的公允价值评估和审计提出原则性要求；二是关于公允价值评估分类项目的具体操作规范，包括企业并购、无形资产减值、不动产、金融衍生工具等，具体指导和规范各类公允价值评估的操作。这部分规范可以在财政部的指导下，可考虑由专业评估机构组织制定。

（2）择机引入全面收益表以反映公允价值变动的影响

公允价值的使用不仅标志着会计计量的变革，而且标志着财务报告基础从交易观转变为资本维持观，体现在业绩报告上的是全面收益而不是净收益。全面收益是报告主体在某一期间与非业主方面进行交易或发生其他事项和情况所引起的权益（净资产）变动。它包括这一期间内除业主投资和派给业主款以外权益的一切变动。与净收益相比，全面收益包括的范围更广，净收益只是全面收益的一个组成部分，包括在全面收益之中但不列入净收益的项目，统称为“其他全面收益”，二者的根本区别在于它要求确认其他全面收益项目，即未实现的利得和损失。这些项目都是由于脱离历史成本计量而采用包括公允价值在内的现行价值计量形成的。

鉴于公允价值的使用必然会产生未实现利得或损失的报告问题，所以各会计准则制定机构纷纷要求企业提供综合收益报告或者全部已确认利得和损失报告或权益变动报告。FASB 在 1997 年 6 月发布了第 130 号“报告企业全面收益”的准则报告，提出在传统 3 大会计报表的基础上增加第 4 张报表以反映企业的净收益和综合收益，即综合收益表。FASB 将全面收益划分为净收益(net income)和其他全面收益(other comprehensive income)两大类，净收益即我国利润表中的净收益，其他全面收益主要包括那些绕过利润表直接在资产负债表的所有者权益中列示的项目。IASC/IASB 修订颁布的 IAS1 财务报表列报中指出："由于在评估两个资产负债表日之间的企业财务状况时考虑所有的利得和亏损是重要的，本准则要求企业提供单独的财务报表以着重反映企业的总利得和损失，包括在权益中直接确认的那些利得和损失。"

面对新的会计准则对公允价值的大量引入，我们也可以借鉴 FASB、IASB 的经验，增加一张全面收益表作为过渡。新报表以利润表的最后一行"净利润"作为第一行，而以"全面收益总额"作为最后一行。通过编制全面收益表，既可以有效地解决传统的利润表中的净收益和资产负债表净资产变动值(扣除业主往来交易)不一致的钩稽问题，又能向外部使用者通过利润表的期末净收益与个别收益两个不同的收益比较，结合现金流量，更深入地了解企业当期经营业绩的实质，从而减少公司内部人或某些利益集团的会计信息操纵动机。

3. 完善公司治理结构，健全内部控制制度，构筑公允价值合理获取和使用的保障机制

(1) 完善公司治理结构，加强对企业管理层的制度约束

公允价值合理计价的内部制度保障是具备规范的公司治理结构。在实际运作过程中往往经理层的权限过大，而股东大会、董事会、监事会的法定权限受到限制，甚至受制于经理层，使公司的内部治理结构不能满足现代企业制度的要求。2002 年美国出台 SOX 为我们完善公司治理结构提供了有益的借鉴。

SOX法案实行以前,美国上市公司的定期信息披露不需要CEO或CFO的签字,若公司发生财务问题,很容易给高管人员以各种理由推卸责任,监管人员也无法找到其财务欺诈的直接证据。公司CEO、CFO本人通常仅面临个人职业声誉下降的威胁。即使监管者对其采取种种处罚措施,这些惩罚最终也会以各种方式转嫁给上市公司负担,从而难以对CEO、CFO本人形成有效威慑。相关法律也没有明确规定审计委员会和内部审计的职能。许多公司的内部审计机构向公司高级管理层报告工作,审计的内容、范围和结果报告还受到管理部门的限制,致使董事会无法全面了解公司经营管理和财务的真实状况。"安然"等事件的发生暴露了美国公司治理的缺陷和漏洞。为此,SOX法案对公司内部治理及高级管理层的惩处特做出了以下制度性安排:

①关于公司董事会下设审计委员会的相关规定。

• 发行人必须建立审计委员会。完全独立的审计委员会必须全部由"独立董事"组成,而且在审计委员会中至少要有一名财务方面的专家。如果发行人没有创建独立性的审计委员会,那么,其董事会整体将必须满足"整体独立性"的要求。

• 发行人必须为审计委员会提供充足的资金支持。

• 审计委员会以董事会下属委员会的身份,对聘用为公司提供服务的会计师事务所、决定其报酬事项以及对其进行监督的事项负直接责任(第301款)。发行人的审计委员会必须事先批准所有的审计和非审计服务。

• 审计委员会可以授权1名或多名既是审计委员会成员又是董事会的独立董事批准上述事前许可的权力。

• 审计委员会应收到来自为公司提供审计服务的会计师事务所的及时报告。报告的内容包括:拟使用的所有关键性会计政策及会计惯例,公司管理层讨论过的财务信息的所有可供选择的处理方法(这些方法在公认会计原则的范围之内)、使用这些可选择的披露及处理方法的分歧以及事务所优先采用的处理方法,事务所和公司管理层用于沟通的其他书面资料(如管理建议书、未调整差异明细表)……

②关于董事和高级经理的相关规定。

• 首席执行官(CEO)和首席财务官(CFO)必须为公司的财务报告提供保证。公司 CEO 和 CFO(或担任同等职务的人员)提供保证的内容应包括签字的官员已审阅过该报告并认为该报告不存在重大的错报、漏报,签字官员认为该报告公允地反映了公司报告期末的财务状况及报告期内的经营成果,签字者对建立、保持及评价内部控制负责等方面的内容。

• CEO 和 CFO 必须返还由于其行为不当而获取的奖金、红利或权益性报酬。

• 发行人不得向公司董事或高级经理提供个人贷款。

• 如果公司 CEO/CFO 事先知道违规事项,但仍提交承诺函,最多可以判处 10 年监禁,以及 100 万美元的罚款;对于故意做出虚假承诺的,最多可以被监禁 20 年并判处 500 万美元的罚款。

法案的颁布实施弥补了美国现有公司治理结构的缺陷和监管体系上的漏洞,为监管机构查处财务欺诈提供了强有力的法律武器,使公司的激励机制与责任追究机制达成某种平衡。从我国实际情况来看,公司治理距 SOX 法案要求的治理结构还有不小的差距。这种差距主要表现在:产权结构一元化、"一股独大"、内部人控制现象严重、董事会形同虚设等,致使公司"一把手"的权力很大且往往缺乏相应的监督和约束,信息透明度不高;公司治理侧重于高管人员的能力和操守,而这正是导致一些公司发生财务丑闻的根源。虽然近年来我国企业已经加快了公司内部治理结构建设的步伐，独立董事制度也在我国已全面推广，但是，对独立董事在上市公司会计监管中防止会计造假、规范信息披露的作用也要有一个恰当的评价，绝不能期望在上市公司中引入独立董事制度之后，会计信息失真问题就能迎刃而解。

目前我国政府监管部门已将建立有效的公司治理结构视为现代企业制度建设的核心内容，而加入 WTO 的承诺将使得全面系统地处理这一问题显得更加紧迫。遵从 SOX 法案的精神，我们企业应对上市公司的治理结构进行立法上、制度上的完善、变革或创新，建立以董事会为中心的公司治理结构，具体应采取以下几点改革措施：

第一，完善独立董事制度，要求董事会设立专门委员会。我国公司董事会之所以不能真正履行董事会的职责，或者在履行职责时忽视公司利益、损害股东利益，其中一个重要原因在于董事会的构成单一，其成员基本上来自控股股东。而解决这一问题的最好办法就是建立健全独立董事制度，大比例引进外部董事进入董事会。在法律上应允许有关的管理公司、咨询公司、律师事务所、会计师事务所、投资银行、保险公司、基金公司等向上市公司委派阶段性的全职董事或兼职董事，以改变董事会基本由内部董事组成的现状。同时，还应要求董事会设立专门委员会，如设立财务委员会、工薪委员会、提名委员会、审计委员会等，而专门委员会的成员主要由独立董事组成。

第二，适当调整股东大会、董事会、经理层以及监事会的法定权限。在现代公司制度下，股东的高度分散化使得其通过股东大会行使权力的成本很高，股东对经理的有效监督一般都是通过董事会这一内部治理机制来实现的。因此可适当缩减股东大会的法定职权,将其限定在任免部分董事、审批董事监事报酬、审议利润分配方案、增资减资、公司的合并、分立、终止、修改章程等方面;股东大会只能行使《公司法》明确规定的股东大会职权,除此之外的其他职权,除非公司章程另有规定,均由董事会行使;对董事会的职权可改由公司章程规定;对经理设置的职权条款可授权董事会根据公司章程的规定予以规范。

第三,扩充监事会的权力,建立名副其实的监事会制度。为了使监事会能有效发挥作用,新公司法已经在有些方面充实了监事会的职权,但主要还是从消极方面赋予监事会对董事、经理违法违章行为和损害公司利益行为的监督权,而缺少从积极方面的职权赋予。因此笔者认为还可以从以下几方面扩充监事会的权利:将部分董事的提名权交给监事会;由监事会主席主持召开股东大会;由监事会决定会计师事务所的聘任或解聘;财务报告编制后,应交监事会审核并由监事会提交股东大会审议;监事会代表公司起诉违法董事和高级管理人员。

第四,建立帮助投资者实现诉权的诉讼支持制度。目前我国新出台的公司法进一步强化了公司董事、监事和其他高级管理人员对公司的忠实义务和勤勉义务,并创立了股东代表诉讼制度。诉讼支持是指行政机构在行政程序或诉讼程序中所采用的证据,经法院许可后可以提供给私人诉讼的当事人,以对私人的诉讼请求进行证据支持。我国立法和司法制度一旦引入这一机制,证券监管部门在实施行政稽查和行政处罚过程中所获取的大量证据,就可以合法地提供给法院和当事人,从而使投资者不再因取证困难而放弃诉讼权。

(2) 进一步健全企业内部控制制度,完善风险管理体系

有效的内部控制制度是高质量会计信息的重要保证,公允价

值的决策相关性需要在内部控制健全的企业中才能发挥作用。从我国企业内部控制的现状来看，在内部控制法规建设方面虽然取得了很大的成就，但行业特色比较明显，而且，在内部控制的定位、结构、目标以及评价和报告体系方面还存在一些缺陷。企业应从各自具体环境出发，依据内部控制制度建设的一般规律，针对其内部控制系统运作中存在的薄弱环节或漏洞，建立健全企业的内部控制尤其是内部会计控制系统，以优化会计职业判断内控环境。这也是确保公允价值信息真实性与有用性的重要基础之一：

第一，应尽快制定我国统一的内部控制指南。目前，我国企业内部控制的法规基本上都是行业性的，只适用于本行业的企业和组织，而对其他行业或部门的企业和组织来说，往往适用性很差。另外，各个内部控制法规对内部控制的定位不尽相同，口径大小也不一致，由此致使实务中对内部控制理解上的混乱，行业间也不能进行有效沟通和合作等等。因此，有必要尽快建立一个适应企业的管理层、投资者、注册会计师、监管部门等各方需求的、通用的内部控制平台，即能吸收西方各国内部控制的精华，从一个更高的层面、一个更全面的视角构建中国的企业内部控制指南，作为我国企业建立内控制度的指导原则。并在此基础上，选择优秀的内部控制实务操作案例编制《企业内部控制实务参考》，以作为企业建立和完善自身的内部控制制度的参考。

第二，建立和完善企业内部控制评价与报告体系。与英美等发达国家相比，我国对企业内部控制评价与报告的要求还很低。对一般上市公司仅要求公司董事在招股说明书中向股东报告对内部控制系统的有效性进行的审查，而年度报告中无此要求。我国的企业内部控制评价与报告体系尚需要明确评价与报告的责任主体以及评价和报告的内容与方式，加强企业内部控制信息的披露。

而且在我国目前公司治理控制较薄弱的情况下，董事会与管理层都不是承担内部控制评价与报告责任的最佳人选，可以考虑由监管部门委托中介机构（如会计师事务所等）对企业的内部控制进行评价，并公开评价结果，最后由监管部门根据有关法规做出相应的处理。

第三，建立完善的企业风险管理系统。新经济时代交易类型和工具日新月异，兼并收购、破产重组、关联方交易、电子商务、金融衍生产品等使人应接不暇。环境的变化使企业经营风险增大，企业必须设立可以辨认、分析和管理风险的机制，以确认公司的风险因素如资产风险、经营活动风险、内外环境风险、信息系统风险、合法性风险等，并确定风险因素的重要程度，评估各风险因素得分，确定高风险区域，制定与之相关的风险管理政策和程序，以保证企业使用公允价值时，能够实现与其风险管理框架以及董事会批准的整体风险承受力相一致的风险管理目标；保持有关使用公允价值估价方法及政策规定在整个企业中的一致性；定期向高管层和董事会提供信息，反映企业使用公允价值方法的情况及其对企业财务状况和盈利表现的影响等。

4. 构筑公允价值计量运用的内部管理基础及相关制度规范

（1）规范公允价值计量中与原始凭证相关的制度

资产的公允价值由谁取得？如何取得？用什么样的方式取得？这是公允价值计量模式下必须面对的现实问题。如何取得或形成反映公允价值变动状况的原始凭证，则是解决问题的关键。对此可根据计提资产减值准备的必要条件作为参考[42]，规范公允

---

[42] 中国证监会《关于上市公司做好各项资产减值准备等有关事项的通知（[1999]138 号）》。

价值变动会计处理的原始凭证应包含的要素。通常而言，原始凭证至少应当包含以下要素：各类资产公允价值的取得途径与切实证据（如某日的股票价格等）；资产负债表日的公允价值及其与账面价格之差以及计算依据（如进行指数计算、汇率换算等）；公司董事会的批准日期及其对外披露方式；相关责任人的签名、盖章等。为此企业需要制定与公允价值变动有关的跟踪、记录制度，经公司董事会批准后实施；期末对公允价值变动的情况进行核对和分析，并依据取得的数据编制书面报告上报公司董事会；董事会批准公允价值变动的调整，财会部门将批准文件作为原始凭证，做出账务处理等。

（2）完善企业内部的基础管理制度

做好上述与原始凭证相关的工作并非易事，需要公司具备较为完善的基础管理制度。为此企业需要建立以公允价值计量资产的类别标准，以对是否采用公允价值计量的资产进行清晰的划分；建立对公允价值变动专人负责、定时按照既定途径收集数据的制度，以保证数据收集的及时性与稳定性；建立董事会在财务报表日对公允价值变动进行审核的制度，以强化与公允价值变动相关的管理程序及其责任等。

（3）强化信息披露管理规范

按照新准则的规定，企业应按不同的资产类别披露公允价值信息，这些信息包括确定公允价值所采用的方法、估值技术应用的情况、公允价值变动对损益产生的影响等。对于按公允价值计量的投资性房地产还应同时披露成本计量模式向公允价值计量模式转换的情况；按公允价值计量的生物资产也应分类披露实物数量、年内数额的变动情况及其分类变动数额；等等。当然，企业只有在完善了原始凭证规范及其相关的管理控制制度基础上，才能使公允价值信息披露有根有据、真实可靠,从而在确保公允价值信息质量方面发挥应有的作用。

7.3.3 加强专业技能和职业道德培训,提高从业人员执业水平

1. 加强职业培训,提高从业人员的专业素质

公允价值的确定离不开高素质的会计审计和其他相关人员,以及中介机构和执法部门的公平和公正,否则公允价值计量与报告的真实性就难以得到保证。这对会计人员、中介机构人员及监管人员素质和能力提出了挑战。例如,对于从事衍生金融工具交易的企业,会计人员不仅要熟悉各种衍生金融工具的特点及区别,同时在衍生金融工具持有期间,还要密切关注市场风险、利率风险、汇率风险等情况的变化,其使衍生金融工具的初始计量价值发生减值的,会计人员要相应的计提减值准备。为此,会计管理部门当前亟需做好以下几项工作:一是要加强对新会计准则,特别是公允价值计量属性的广泛宣传,使企业管理层、会计人员、中介机构人员及监管人员在思想上引起高度重视;二是针对性地组织各方力量加强对管理层、会计人员、中介机构人员及监管人员进行全方位、多层次的新准则及公允价值计量的业务培训,如阐释和培训新会计准则、公允价值计量的要点与难点等,使他们尽快地熟悉新准则内容,熟知公允价值的计量属性,并帮助会计人员熟悉和掌握公允价值计量的会计处理方法和程序,提高其对交易和事项的确认、计量、报告做出复杂判断处理的能力,减少会计信息的行为性失真和对公允价值判断的偏差。

2. 提高会计人员信息处理能力和分析判断能力

会计工作是一项政策性和技术性很强的工作,其涉及的知识

面较为广泛，且在很大程度上取决于会计人员的职业判断。会计的职能不能仅仅停留在满足核算和监督上，更多的是要利用会计信息进行事前预测、参与企业的经营决策、进行事后控制，使会计工作贯穿于企业经营管理活动的全过程。采用公允价值更需要会计人员能够及时收集和应用交易商品的市价信息，采用适当的估价技术，经过综合分析、判断，熟练地操作。同时，会计人员还应具备计算机方面的技能，以摆脱复杂的计算，减少人工计算的失误，提高精度。这就要求应该放开视野，不应仅局限于熟悉本企业的经济业务，更要尽量熟悉所属行业的特点、相关类型企业的经营状况及相关市场的情况。例如，新会计准则对投资性房地产采用公允价值进行后续计量的两个限定条件，即意味着会计人员在对投资性房地产进行后续计量时，不仅要分析投资性房地产所在地是否存在活跃的房地产交易市场，而且对于存在活跃市场的还要调查分析同类或类似房地产的交易价格，以便合理估计投资房地产的公允价值。

3. 加强法律、法规和道德教育，建立诚信体系和机制

公允价值之所以成为利润操纵的工具，很大程度上与会计审计及评估人员失去职业道德有直接的联系。如果市场缺乏倡导诚信的机制，即使最优秀的会计审计评估师、再好的会计准则、最完善的企业治理结构及最成熟的资本市场，也无法阻挡造假行为的发生。一个富有效率的社会信用体系，应当包括以下内容：信用数据的开放和信用管理行业的发展；信用管理系列的立法和执法，即使用信用的规范和失信惩罚机制的建立和完善；政府对信用交易和信用管理行业的监督和管理，以及信用管理民间机构的建立；信用管理教育和研究的发展等。因此，会计诚信体系的建设主要应从以下几方面着手：一是要营造会计诚信的社会环境。国家应建立一种让败德失信者受到惩罚、诚实守信者受到鼓舞的机制,在全社会要提倡诚实、利他和信守承诺,形成一个捍卫公众利益、履行反腐义务、播种诚信法则的风气,以激励每一个会计审计人员为捍卫会计原则,恪守职业道德。二是建立一套比较完善的企业及个人信用体系,以约束会计审计人员道德缺失。应充分借鉴国外的经验,加快建立完善企业、中介机构和个人的信用档案,使有不良行为记录者付出代价,从而增强单位及个人的诚信意识,建立起一个信用社会。三是要健全各项法规制度。诚信建设需要有相应的法律制度做保障,从我国现有的会计法规来看,我国尚需进一步明确规定会计真实性的具体法律标准;应把企业负责人及会计审计人员作为会计信息真实性的重要责任人落实到实处;改进会计的法制建设,加快司法会计研究,提高立法和执法的科学性。同时要尽快完善有效的退出机制,将那些不遵守行业操守、不守信用的企业个人驱逐出相关行业,减少或杜绝会计造假行为。四是加大监督力度和惩罚力度。应建立监管部门定期检查制度,扩大稽查人员的队伍,充分发挥国家审计部门、财政部门、证监会、注册会计师的作用,对滥用公允价值的企业和授意者、执行者进行严格监督,给违法者以刑事处罚、民事处罚和行政处罚,在法律框架内制定和推行"失信成本"远远高于"守信成本"的惩治制度。

加强守法意识和道德教育可以从主观上消除利润操纵的动机,是杜绝假冒运用公允价值实则从事造假的根本措施。当然,传统的企图通过提高一般从业人员的道德水准和业务水平来杜绝造假的做法,是隔靴搔痒,事实也证明收效甚微。因此,职业道德培训的对象不仅包括一般的从业人员,更应针对掌握着会计诚信水平支配权的强势集团,包括企业负责人、能够控制企业负责人的政府官员以及事务所的合伙人。

7.3.4 培育和完善中介机构，营造诚信执业的社会环境

1. 培育和发展独立的第三方市场，强化外部中介机构对公允价值的评估和审计鉴证业务

会计人员素质的提高是使用公允价值模式的保证，而发达的专业评估技术以及娴熟而讲求诚信的审计评估队伍则是使用公允价值模式的重要前提。在我国参与公允价值估算(复核)的机构和人员包括:企业内部符合资格的人员;企业聘请的评估专家;进行审计的会计师事务所内部的评估专家;会计师事务所外聘的评估专家;会计师事务所审计小组。评估行业在公允价值确定方面具有专业优势和相对的独立性，可以为会计计量服务提供坚实的现实基础。在市场经济条件下，由专业化的独立评估机构依据相关评估法规、准则、规范和行业惯例，提供现时价值尺度，对于政府、产权交易各方、债权人和社会公众是一种具有较强公信力的专业咨询。因此，在会计计量过程中，可以尽量利用由企业委托合乎资格的评估师和评估机构进行评估的评估资料，合理确定公允价值，从而克服在公允价值形成过程中的主观盲目性;同时，一些具备良好审计资质和信誉的社会审计机构出具的审计报告也是公众使用会计信息的信心来源。所以，在我国新会计准则推广普及的初期，应提倡由会计师事务所、评估事务所提供公允价值计量的专业评价技术服务，增加会计师事务所提供公允价值计量的专业评价技术服务。即事务所替代企业进行公允价值的获取、公允价值信息可靠性的验证等一系列非审计业务的管理咨询服务业务和评估业务。这样，可以在一定程度上减少企业内部在运用公允价值上的不客观性和随意性，提高公允价值的准确性和信息的可信性。同时还应从独立审计准则和评估准则的完善入手，从法律和制度上

明确注册评估师和注册会计师对公允价值评估、审计的权利和责任,以充分发挥评估和审计等社会中介机构的作用,有效保障会计准则运行的规范性,力求保障会计信息的可靠性。

2. 加强审计监督,强化注册会计师职责是防止公允价值滥用的最后防线

(1) 改革现行的审计委托模式,确保注册会计师的独立性

在现行的审计制度安排下,公司所有者、公司经营者和会计师事务所三者之间本来应该是相互独立的关系,但由于种种原因使得公司经营者代行选择会计师事务所的权力而使得注册会计师的审计很难保持真正的独立。而且会计师事务所作为一个盈利企业,当追求自身利润最大化的行为与维护其审计独立性发生冲突时,也很难要求作为盈利组织的会计事务所牺牲自身的经营目标去维护审计的独立性和会计信息的真实性。因此为了确保上市公司会计信息质量,就必须改革目前的审计委托模式,隔断注册会计师与上市公司经营者的经济联系,增强注册会计师审计的独立性、公正性。在审计委托模式上,笔者认为可尝试建立财务责任保险制度,即由上市公司向保险公司投保财务会报表责任险,由保险公司聘请注册会计师对上市公司财务报表进行审计,一旦投资者发现上市公司财务报表作假,可向保险公司索赔。保险公司为降低金融风险,势必要求被聘用的会计师事务所对上市公司财务报表进行严格审计。或者可考虑由指定的监管部门采取招标的方式代为聘任会计师事务所,对上市公司报表实施审计,上市公司在每一会计年度向监管部门交纳审计费,尔后由监管部门与事务所结算费用。这样上市公司与注册会计师之间的委托代理关系就被变更为上市公司、保险公司(或监管部门)和注册会计师三者之间的委托代理关系,彻底隔断了注册会计师与上市公司经营管理层的经济利益关系。

(2) 加强审计监督,全面引入风险导向审计

注册会计师应以应有的职业审慎实施审计工作,获取充分、适当的审计证据,以评价被审计单位职业判断是否合理、披露是否充分。中注协等应根据独立审计准则的规定,制定明确、具体的审计程序,以尽可能降低审计风险,保证会计信息的真实和公允。但是公允价值计量方法有时相当复杂,比如,当市价不存在,需要用未来现金流量的现值等计量技术和估值模型估计公允价值时,应用过程中人的观念、行为等都将影响公允价值计量和披露。这些复杂性和不确定性因素容易引起和诱发被审计单位的错误和舞弊,加大了注册会计师的职业成本和审计风险,尤其是当前我国会计准则对公允价值的计量和披露尚未形成具体规范的情况下。这就要求审计人员必须充分考虑到可能影响公允价值计量的因素,对公允价值计量过程进行科学测试,同时需要对实施公允价值计量的人员进行业务培训,提高这些人员职业判断能力和专业水平,积累更多的经验。除了掌握公允价值的基本知识及其应用外,先进的审计理念辅以恰当的风险审计方法和程序,则是提高审计质量、应对审计风险的关键。现代风险导向审计是一种新的审计方法,它是战略管理理论和系统理论在审计实践中的运用的新发展。它侧重于对整个企业的经营环境和经营过程的分析,更多地考虑企业的战略风险和经营风险。它不仅是审计技术方法、审计程序的一大变革,更重要的是审计理念的更新。现代风险导向审计能更准确地判断重大风险点和风险域,合理配置审计资源,降低审计成本,防范审计风险,提高审计的效率、效果。

(3) 强化注册会计师职责,提高审计的独立性和公正性

注册会计师审计是防止公允价值滥用的最后防线。注册会计

师等中介机构应本着独立客观公正的原则,以应有的职业审慎实施审计工作,获取充分、适当的审计证据,以评价被审计单位管理当局对公允价值的确定是否合理、披露是否充分。如果缺乏客观数据或存在重大不确定性,注册会计师就更应当考虑其对审计报告的影响,决定是否在审计报告中揭示,以引起会计报表使用者的充分注意,保证会计信息的真实、可靠。对于为迎合上市公司需求,对财务报表疑点"不作为"的注册会计师等中介机构应进行严厉查处。当然,由于审计在很大程度上也依赖于注册会计师的职业经验和专业判断,而以一种主观上的判断(注册会计师)去检验另一种主观上的判断(会计人员)必然存在一定的风险。因此注册会计师应以应有的职业审慎实施审计工作,获取充分、适当的审计证据,以评价被审计单位职业判断是否合理、披露是否充分。中注协等应根据独立审计准则的规定,制定明确、具体的审计程序,以尽可能降低审计风险,保证会计信息的真实和公允。同时,加强注册会计师职业道德,加强对上市公司更换事务所的限制,并加大对违规事务所和注册会计师的处罚力度。并以此震慑和强化审计的责任,公允价值在一定程度上就可以准确反映资产或负债的客观价值。公允价值的这种可靠性在一定程度上也就能够保证会计信息达到公允。

3. 加强评估行业管理,提高行业规范化程度,降低公允价值信息披露的成本和会计审计风险

根据 IAS/IFRS 的规定,当被计量资产公允价值的确定比较复杂,或不存在活跃市场时,鼓励但不要求企业根据独立评估师的评估结果确定投资性房地产的公允价值。目前美欧各国在公允价值计量实践中已不同程度利用了外部专业评估为其提供专业技术服务。在欧洲,企业合并、无形资产减值、不动产、金融衍生工具等项目的公允价值确定基本上是由外部评估人员承担的，在美国，投资性房地产、股份支付的公允价值确定也主要是由外部评估人员承担。我国新准则规定，如果同类项目或类似项目均不存在可观察的市价，或者可观察的价格不能代表可靠的市价，则需要考虑采用估价技术法对所计量项目的公允价值做出估计。随着新会计准则的实施，公允价值计量的运用将使资产评估的社会地位更高、作用更大。为适应公允价值计量评估的需要，评估行业应有系统的加强对专业评估人员的技能和职业品德培训，提高评估师专业水准和职业素养，使专业评估师能够为公允价值计量提供高水平的专业服务。资产评估行业也应以此为契机，加强资产评估规范的国内统一和国际协调，建立评估行业统一的专业语言；加快以财务会计为目的专业评估的准则建设步伐，以在国内以及国际间的资本流动中为各利益相关者尤其是会计界提供更好的技术服务和专业支持。加强对评估行业的监管和治理，严格规范资产评估机构的行为，对于违法乱纪者要严厉制裁，切实保证资产评估机构的相对独立性，国家行政机关不应对其工作进行过多的干预，以保证其评估的公正性。同时应深入研究社会主义市场经济中资产评估行业的发展规律，借鉴国际评估行业的立法经验，结合我国的实际情况，制定和完善资产评估领域的法律、法规。通过评估立法理顺评估行业管理体制，规范评估机构的设立和组织形式以及市场主体的权利和义务，明确评估的业务范围和评估的法律责任，以保障资产评估有关各方的合法权益。

在行业规范管理过程中，完善评估机构公允价值的评估方法则是一项主要的基础工作。在资产评估过程中，公允价值的评估方法有市场法、收益法和成本法。而在新会计准则中确定公允价值的方法更为复杂，如根据 CAS8——资产减值的要求，难以对单项资产的可收回金额进行估计的,应当按照资产所属的资产组来确定资产组的可收回金额。而资产评估中往往以根据单项资产进行评估为主。这就要求资产评估机构研究如何按照会计准则的要求评估相关资产的公允价值,而不能仅仅依赖于传统的评估方法。此外,随着金融产品的不断创新,金融市场越来越多样复杂,而且公允价值在金融工具计量中的运用最多。我国新准则虽然要求对于不存在活跃市场和类似金融工具的采用未来现金流量模型、期权模型等进行计量,但是这些金融工具的估值技术在我国金融机构中的发展和运用程度并不高,因此除了加强对非金融资产的评估外,专业评估机构应充分发挥资产评估的咨询作用,推动公允价值在金融工具计量中的运用。

4. 加强业界协调与合作,建立会计、审计、评估联机协作机制

(1) 加强业界协调与合作,实现评估界与会计届的良性互动

市场经济条件下日益增多的资产租赁、资产交换、抵押贷款、融资租赁、典当、财产保险等交易行为不能仅仅依据企业所反映的账面价值进行,而需借助于资产评估的理论与方法,以资产评估的结果为依据重新确定资产价值。而加强专业评估与会计界合作的最大推动力则来自于目前向“公允价值”会计模式的逐渐转化。因此,从实务和理论方面,继续深入加强会计界与评估界的协调与合作,实现评估界与会计界的良性互动乃大势所趋。中国会计准则与国际准则的趋同,更进一步向我国评估界发出了一个清晰的信号,那就是不仅中国的会计职业界,而且中国的评估界都需要致力于提高透明度、工作质量和高水准的执业准则。而这些,对于中国资本市场的发展是至关重要的。会计管理部门应建立与证监会、银监会等部门间的运转高效、协调有序、上下级衔接的工作程序和部门联机协作机制,实现信息共享,提高监管效率。其中新形势

下，尤其需要加强与资产评估行业的沟通与协作，尽可能做到“统一规划、统一协调、统一处理”。在内部则可考虑建立一个既有统一又有分工、运作规范、各司其职、有序协调的协作机制，由会计司牵头，召集所有涉及会计准则制定和评估准则制定及行业管理的业务司局（包括监督检查局、条法司、中评协等），定期召开联席会议，研究解决涉及资产评估和会计处理等事项，通过内部联席会议统一安排，统一组织和协作，加强信息共享和工作协调，共同提高准则的质量和执行效果。

（2）加强资产评估、审计的协作与分工，建立年报审计与评估相结合制度

采用公允价值作为资产的计量属性，可能诱使管理当局利用公允价值左右报告损益，而且与历史成本为基础计量相比较，取得公允价值都要花费一定成本，从而增加了报表的编制成本。加强资产评估、审计的协作与分工，由专业中介机构以客观、公正、独立的身份对资产或负债项目的公允价值予以重估，建立年度会计报表审计与资产评估相结合的制度，是一种较佳的理性选择。

当资产评估在采用资产基础法评估企业的整体价值时，资产负债表中的货币资金、应收款项、债券投资、待摊费用、递延所得税资产、长期待摊费用等不具实物形态的各资产项目，以及全部负债等由审计负责查验核实其具体数额，如无特殊情况存在，应审计结果为基础进行评估。固定资产、存货等实物资产，商标权、专利权等无形资产，股票投资等权益性资产，应由审计查验核实数量或价值，其实际价值的确定可考虑通过评估确定。审计时应充分考虑评估结果。但是，无论是资产评估报告使用审计结果，还是审计报告使用资产评估的结果，都必须妥善处理数据的衔接问题。资产评估应以审计的“终点”为评估的“起点”，即在已得出的“审定数”

基础上进行评估：而审计则应以评估的“终点”作为审计的“起点”，即在已得出的评估价值的基础上进行审计。出具报告时，如审计人员不认同评估结果，可在审计过程中调整。但评估人员与审计人员在进行这样的调整时，都应当慎重。

由于审计与评估有很多工作是交叉重复的，评估师也可以提前介入，边审边评，企业审计评估费可以在来的收费基础上适当增加。如果资产评估与审计分别由两家中介机构承办时，评估机构可在审计时派员参加审计过程，其中，如果评估只涉及实物资产和上市证券，则可由审计和评估机构分别派员，联合确认所评估资产的数量或公允价值。

期末会计人员可以利用评估资料完成报表的编制，并披露重估的程序、方法以及评估机构或人员情况等。审计人员在审计的基础上按照评估确认的公允价值对报表进行审计，同时出具审计报告，从而建立资产评估与审计相结合的年报评审制度（图7—1）。具体可在注册评估师完成评估基础上再由注册会计师完成审计工作，抑或相反。在资产评估先于审计的情况下，应在审计报告中作这样的说明：“在我们实施审计程序的同时，委托方还委托××资产评估机构（或本所）对被审计单位的实物资产、无形资产……进行了评估，本报告披露的上述资产的价值，均采用了评估报告的相关数据。”财务报告的会计责任与审计责任与传统没有差异，如实编制和披露财务报告是会计人员的责任，而注册会计师则对审计报告（含公允价值的计量和审计）负法律责任，注册评估师对资产评估报告负法律责任。资产评估报告作为财务报告的补充资料，与评估前审计后的财务报告同时披露。

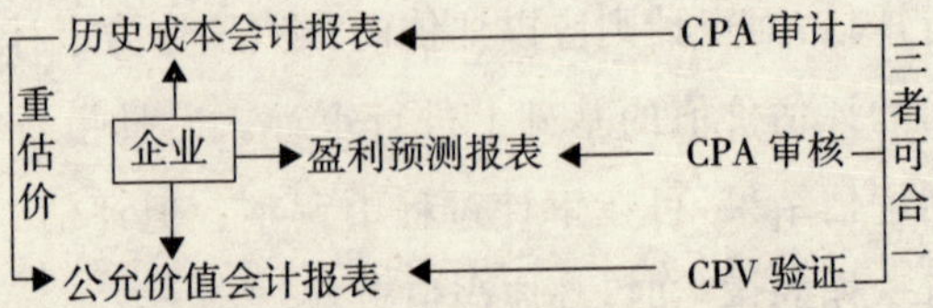

图 7—1 资产评估与审计相结合的年报评审简易图

(3) 建立会计界、审计界与评估界的联动机制

基于财务报告目的的评估的发展除了要求会计界和评估界的积极准备、做好相互之间的衔接工作,更加需要会计界和评估界的密切配合,建立运转高效、协调有序的联动机制,保证公允价值计量在会计与基于财务报告目的的评估中的协调统一。同时,由于会计信息需要经过审计师的审计,审计师在审计的过程中要利用专家的工作成果,对评估所运用的方法的合理性进行评价,因此审计界也应参与到会计与资产评估的联动机制中。评估师及其他机构提供公允价值评估的方式可以通过审计小组向审计客户收取审计服务之外的费用;在不违反独立性原则下也可以对审计提供咨询工作;而对非审计客户可以直接提供评估服务。评估师介入审计工作后,可以更好地帮助注册会计师了解被审计的公允价值计量的依据。只有各部门之间紧密合作,才能加速相关政策的出台,推动公允价值在我国的推广应用。

7.3.5 建立市场信息数据库,搭建信息网络技术支撑平台

公允价值需要充分、活跃的市场信息。在市场经济成熟的国家,一般都有一个按地区、行业、级次等原则划分的成熟的、开放的、公平的信息体系,由相应的专业机构按期并持续发布相关信

息，如公允市价、相应的行业参考价格、模型、指数和参数等等，并且该报价不得人为随意调整。目前我国的市场价格体系尚不成熟，相关的数据信息还不能通过一个公开的网络或者相应的全国性行业价格平台披露，这样就无法给公允价值一个系统的、公开的、公平的标准或者评价。企业历史实现的收益往往是预测未来收益的重要依据，通过建立容量大、时效性强的行业数据信息库，可以方便会计审计等从业人员在定价时选取适当的参数。因此，为了准确获取现金流量的相关信息以预测未来的现金流，在目前我国市场尚不够完善、公允价值技术不够成熟的情况下，亟需引入一个固定的机构或组织(如行业协会等)着手建立行业市场信息数据库，为提供各种公允价值的信息，搭建一个信息共享的可靠平台，以避免公允价值成为某些利益集团操纵利润的手段。

与此同时，应充分发挥计算机及网络技术在审计会计工作中的作用。电子计算机技术的广泛运用，使各种资产或负债的市场价格能够很容易取得。会计信息的披露依托的也是计算机及信息网络技术，充分发挥网络技术的优势，快速传递公允价值计量所需的公共信息，实现资产信息的及时查询和资源共享，降低公允价值的获取成本是会计信息合理披露的关键。我国现阶段的会计、审计工作对计算机、网络技术的使用还是低层次的，发挥的作用也非常有限。因此，有必要进一步加大计算机、网络技术在会计、审计工作中运用的力度。一是根据新颁布的会计审计准则体系，加强在网络和计算机这种新环境下的会计、审计系统设计，依靠其系统设计的科学性和运作的实时性、高效性来提高财务信息的质量，减少人为的操作失误；二是充分发挥网络技术的优势，着手建立全国网上实时采价报价系统。利用信息网络系统运行的实时性、高效性以及网上实时采价报价系统，可以加速传递公允价值计量所需的公共信息，实现资产信息的及时查询和资源共享，使公允价值的计量更加实时、快捷、有效。在此基础上，企业即可以充分利用计算机网络等技术资源，随时获取资产的市场交易价格资料或选取适当的参数，形成及时准确的公允价值获取途径。随着信息网络技术的进一步发展，大量的网络企业也不断涌现，网上交易数据即时获取，从而给公允价值计量提供了重要资料来源。通过建立的信息共享平台和全国网上实时采价报价系统，企业可以很容易取得各种资产或负债的市场价格，从而降低公允价值计量的成本。

7.3.6 完善会计监管体系，构筑防范公允价值滥用的屏障

1. 建立虚假会计信息的发现机制

有效的虚假会计信息发现机制必须满足以下两个基本条件：①能够提供宽畅的发现通道；②能力求最大限度地降低发现成本。为了加大虚假会计信息的发现几率，可尝试建立以下两项制度：一是建立异常监控系统。异常信息包括两个方面：一方面是由注册会计师 出具的反映会计信息质量的异常审计报告；另一方面是异常的会计信息。财务报告被注册会计师出具非标准审计意见的上市公司，往往意味着其财务存在这样或那样的问题，具有一定的不确定性。其中被注册会计师出具拒绝表示意见和否定意见的上市公司的会计信息，政府监管部门要进行直接核实。异常会计信息则是指某一企业的会计信息和同行业相比、与同一企业的不同时期相比异常的变化。同一行业不同企业以及同一企业不同时期由于经营环境的不同，会计信息异常变动在所难免，异常会计信息未必就是虚假会计信息。但是，我们不可因此对异常会计信息等闲视之。内部控制原理告诉我们，对异常信息进行监控和分析是风

险控制的重要措施。在确定异常会计信息判断标准的基础上，政府会计信息监管部门通过建立定量分析系统和现场检查制度将是提高监管效果的有效手段。二是建立举证责任倒置制度。在会计信息监管中，举证责任倒置制度是指虚假的会计信息的控方无需拿出会计造假的直接证据（但是需要有基于会计核算或其他事例的被告方会计造假的理由和事实），而是由被控方拿出没有造假的证据来摆脱责任。推行举证责任倒置制度，对于降低中小投资者的举证成本和诉讼成本，提高中小投资者和社会公众监督会计信息的积极性，拓宽虚假会计信息的发现通道具有积极的作用。

2. 完善上市公司综合监管体系，建立确保公允价值信息真实、公允的保障机制

新会计准则的实施，使会计政策的选择权加大、专业判断的事项增多，导致会计人员滥用会计准则的机会增大。如何限制和防止操纵利润，也是证券市场监管机构当前所应当关注和解决的重要问题。从当前我国企业及资本市场发展的现实来看，解决这一问题的关键是在进一步提高证券市场有效性的基础上，完善上市公司综合监管体系，建立确保公允价值信息真实、公允的保障机制：一是进一步树立公开、公平、公正的市场竞争意识，完善市场法规，严格市场监管。二是强化上市公司会计信息的内部监督。对上市公司内部会计人员及会计信息产生的过程进行监督控制，在上市公司内部建立健全完备的会计监督制度。三是加强证券中介机构（如会计师事务所、资产评估事务所、律师事务所等）的监督管理。进一步改革现行审计制度和审计体系，加强审计职业队伍建设，加强注册会计师行业协会建设，完善行业自律管理机制和行业监管法律制度建设。加大中介机构对会计报告鉴证责任，包括中国证监会加强对上市公司信息披露和舞弊查处的力度，财政部加大对会计信息质量和注册会计师审计质量的监督检查等。加强对评估行业的监管和治理，严格规范资产评估机构的行为，对于违法乱纪者要严厉制裁。同时，要切实保证资产评估机构的相对独立性，国家行政机关不应对其工作进行过多的干预，以保证其评估的公正性。四是充分发挥证券交易所实时监督功能。应尽快建立起一套实时监控的有效风险控制体系，加强实时监管，加大依法监管力度，严厉查处欺诈、内幕交易、操纵市场等各种违法违规行为，将违规行为造成的市场危害减少到最小。为了防止企业为保牌与配股等动机而利用公允价值创造利润，在证券市场监管机构制定相关指标考核时，应考虑将未实现的损益与已实现收益分别考核。同时加强对公允价值有关信息的披露，规定任何公允价值方法不仅应反映资产和负债的价值及产生的收益，而且应根据相关项目进一步细分各种收益的来源和变动。五是强化财政部、证监会的统筹监督地位。财政部应加强会计准则执行的监督管理及规范制定，证监会应加强证券市场监督管理的规章、规则的制定，依法监督中介服务机构的执业活动，加强对证券交易所的监督管理，最终逐步构建以政府行政监管为主，行业自律为补充的综合监管模式。

3. 完善监督处罚措施，建立良性的惩处机制

根据经济学“追求效用最大化”和“理性经济人”的经济学假设，利润操纵者必定遵循成本效益原则，以获得预期收益为主要目的。某些企业之所以肆无忌惮地进行利润操纵，其重要原因就在于，利润操纵的预期风险收益远远大于其预期风险成本。如果在建立完善会计制度规范的同时，加大违规行为的处罚力度，增加企业会计造假成本，在一定程度上即能够防范利用公允价值计量标准操控利润的行为发生。因此，要有效遏制利润操纵，必须增加操纵成本，加大处罚力度，使操纵被揭露的成本远远大于其可能的收益,证券市场监管机构应借鉴美国高昂的SOX法案惩罚性赔偿制度对会计造假进行严惩。具体可采取以下措施:①建立民事赔偿机制。要尽快建立民事赔偿等相关法律、法规,通过利润操纵者的经济赔偿维护广大投资者权益,提高利润操纵者被发现的可能性和受到惩处的力度。②加大经济赔偿。引进诉讼制,使利润操纵行为一旦败露,将面临巨额的赔偿金额。③建立有效的市场退出机制。尽快构建有效的市场退出机制,对有利润操纵行为的上市公司立即摘牌,对相关中介机构坚决取缔,对利润操纵者不仅追究其民事责任,还将追究其刑事责任。这样,既可以使蒙受损失的投资者得到补偿,又能给造假者形成实在的经济压力,从而抑制其违法造假行为。在此过程中还应对违法行为规定明确具体的惩治措施,督促会计人员能够在准则、制度及相关法律、法规允许的范围内进行估计、选择和判断,以提高职业判断绩效。

7.4 公允价值计量及其应用的未来展望

根据著名经济学家和会计学家坎宁(1929)的名著《会计中的经济学》中对于价值计量方法的独创性论述和分析论证,可以说,公允价值是价值的直接计量(即现值)和间接计量(历史或现行成本、现行市价和短期可变现净值)的总称。公允价值会计代表财务会计未来发展方向,标志着会计正从成本计量走向价值计量;价值是财务与会计的核心概念、本原逻辑和联结纽带;现值的可靠计量往往是价值和公允价值可靠计量的关键和难点。21世纪的财务变革正呼唤着“价值型会计模式”(即基于价值计量的公允价值会计模式),并且这一模式完全有可能实现。国内外会计、审计和财务界的共同努力,必将为公允价值的充分而正确的运用奠定坚实可靠的基础，同时也将为 21 世纪的财务变革提供极其重要的前提和保证。

相对于具有客观性、确定性和可验证性的以实际交易为基础的历史成本计量而言，公允价值计量在提供更为相关的决策信息方面存在优越性：第一，用公允价值计量衍生工具将使其能在表内反映，这让财务报表使用者对企业真实财务状况有更好的理解，也容易评价企业通过使用衍生工具进行风险管理的有效性。第二，削弱了“摘樱桃”的动机。根据传统的会计计量模式，金融工具价值的变动仅在实际发生时予以确认。这样，企业可能仅仅为了增加会计利润而进行某项交易，以此掩盖核心业务的不良业绩。第三，公允价值计量的广泛应用可以使金融工具计价模式更加一致，金融工具将在相同的时点、根据相同的原则进行计量。

我国新会计准则对公允价值的再次引入既是会计国际趋同的需要，也是市场经济发展和全球经济一体化基础加速的必然结果。从未来的发展趋势来看，随着经济形势的不断发展和经济环境的逐渐完善，通过广大会计理论工作者和实务界人士的不断探索及公允价值计量理论的日臻完善，资产评估业的发展，会计人员素质的增强，合理监督机制的建立，公允价值计量将形成以市场规则为主、相关政府机构监督为辅的、不受特定主体操纵的机制，公允价值计量模式将成为未来会计计量的主流模式。当然，公允价值计量模式完全取代历史成本计量模式成为 21 世纪的最主要计量模式，尚言之过早。比较客观现实的预见是如葛家澍教授所指出的：“今后可能的发展趋势是，在相当长的时间内历史成本和公允价值将同时并存。”

7.5 本章小结

由于公允价值具有计量属性上的不确定性、变动性和集合性,因而其所形成的会计计量模式在理论上是令人困惑的。这必然带来新的理论问题和实际应用后的困惑。一方面,公允价值计量可能增加财务报表项目的波动性,在公允价值计量模式下,经济环境和风险状况的变化以及企业自身信用的变化,都会引起企业财务报表项目的波动,这些反映外部环境等变化所引起的损益的变动,可能并不能提供非常相关的信息,甚至可能误导财务报表使用者。另一方面,对于报表使用者与报表编制者来说,由于公允价值信息的获取存在不确定性,致使与资产或负债的风险和收益相关的信息具有很大的不对称性,信息质量的可靠性难以保证。尤其是公允价值计量中存在大量估计和判断,这为管理层操纵利润提供了空间。若不存在报表使用者以外的其他监督主体的话,对公允价值的估计相当于给了报表编制者提供了很大的操纵机会,也使得报表使用者无法用现有信息来充分判断公允价值的公允性。正由于这个原因,我国财政部2001年实施的会计制度中对1999年施行的《企业会计准则——债务重组》做了修订,由转让的非现金资产的账面价值或股权的账面价值取代了公允价值;同时对修订后的,对《企业会计准则——非货币性交易》中采用公允价值的部分做了修改,修订后的会计准则明确规定,企业发生的非货币性交易,应以换出资产的账面价值,加以应支付的相关税费,作为换入资产的入账价值。

本章通过对公允价值计量的影响及运用的现实障碍分析,我们发现,公允价值在我国的运用过程,涉及了市场环境、技术规范、制度结构等多方面的问题。公允价值的计量更是一个主观判断的过程。要想这个主观结果无限接近事实,这个判断过程中必须有一个客观的、系统的标准,一个独立、公正的评估和审计机构,一套完善的综合监管体系等。上述因素缺一不可。目前我国经济发展的市场化程度不高,很多资产还没有形成活跃的交易市场,采用估值技术和未来现金流折现计算以及公允价值的后续计量难度较大,未来现金流量和折现系数的确定主要依赖于职业判断,且较多地受管理层和会计人员素质的影响。加之中介机构公信度低,包括评估事务所、会计师事务所、律师事务所在内的中介机构缺乏应有的社会责任感,而市场监管和市场执法又相对较弱,资产评估弄虚作假现象严重。这些必然会带来实际应用上的困难。

合理的将公允价值计价手段引入到会计实务中是个相对复杂的过程。因此,要想估计、主观判断的结果无限接近事实,必须有一个发育成熟的市场经济环境,一个客观的、系统的标准方法体系,一个中立的评估审计等中介机构,一套完善的会计监管体系,一个有效的市场信息数据库和信息网络技术支撑平台等条件,同时还需要政府有关部门以及社会各界的共同努力。因此,在当前及今后一段较长的时期,我们首先应深化经济的市场化程度,努力构建一个完整、统一、开放、充分竞争的市场,为公允价值的采用创造良好的社会经济环境,降低公允价值的获取成本,以促进公允价值计量在我国准则和实务中的推广和应用。而制定公允价值操作规范或指南,提高新准则的操作性乃当务之急。同时加强会计、审计、评估等行业的协调,建立运转高效、协调有序、上下级衔接的工作程序,尽可能做到“统一规划、统一协调、统一处理”,加强信息共享和工作协调,以共同提高会计准则和评估准则的质量和公信力。在此基础上,通过加强会计及相关人员专业技能培训和职业道德教育;建立良好的公司治理结构和内部控制制度,加强对企业管理层的约束;建立定期检查制度,充分发挥国家财政、审计、证券监管等部门依法加强对企业财务的监督检查和审计;加强社会中介组织的行业自律管理及社会监督,并对滥用公允价值的企业和授意者、执行者进行严格监督;不断完善刑法、会计法等相关法律法规,给违规者以刑事处罚、民事处罚和行政处罚,震慑其利用公允价值操纵利润的心理和行为,公允价值的可靠性在一定程度上也就能够保证会计信息达到公允。也只有通过综合治理才能制约和督促会计审计及评估人员能够在准则、制度及相关法律、法规允许的范围内进行估计、选择和判断,减少甚至防止1999年债务重组与非货币性交易准则发布实施后我国上市公司对公允价值滥用虚饰现象的再次发生。

结　语

从长远来看，采用公允价值计量乃大势所趋。公允价值计量能更客观地反映企业真实的财务状况和经营成果，符合实物资本保全的要求，有利于提高财务信息的相关性。我国新会计准则体系的最大亮点之一就是借鉴 IAS/IFRS，在坚持历史成本的前提下，在企业合并、投资性房地产、生物资产、股份支付、债务重组、非货币性交易、金融工具确认和计量等准则中直接或间接采用了公允价值的计量方法，从而强化了为投资者和社会公众提供决策有用会计信息的新理念。然而计量属性的选择必须符合现实的社会经济发展环境以及相关会计理论和方法的突破。特别是当市场经济的深度、广度越大时，以公允为基础进行的市场交易更具普遍性。此时在会计中，以公允价值作为计量资产或负债就越接近真实水平。在西方以私有产权为基础的市场经济，以经济人的自利本性为根本原则，交易趋向公允，似乎是一个不言自明的前提。因而，西方国家对公允价值计量属性的讨论，主要是围绕着如何合理地确定公允价值，以及采用公允价值计量属性以后所面临的经济后果等问题展开的。FASB 和 IASC 对公允价值计量属性的引入是谨慎和有步骤的，其指导思想并没有偏离财务概念框架的总体路线，公允价值是否能够取代历史成本，更多地应考虑环境的需要。

将我国与西方国家对公允价值问题的讨论相对照，我们发现两者有着诸多的不同。我们国家对公允价值计量属性的担忧，更多的来自于对交易公允性的怀疑。我国市场经济发展仅十几年，所遭遇的最大问题就是信用和关联交易问题。计划经济时代所留下的行政性资源划拨，并没有因为改制为公司就消失。大量上市公司在改制前，大多是一个具有完整产业链的企业，为适应上市需要，对整个产业链条进行人为分割，其结果尽管分成了两家公司，但经济上长期的联系无法割断，从而出现资本市场中关联交易盛行的现象。以关联方式进行交易，其公允性势必要大打折扣。市场经济的另一个重要特征是市场经济主体为各自利益，在公平的游戏规则前提下，展开竞争。在竞争过程中，维护良好信用符合自身长期的发展需要。在我国相关市场主体，如中介机构，其力量还不足以与众多大公司相抗衡，因而对关联交易公允性的评价也不足以让人放心，相反对交易公允性的怀疑，曾使我们暂时放弃了这一重要的计量属性。然而，交易公允性的问题，却无法在会计领域得到解决。也正因为如此，CAS 中对公允价值的具体运用时又是有条件的、谨慎的。而且在操作层面的具体操作方法上也保持了自己的特色。

应当承认，我国上市公司曾利用公允价值操纵利润，严重影响了企业真实会计信息的披露。为了保护投资者利益，2001 年实施的企业会计制度中取消了 1998 年颁布的《债务重组》、《非货币性交易》等会计准则中对公允价值的运用。但是，公允价值计量和利润操纵之间并无必然联系。事实上，公允价值要想成为利润操纵的工具需要同时具备三个要素：上市公司管理层蓄意造假、会计审计人员职业道德水准低下与证券市场监管失灵。因此，问题的关键不在于公允价值本身而在于政策的实际执行运用。公允价值是利润操纵的一个手段而不是根源，只有消除根源才能杜绝利润操纵，这是公允价值能合理使用的一个必要前提。公允价值作为一项技术，既可以用来提高财务信息的质量，也可以用来扭曲会计信息，做好做坏取决于市场经济环境、企业管理层的道德素质以及整个社会的诚信水平等。

随着我国经济的市场化程度的提高，有关资产和负债的公允价值将相对容易取得。尽管我们国家还正在走向工业化的征程中，但随着经济全球化的影响，潜在的金融风险还会随时侵蚀我们的经济。对可能的金融风险，企业要保持时刻的关注，作为提供信息的会计系统，适时采用公允价值计量，有利于对企业潜在风险的披露。我国资本市场上对上市公司计提减值准备，正是这一思想的体现。因此，从相当长的一个历史时期看，我国会计计量的目标与模式势必会与国际会计惯例趋于一致，并将其定位在合理的计量模式上。但是面对现实，如何解决公允价值会计信息的可靠性？公允价值会计方法的可操作性如何？这些问题都亟待研究和解决。

第一，如何以合理渠道和方式取得公允价值，保证会计信息的可靠性

会计信息最基本的两个特征是可靠性与相关性。相关性越大，可靠性越高，就越符合使用者的决策需要。但可靠性与相关性之间存在着此消彼长的矛盾，即相关性中的预测性和及时性的要求，可能会影响信息的可靠性，而追求完全可靠性，忽视预测性和及时性，会减弱相关性。按照可靠性的要求，历史成本无疑是最理想的计量模式，因为它的客观性和可验证性最强。而从决策的相关性讲，公允价值远比历史成本优越，尤其是对于证券市场上的投资者，预计未来的现金流量远比历史成本值得关注。

但是公允价值的一个关键问题是，能否从可观察到的市场价格或通过有效的估价技术直接得到公允价值。公允价值要求一个活跃、流动、健全的市场提供公平交易价格，如果缺乏这一市场就需要通过评估或判断未来现金流量的折现值等方式来获取公允价值。从我国的现状来看，证券交易市场、产权交易市场、生产资料市场等都不成熟，价格难以真正反映价值，绝大多数资产的公允市价难以获得。因此，在现阶段的公允价值计量中，很多情况下，估价往往就成为公允价值计价的重要技术手段。

通常，可以采用如下的几种主要方法：成本法，也就是按照实际支付金额确认资产的公允价值，这种做法较客观，资料容易取得，但是只能解决资产的初始计量问题，无法满足后续计量的需要；现行市价法，直接从可观察到的市场获取相关资产项目的公允价值信息，但是即使存在可观察到的市场，市场是否具备良好的流动性，可观察到的市价是否代表真实的市场交易价格，也是值得商榷和探讨的问题；模型估价法，如未来收益现值法、资本资产定价模型法等，这类方法最大的问题是模型建立的基础是否可靠、模型本身的科学性以及估价所涉及的相关原始数据如资产未来收益水平、贴现率等任何一个方面的问题都可能导致公允价值指标的可靠性大打折扣。更何况，未来现金流量的金额、时点和货币的时间价值等都是不确定的，而这只能由会计人员的职业判断来确定。由于不同投资者之间、投资者与管理当局之间对投资的期望报酬率不可能完全统一，未来现金流量的估计和内含于资产或负债价格中的不确定性以及市场中的其他难以识别的因素也很多，因而运用职业判断进行估值、判断、推理的过程，无疑在一定程度上掺杂着会计人员的主观臆断性，会计信息的可靠性也就值得怀疑。而且对于有些资产，如农产品各期价格会发生较大波动，预期的现金流量与实际情况也会产生较大出入。即使对同一性质、同一量度的非市场化交易，由于信息的不对称性，加上公允价值计量存在大量估计和判断，所得出的公允价值也难以相同，从而降低不同会计主体之间会计信息的可比性。

第二，如何界定和防范企业利用公允价值计量标准操纵利润的行为

虽然IAS23、SFAS133以及我国企业会计准则对公允价值分定义的表述各不相同，但都暗含了一个意思：即公允价值是不受限制的市场条件下的交换价值，也即均衡的市场价格。也可以说是在存在活跃市场交易的情况下，基于交易而产生的交换价格即为公允价值。然而，在各国会计准则、会计制度以及会计实务中，公允价值的实际应用却大大超出了交易范围，它不仅仅适用于初始计量，还适用于后续新起点计量，而后续新起点计量大多是在没有交易的情况下进行的。某些时候，资产或负债即便有交换并形成了一个交换价格，也不一定存在着活跃的市场和可观察的市场价格，而是基于交换双方对资产（或负债）的价值有着相同或相近的评价，通过讨价还价达成一致意见而形成的。这些计量基础存在一个共同的特征，即都加入了非市场的评价（卢永华、杨小军，2000）。另外，公允价值的核心（也是公允价值运用的难点）——现值技术，无论是贴现率的选择还是对未来现金流量的估计，均离不开对未来事项和不确定性的主观判断。可见，公允价值就其目的来说，本应是寻求一种客观的价值（即使用价值），然而客观的使用价值必须通过人的主观判断才能实现，而且公允价值的定义与应用也考虑并认可了交易方或评价主体主观判断的影响。所以，公允价值的“价值”归根结底是一种效用价值，而这正是公允价值造成资本市场混乱以及在应用中面临困难的根本原因。

当然，由于公允价值取得的过程充满了估计和判断，而资产、

负债项目的公允价值将会直接影响企业的全面收益，如果操作不当，公允价值仍然有可能成为操纵会计信息的工具。因此，利用公允价值计量模式操控利润，将成为继会计政策和会计估计之后的另一个利润调节的重要手段。如何合理界定利用公允价值计量操纵利润的行为，并采取有效的方法和措施来防止此类事件的发生，是不容忽视的问题。另外，尽管现值计量技术在理论上已经突破，但是要运用于全部资产则显得非常困难。问题的关键则在于如何解决公允价值会计信息的可靠性和公允价值会计方法的可操作性。

附件1:企业会计准则
——基本准则

企业会计准则——基本准则(2006年)

中华人民共和国财政部令第33号

根据《国务院关于〈企业财务通则〉、〈企业会计准则〉的批复》(国函〔1992〕178号)的规定,财政部对《企业会计准则》(财政部令第5号)进行了修订,修订后的《企业会计准则——基本准则》已经部务会议讨论通过,现予公布,自2007年1月1日起施行。

二〇〇六年二月十五日

第一章 总 则

第一条 为了规范企业会计确认、计量和报告行为,保证会计信息质量,根据《中华人民共和国会计法》和其他有关法律、行政法规,制定本准则。

第二条 本准则适用于在中华人民共和国境内设立的企业(包括公司,下同)。

第三条 企业会计准则包括基本准则和具体准则,具体准则的制定应当遵循本准则。

第四条 企业应当编制财务会计报告(又称财务报告,下同)。财务会计报告的目标是向财务会计报告使用者提供与企业财务状况、经营成果和现金流量等有关的会计信息,反映企业管理层受托责任履行情况,有助于财务会计报告使用者作出经济决策。

财务会计报告使用者包括投资者、债权人、政府及其有关部门和社会公众等。

第五条　企业应当对其本身发生的交易或者事项进行会计确认、计量和报告。

第六条　企业会计确认、计量和报告应当以持续经营为前提。

第七条　企业应当划分会计期间,分期结算账目和编制财务会计报告。

会计期间分为年度和中期。中期是指短于一个完整的会计年度的报告期间。

第八条　企业会计应当以货币计量。

第九条　企业应当以权责发生制为基础进行会计确认、计量和报告。

第十条　企业应当按照交易或者事项的经济特征确定会计要素。会计要素包括资产、负债、所有者权益、收入、费用和利润。

第十一条　企业应当采用借贷记账法记账。

第二章　会计信息质量要求

第十二条　企业应当以实际发生的交易或者事项为依据进行会计确认、计量和报告,如实反映符合确认和计量要求的各项会计要素及其他相关信息,保证会计信息真实可靠、内容完整。

第十三条　企业提供的会计信息应当与财务会计报告使用者的经济决策需要相关,有助于财务会计报告使用者对企业过去、现在或者未来的情况作出评价或者预测。

第十四条　企业提供的会计信息应当清晰明了，便于财务会计报告使用者理解和使用。

第十五条　企业提供的会计信息应当具有可比性。

同一企业不同时期发生的相同或者相似的交易或者事项，应当采用一致的会计政策，不得随意变更。确需变更的，应当在附注中说明。

不同企业发生的相同或者相似的交易或者事项，应当采用规定的会计政策，确保会计信息口径一致、相互可比。

第十六条　企业应当按照交易或者事项的经济实质进行会计确认、计量和报告，不应仅以交易或者事项的法律形式为依据。

第十七条　企业提供的会计信息应当反映与企业财务状况、经营成果和现金流量等有关的所有重要交易或者事项。

第十八条　企业对交易或者事项进行会计确认、计量和报告应当保持应有的谨慎，不应高估资产或者收益、低估负债或者费用。

第十九条　企业对于已经发生的交易或者事项，应当及时进行会计确认、计量和报告，不得提前或者延后。

第三章　资　　产

第二十条　资产是指企业过去的交易或者事项形成的、由企业拥有或者控制的、预期会给企业带来经济利益的资源。

前款所指的企业过去的交易或者事项包括购买、生产、建造行为或其他交易或者事项。预期在未来发生的交易或者事项不形成资产。

由企业拥有或者控制，是指企业享有某项资源的所有权，或者虽然不享有某项资源的所有权，但该资源能被企业所控制。

预期会给企业带来经济利益，是指直接或者间接导致现金和现金等价物流入企业的潜力。

第二十一条　符合本准则第二十条规定的资产定义的资源，在同时满足以下条件时，确认为资产：

（一）与该资源有关的经济利益很可能流入企业；

（二）该资源的成本或者价值能够可靠地计量。

第二十二条　符合资产定义和资产确认条件的项目，应当列入资产负债表；符合资产定义，但不符合资产确认条件的项目，不应当列入资产负债表。

第四章　负　债

第二十三条　负债是指企业过去的交易或者事项形成的、预期会导致经济利益流出企业的现时义务。

现时义务是指企业在现行条件下已承担的义务。未来发生的交易或者事项形成的义务，不属于现时义务，不应当确认为负债。

第二十四条　符合本准则第二十三条规定的负债定义的义务，在同时满足以下条件时，确认为负债：

（一）与该义务有关的经济利益很可能流出企业；

（二）未来流出的经济利益的金额能够可靠地计量。

第二十五条　符合负债定义和负债确认条件的项目，应当列入资产负债表；符合负债定义，但不符合负债确认条件的项目，不应当列入资产负债表。

第五章 所有者权益

第二十六条 所有者权益是指企业资产扣除负债后由所有者享有的剩余权益。

公司的所有者权益又称为股东权益。

第二十七条 所有者权益的来源包括所有者投入的资本、直接计入所有者权益的利得和损失、留存收益等。

直接计入所有者权益的利得和损失,是指不应计入当期损益、会导致所有者权益发生增减变动的、与所有者投入资本或者向所有者分配利润无关的利得或者损失。

利得是指由企业非日常活动所形成的、会导致所有者权益增加的、与所有者投入资本无关的经济利益的流入。

损失是指由企业非日常活动所发生的、会导致所有者权益减少的、与向所有者分配利润无关的经济利益的流出。

第二十八条 所有者权益金额取决于资产和负债的计量。

第二十九条 所有者权益项目应当列入资产负债表。

第六章 收 入

第三十条 收入是指企业在日常活动中形成的、会导致所有者权益增加的、与所有者投入资本无关的经济利益的总流入。

第三十一条 收入只有在经济利益很可能流入从而导致企业资产增加或者负债减少,且经济利益的流入额能够可靠计量时才能予以确认。

第三十二条 符合收入定义和收入确认条件的项目,应当列入利润表。

第七章　费　　用

第三十三条　费用是指企业在日常活动中发生的、会导致所有者权益减少的、与向所有者分配利润无关的经济利益的总流出。

第三十四条　费用只有在经济利益很可能流出从而导致企业资产减少或者负债增加,且经济利益的流出额能够可靠计量时才能予以确认。

第三十五条　企业为生产产品、提供劳务等发生的可归属于产品成本、劳务成本等的费用,应当在确认产品销售收入、劳务收入等时,将已销售产品、已提供劳务的成本等计入当期损益。

企业发生的支出不产生经济利益的,或者即使能够产生经济利益但不符合或者不再符合资产确认条件的,应当在发生时确认为费用,计入当期损益。

企业发生的交易或者事项导致其承担了一项负债而又不确认为一项资产的,应当在发生时确认为费用,计入当期损益。

第三十六条　符合费用定义和费用确认条件的项目,应当列入利润表。

第八章　利　　润

第三十七条　利润是指企业在一定会计期间的经营成果。利润包括收入减去费用后的净额、直接计入当期利润的利得和损失等。

第三十八条　直接计入当期利润的利得和损失,是指应当计入当期损益、会导致所有者权益发生增减变动的、与所有者投入资本或者向所有者分配利润无关的利得或者损失。

第三十九条　利润金额取决于收入和费用、直接计入当期利润的利得和损失金额的计量。

第四十条　利润项目应当列入利润表。

第九章　会计计量

第四十一条　企业在将符合确认条件的会计要素登记入账并列报于会计报表及其附注(又称财务报表,下同)时,应当按照规定的会计计量属性进行计量,确定其金额。

第四十二条　会计计量属性主要包括:

(一)历史成本。在历史成本计量下,资产按照购置时支付的现金或者现金等价物的金额,或者按照购置资产时所付出的对价的公允价值计量。负债按照因承担现时义务而实际收到的款项或者资产的金额,或者承担现时义务的合同金额,或者按照日常活动中为偿还负债预期需要支付的现金或者现金等价物的金额计量。

(二)重置成本。在重置成本计量下,资产按照现在购买相同或者相似资产所需支付的现金或者现金等价物的金额计量。负债按照现在偿付该项债务所需支付的现金或者现金等价物的金额计量。

(三)可变现净值。在可变现净值计量下,资产按照其正常对外销售所能收到现金或者现金等价物的金额扣减该资产至完工时估计将要发生的成本、估计的销售费用以及相关税费后的金额计量。

(四)现值。在现值计量下,资产按照预计从其持续使用和最终处置中所产生的未来净现金流入量的折现金额计量。负债按照预计期限内需要偿还的未来净现金流出量的折现金额计量。

(五)公允价值。在公允价值计量下,资产和负债按照在公平交易中,熟悉情况的交易双方自愿进行资产交换或者债务清偿的金额计量。

第四十三条　企业在对会计要素进行计量时,一般应当采用历史成本,采用重置成本、可变现净值、现值、公允价值计量的,应当保证所确定的会计要素金额能够取得并可靠计量。

第十章　财务会计报告

第四十四条　财务会计报告是指企业对外提供的反映企业某一特定日期的财务状况和某一会计期间的经营成果、现金流量等会计信息的文件。

财务会计报告包括会计报表及其附注和其他应当在财务会计报告中披露的相关信息和资料。会计报表至少应当包括资产负债表、利润表、现金流量表等报表。

小企业编制的会计报表可以不包括现金流量表。

第四十五条　资产负债表是指反映企业在某一特定日期的财务状况的会计报表。

第四十六条　利润表是指反映企业在一定会计期间的经营成果的会计报表。

第四十七条　现金流量表是指反映企业在一定会计期间的现金和现金等价物流入和流出的会计报表。

第四十八条　附注是指对在会计报表中列示项目所作的进一步说明,以及对未能在这些报表中列示项目的说明等。

第十一章　附　　则

第四十九条　本准则由财政部负责解释。

第五十条　本准则自2007年1月1日起施行。

附件2:中国注册会计师审计准则第1322号——公允价值计量和披露的审计

中国注册会计师审计准则第1322号
——公允价值计量和披露的审计
财会〔2006〕4号

第一章 总 则

第一条 为了规范注册会计师对公允价值计量和披露的审计,制定本准则。

第二条 本准则适用于注册会计师执行财务报表审计业务。

第三条 在公允价值计量下,资产和负债按照在公平交易中,熟悉情况的交易双方自愿进行资产交换或者债务清偿的金额计量。

第四条 按照适用的会计准则和相关会计制度的规定,作出公允价值计量和披露是被审计单位管理层的责任。

注册会计师应当获取充分、适当的审计证据,以确定公允价值计量和披露是否符合适用的会计准则和相关会计制度的规定。

第二章　了解被审计单位公允价值计量和披露的程序以及相关控制活动并评估重大错报风险

第五条　注册会计师应当按照《中国注册会计师审计准则第1211号——了解被审计单位及其环境并评估重大错报风险》的规定，了解被审计单位公允价值计量和披露的程序及相关控制活动，以足够识别和评估认定层次的重大错报风险，设计和实施进一步审计程序。

第六条　在了解被审计单位公允价值计量和披露的程序及相关控制活动时，注册会计师应当考虑下列事项：

(一)从事公允价值计量的人员的专业知识和经验；

(二)信息技术在计量过程中的作用；

(三)需要以公允价值计量或披露的账户或交易的类型；

(四)依赖服务机构提供公允价值计量或支持计量数据的范围；

(五)在确定公允价值计量和披露时，利用专家工作的程度；

(六)在确定公允价值时，管理层作出的重大假设；

(七)支持管理层做出假设的记录；

(八)在形成和运用假设以及监控假设的变化时，管理层采用的方法；

(九)估值模型及相关信息系统的更改控制和安全性程序的完整性；

(十)对估值模型中使用数据的一致性、及时性和可靠性的控制。

第七条　在了解被审计单位确定公允价值计量和披露的程序及相关控制活动后，注册会计师应当识别和评估与公允价值计量和披露相关的认定层次的重大错报风险，以确定进一步审计程序的性质、时间和范围。

第八条　当确定与公允价值计量或披露相关的重大错报风险是特别风险时，注册会计师应当遵守《中国注册会计师审计准则第1211 号——了解被审计单位及其环境并评估重大错报风险》的相关规定。

第九条　公允价值计量通常涉及管理层的主观判断，可能影响能够实施的控制活动的性质，注册会计师在评估重大错报风险时应当考虑控制的固有局限性。

第三章　评价公允价值计量的适当性和披露的充分性

第十条　注册会计师应当评价财务报表中公允价值计量和披露是否符合适用的会计准则和相关会计制度的规定。

第十一条　注册会计师应当通过了解适用的会计准则和相关会计制度的规定、被审计单位的业务和行业情况以及实施其他审计程序的结果，评价应以公允价值计量的资产和负债的会计处理是否适当，对公允价值计量和相关重大不确定性的披露是否充分。

第十二条　如果适用的会计准则和相关会计制度已规定公允价值计量方法，注册会计师应当考虑被审计单位采用的计量方法是否与规定的方法一致。

第十三条　被审计单位对资产和负债以公允价值进行计量和披露，应当以公允价值能够可靠计量的假定为前提。

如果某项资产和负债不存在活跃的市价，且其他合理估计公允价值的方法也明显不适用或无法实施，该项假定可能不成立。当管理层确定公允价值能够可靠计量的假定不成立时，注册会计师应当获取支持管理层作出这项决定的充分、适当的审计证据，并确定该事项是否得到恰当的会计处理。

第十四条　如果管理层采取特定措施的意图与公允价值计量和披露相关，注册会计师应当就管理层的意图获取审计证据，并考虑管理层实施该意图的能力。

第十五条　针对管理层意图获取审计证据的范围属于职业判断，注册会计师实施的审计程序通常包括向管理层询问，并通过下列方式对管理层的答复予以印证：

（一）考虑管理层以前所述的对于资产和负债的意图的实际实施情况；

（二）复核包括预算、会议纪要等在内的书面计划和其他文件记录；

（三）考虑管理层选择特定措施的理由；

（四）考虑管理层在既定经济环境下实施特定措施的能力。

第十六条　如果适用的会计准则和相关会计制度规定了可供选择的公允价值计量方法，或者对公允价值计量方法未作出规定，注册会计师应当评价被审计单位是否根据具体情况采用适当的计量方法。

第十七条　在评价特定情况下采用的公允价值计量方法是否适当时，注册会计师应当运用职业判断。如果被审计单位从可供选择的方法中选用某一估值方法，注册会计师应当通过与管理层讨论，了解其选择该估值方法的理由，并考虑下列事项：

（一）如果适用的会计准则和相关会计制度规定了选用估值方

法的标准,管理层是否充分评价和恰当运用这些标准,以支持其选用的方法;

(二)根据被估值资产或负债的性质以及适用的会计准则和相关会计制度的规定,采用的估值方法是否适当;

(三)根据被审计单位业务情况、行业状况和所处的环境,采用的估值方法是否适当。

第十八条 管理层可能已经确定不同的估值方法将导致公允价值计量结果存在重大差异。在这种情况下,注册会计师应当评价被审计单位在确定公允价值的估值方法时如何调查产生这些差异的原因。

第十九条 注册会计师应当评价公允价值计量方法是否得到一贯运用。

第二十条 如果管理层选定了某种公允价值估值方法,注册会计师应当评价其是否得到一贯运用。如果得到一贯运用,注册会计师应当考虑影响被审计单位的环境和情况可能发生的变化,或适用的会计准则和相关会计制度要求的变更,以确定这种一贯性的运用是否仍然适当。

如果管理层变更了估值方法,注册会计师应当考虑管理层是否能够充分说明变更后的估值方法提供了更为适当的计量基础,或适用的会计准则和相关会计制度或其所处环境的变化能够支持其变更估值方法。

第四章 利用专家的工作

第二十一条 注册会计师应当确定是否需要利用专家的工作。

第二十二条　如果计划利用专家的工作，注册会计师应当获取充分、适当的审计证据，以证明专家的工作能够满足审计的需要，并符合《中国注册会计师审计准则第1421号——利用专家的工作》的要求。

第二十三条　在计划利用专家的工作时，注册会计师应当考虑专家对公允价值定义的理解和确定公允价值拟使用的方法，是否与管理层的理解和方法一致，是否与适用的会计准则和相关会计制度的规定一致。

第二十四条　注册会计师应当了解专家使用的重大假设和估值方法，并基于对被审计单位情况的了解和实施其他审计程序的结果，考虑这些假设和估值方法是否适当、完整和合理。

第二十五条　注册会计师应当评价专家工作的结果作为审计证据的适当性。

第五章　针对公允价值计量和披露的重大错报风险实施的审计程序

第一节　总体要求

第二十六条　注册会计师应当针对评估的与公允价值计量和披露相关的认定的重大错报风险，设计和实施进一步审计程序。

第二十七条　由于公允价值计量可能相对简单，也可能非常复杂，注册会计师实施的审计程序在性质、时间和范围上可能存在很大差异。注册会计师实施的与公允价值计量和披露相关的实质性程序通常包括：

（一）测试管理层的重大假设、估值模型和基础数据；

(二)对公允价值进行独立估值,以印证其计量是否适当;

(三)考虑期后事项对公允价值计量和披露的影响。

第二节　测试管理层的重大假设、估值模型和基础数据

第二十八条　注册会计师对管理层确定公允价值过程的可靠性的了解,是支持公允价值计量结果的重要因素,并影响进一步审计程序的性质、时间和范围。

在针对管理层确定公允价值过程的可靠性获取审计证据时,注册会计师应当评价下列因素:

(一)管理层使用的假设是否合理;

(二)当使用模型进行公允价值计量时,模型是否适当;

(三)管理层是否使用了在当时能够合理获取的相关信息。

第二十九条　注册会计师考虑管理层以前期间使用的估值技术和假设,并将前期确定的公允价值计量结果与本期可取得的实际结果进行比较,可能获取有关管理层公允价值计量过程可靠性的审计证据。注册会计师还应当考虑公允价值计量结果和实际结果的差异是否源于经济环境的变化。

第三十条　如果认为存在与公允价值计量相关的特别风险,注册会计师应当从个别和整体的角度评价管理层在计量公允价值时所使用的重大假设,以确定这些假设是否为财务报表中公允价值计量和披露提供了合理基础。

第三十一条　注册会计师应当特别关注估值方法依据的重大假设,并评估假设是否合理。只有当假设具有相关性、可靠性、中立性、可理解性和完整性时,才能为公允价值的计量和披露提供合理的基础。

第三十二条　注册会计师应当评价支持管理层假设的审计证

据的来源及其可靠性，包括根据历史信息考虑这些假设，并评估这些假设是否以被审计单位有能力执行的计划为基础。

第三十三条　在财务报表审计过程中，注册会计师针对管理层假设实施审计程序的目的不是为了对假设本身发表意见，而是为了评价这些假设是否对公允价值计量提供了合理基础。

第三十四条　管理层需要运用判断识别对公允价值计量有重大影响的假设，注册会计师应当重点关注这些重大假设。

重大假设通常涉及可能对公允价值计量产生重大影响的下列事项：

（一）对数量、性质的变化或不确定性敏感的事项；

（二）易于误用和易受偏见影响的事项。

第三十五条　注册会计师应当考虑公允价值估值对重大假设（包括可能影响价值的市场状况）变化的敏感度。在适用的情况下，注册会计师应当提请管理层使用敏感性分析等技术，以识别特别敏感的假设。

当管理层拒绝进行分析时，注册会计师应当考虑是否进行独立分析。

第三十六条　注册会计师应当考虑与公允价值计量相关的不确定性或缺乏客观数据是否可能导致无法合理估计公允价值。

第三十七条　在考虑假设是否为公允价值计量提供合理基础时，注册会计师既要将这些假设作为一个整体来考虑，也要对每一假设单独考虑。

第三十八条　注册会计师应当考虑假设从个别和整体上是否合理，是否符合实际，并与下列事项保持一致：

（一）总体经济环境和被审计单位的经营状况；

（二）被审计单位的计划；

（三）适当的情况下，前期使用的假设；

（四）当前仍然适用的被审计单位以往的经验或状况；

（五）与财务报表相关的其他事项，如管理层作出其他会计估计所运用的假设；

（六）与现金流量相关的风险，包括现金流量的潜在变化及其对折现率的影响。

如果假设反映了管理层的意图和实施特定措施的能力，注册会计师应当考虑这些假设与被审计单位的计划和以往经验是否一致。

第三十九条　历史信息可能无法反映未来的状况或事项。如果管理层在形成假设时依赖了历史财务信息，注册会计师应当考虑是否能够依赖这些信息。

第四十条　对被审计单位使用估值模型进行公允价值计量的项目，注册会计师应当复核该估值模型，并评价该模型是否恰当以及使用的假设是否合理。

第四十一条　注册会计师应当针对形成公允价值计量和披露的数据实施审计程序，评价公允价值计量所依据的数据是否准确、完整和相关，以及公允价值是否依据这些数据和管理层的假设予以适当计量。

第三节　对公允价值进行独立估值

第四十二条　注册会计师可以对公允价值进行独立估值，以印证被审计单位的公允价值计量结果。

如果运用管理层的假设进行独立估值，注册会计师应当按照本准则第三十条至第四十条的规定评价管理层的假设。

注册会计师也可另行设定假设，而不使用管理层的假设。

在这种情况下，注册会计师仍应了解管理层的假设，据此确定另行设定的估值模型是否已考虑管理层估值模型所含的重要变量，并与管理层的公允价值计量结果进行比较及评价重大差异。

第四十三条　在对公允价值进行独立估值时，注册会计师仍应按照本准则第四十一条的规定对形成公允价值计量和披露的数据实施审计程序。

第四节　考虑期后事项

第四十四条　注册会计师应当考虑期后事项对财务报表中公允价值计量和披露的影响。

第四十五条　财务报表期末存在的一些情况在财务报表期后的一段时间内可能已经发生了变化，期后的公允价值信息可能仅反映期后发生的事项，而不反映资产负债表日已经存在的情况。当评估与这些期后事项相关的审计证据时，注册会计师应当遵守《中国注册会计师审计准则第 1332 号——期后事项》的相关规定。

第六章　评价审计程序实施的结果

第四十六条　在最终评估财务报表中公允价值计量和披露是否符合适用的会计准则和相关会计制度的规定时，注册会计师应当评价获取审计证据的充分性和适当性，及其与执行其他审计程序获取的审计证据的一致性。

第七章 管理层声明

第四十七条 注册会计师应当就公允价值计量和披露的重大假设的合理性获取管理层的书面声明,包括这些假设是否恰当地反映管理层针对公允价值计量或披露而采取特定措施的意图和能力。

第四十八条 管理层的声明取决于公允价值的性质、重要性和复杂性,通常还包括下列内容:

(一)管理层在适用的会计准则和相关会计制度下确定公允价值计量方法(包括相关的假设)的适当性及运用这些方法的一贯性;

(二)在适用的会计准则和相关会计制度规定了运用公允价值的假定时,管理层确定该项假定不成立的理由;

(三)在适用的会计准则和相关会计制度下,公允价值披露的完整性和适当性;

(四)期后事项是否要求对财务报表中公允价值计量和披露予以调整。

第八章 与治理层的沟通

第四十九条 某些公允价值的计量通常涉及不确定性,由此产生的特别风险对财务报表的潜在影响可能为治理层所关注。注册会计师应当按照《中国注册会计师审计准则第 1151 号——与治理层的沟通》的规定,就此与治理层沟通。

第九章 附 则

第五十条 本准则自2007年1月1日起施行。

附件3:以财务报告为目的的评估指南(试行)

以财务报告为目的的评估指南(试行)

第一章　总　则

第一条　为规范注册资产评估师执行以财务报告为目的的评估业务行为,维护社会公共利益和资产评估各方当事人合法权益,根据《资产评估准则——基本准则》,制定本指南。

第二条　本指南所称以财务报告为目的的评估,是指注册资产评估师基于企业会计准则或相关会计核算、披露要求,运用评估技术,对财务报告中各类资产和负债的公允价值或特定价值进行分析、估算,并发表专业意见的行为和过程。

第三条　注册资产评估师执行以财务报告为目的的评估业务,应当遵守本指南。

第四条　注册资产评估师可以参照本指南执行以下与以财务报告为目的的评估业务相关的其他业务,主要包括:

(一)开展与价值估算相关的议定程序,以协助企业判断与资产和负债价值相关的参数、特征等,主要包括:

1.估算或测算资产的复原或更新重置成本;

2.协助企业判断、确定资产使用年限、尚可使用年限、实物状态、质量等参数、特征,以及验证资产的真实存在性;

3. 协助企业确定、判断资产获利能力和预测资产的未来收益；

4. 执行与负债价值有关的议定程序。

（二）协助企业管理层对能否持续可靠地取得公允价值做出合理的评价。

第二章 基本要求

第五条 出具以财务报告为目的的评估报告的评估机构，应当具有财政部门颁发的资产评估资格证书。

第六条 注册资产评估师应当遵守相关法律、法规和资产评估准则，恪守独立、客观、公正的原则，勤勉尽责，保持应有的职业谨慎，避免出现对评估结论具有重要影响的实质性疏漏，不得以预先设定的价值作为评估结论。

第七条 注册资产评估师独立开展评估业务，独立进行分析、估算并形成专业意见，不受任何部门、社会团体、企业和个人的影响。

评估机构、注册资产评估师、业务助理人员和外聘专家应当与委托方、其他相关当事方无利害关系。

第八条 注册资产评估师执行以财务报告为目的的评估业务，应当理解相关会计准则的概念和原则，知晓会计准则涉及的概念、原则与资产评估准则涉及的相关概念、原则之间的联系和区别，经过专门的培训，具备相应的专业知识和经验，胜任所执行的评估业务。

注册资产评估师应当关注以财务报告为目的的评估业务的复杂性，根据自身的专业知识和经验，审慎考虑是否有能力承接。

第九条 注册资产评估师执行以财务报告为目的的评估业

务,应当由所在评估机构出具以财务报告为目的的评估报告。

当评估程序或条件受到限制,注册资产评估师无法确信评估结论的合理性,不得出具评估报告,并应当提醒委托方关注公允价值或会计准则涉及的特定价值计量的可靠性。

第十条　由于会计准则和相关法规的修改,导致在执行以财务报告为目的的评估业务时无法完全遵守本指南的要求,注册资产评估师应当在评估报告中进行说明。

第十一条　注册资产评估师执行以财务报告为目的的评估业务,应当与企业和执行审计业务的注册会计师进行必要的沟通,明确评估业务基本事项并充分理解会计准则或相关会计核算、披露的具体要求。

第十二条　注册资产评估师应当提醒委托方根据会计准则的相关要求,合理确定评估基准日。评估基准日可以是资产负债表日、购买日、减值测试日、首次执行日等。

第十三条　注册资产评估师执行以财务报告为目的的评估业务,应当获取充分信息,并进行审慎分析,确信信息来源是可靠和适当的。

第十四条　注册资产评估师应当根据评估业务具体情况确定相关评估假设,并确信相关假设有合理的支持依据。

第十五条　注册资产评估师执行以财务报告为目的的评估业务,可以聘请相关专家协助工作,但应当采取必要措施确信专家工作的合理性。

第十六条　遵守相关法律、法规和资产评估准则,对评估对象在评估基准日以财务报告为目的下的公允价值或特定价值进行分析、估算并发表专业意见,是注册资产评估师的责任。

委托方和相关当事方应当提供必要的资料,并对资料的真实性、合法性和完整性负责。

恰当使用以财务报告为目的的评估报告是委托方和相关当事方的责任。

第三章 评估对象

第十七条 注册资产评估师执行以财务报告为目的的评估业务，应当与委托方进行充分协商，明确评估对象，并充分考虑评估对象的法律、物理与经济等具体特征对评估业务的影响。

根据项目具体情况、会计准则和委托方的要求，评估对象可以是各类单项资产、负债，也可以是资产组或资产组组合。

第十八条 注册资产评估师应当关注会计准则中特定会计事项所对应的评估对象，应当从委托方取得评估对象的具体组成等详细资料，关注相关资产、负债在企业营运中的作用；并提请企业管理层按其经营意图以及会计准则的规定、相关核算要求对有关资产、负债进行妥当的分类。

第十九条 注册资产评估师应当知晓，在执行会计准则规定的合并对价分摊事项涉及的评估业务时，对应的评估对象应当是合并中取得的被购买方可辨认资产、负债及或有负债，该评估对象与被购买方企业价值评估所对应的对象不同。

注册资产评估师应当关注各类可辨认无形资产的识别和计量。

第二十条 注册资产评估师应当知晓，在执行会计准则规定的包括商誉在内的各类资产减值测试涉及的评估业务时，对应的评估对象可能是单项资产，也可能是资产组或资产组组合。其中，固定资产减值测试一般以资产组的形式出现；商誉减值测试主要以资产组或资产组组合出现。

第二十一条 注册资产评估师应当知晓,在执行会计准则规定的投资性房地产评估业务时,对应的评估对象包括已出租的土地使用权、持有并准备增值后转让的土地使用权、已出租的建筑物。

注册资产评估师应当重点关注投资性房地产现有短期或长期租约对公允价值评估的影响,包括租期、租金收取方式以及约定租金相对于市场租金的差异等。

第二十二条 注册资产评估师应当关注金融资产和金融负债公允价值计量过程中是否以单项资产或资产组为计量单位、资产核算分类、混合金融工具是否分拆等重要影响事项。

第四章 价值类型

第二十三条 注册资产评估师执行以财务报告为目的的评估业务,应当根据会计准则或相关会计核算与披露的具体要求、评估对象等相关条件明确价值类型,并对具体价值类型进行定义。

第二十四条 在符合会计准则计量属性规定的条件时,会计准则下的公允价值一般等同于资产评估准则下的市场价值;会计准则涉及的重置成本或净重置成本、可变现净值或公允价值减去处置费用的净额、现值或资产预计未来现金流量的现值等计量属性,可以理解为相对应的评估价值类型。

第二十五条 注册资产评估师协助企业进行资产减值测试,应当关注评估对象在减值测试日的可回收价值、资产预计未来现金流量的现值以及公允价值减去处置费用的净额之间的联系和区别。

（一）注册资产评估师应当知晓可回收价值等于资产预计未来现金流量的现值或公允价值减去处置费用的净额孰高者。在已确信资产预计未来现金流量的现值或公允价值减去处置费用的净额其中任何一项数值已超过所对应的账面价值，并通过减值测试的前提下，可以不必计算另一项数值。

（二）注册资产评估师在协助计算资产预计未来现金流量的现值时，应当知晓对资产预计未来现金流量的预测是基于特定实体现有管理模式下可能实现的收益。预测一般只考虑单项资产或资产组内主要资产项目在简单维护下的剩余经济年限，即不考虑单项资产或资产组内主要资产项目的改良或重置；资产组内资产项目于预测期末的变现净值应当纳入资产预计未来现金流量的现值的计算。

（三）注册资产评估师在协助计算公允价值减去处置费用的净额时，应当知晓会计准则允许直接以公平交易中销售协议价格，或与评估对象相同或相类似资产在其活跃市场上反映的价格，作为计算公允价值的依据。

当不存在相关活跃市场或缺乏相关市场信息时，注册资产评估师可以根据企业以市场参与者的身份，对单项资产或资产组的运营作出合理性决策，并适当地考虑相关资产或资产组内资产的有效配置、改良或重置的前提下提交的预测资料，参照企业价值评估的基本思路和方法，分析和计算单项资产或资产组的公允价值。

注册资产评估师计算公允价值减去处置费用的净额时，应当根据会计准则的具体要求合理估算相关处置费用。

第二十六条　净重置成本是指现在购买相同或相类似资产所需支付现金或现金等价物的预计金额减去体现相关贬值因素的预计金额，贬值因素主要包括实体性贬值、功能性贬值以及经济性贬值。

第五章 评估方法

第二十七条 注册资产评估师执行以财务报告为目的的评估业务,应当根据评估对象、价值类型、资料收集情况和数据来源等相关条件,参照会计准则有关计量方法的规定,分析市场法、收益法和成本法三种资产评估基本方法及其他评估方法的适用性,恰当选择一种或多种资产评估方法。

第二十八条 注册资产评估师应当参照会计准则的规定,关注所采用的评估数据,并知晓公允价值获取层级受评估方法的选择及评估数据来源的影响。

第二十九条 注册资产评估师选择评估方法时应当与前期采用的评估方法保持一致。

如果前期采用的评估方法所依据的市场数据已发生重大变化而不再适用,或通过采用与前期不同的评估方法可使得评估结果更具代表性、更能反映评估对象的公允价值或特定价值时,注册资产评估师可以变更评估方法。

第三十条 注册资产评估师运用市场法进行以财务报告为目的的评估,应当关注相关市场的活跃程度,从相关市场获得足够的交易案例或其他比较对象,判断其可比性、适用性和合理性,并尽可能选择最接近的、比较因素调整较少的交易案例或其他比较对象作为参照物。

第三十一条 注册资产评估师运用市场法进行以财务报告为目的的评估,应当对参照物的比较因素进行比较,做出恰当、合理的调整,还应重点关注作为参照物的交易案例的交易背景、交易地点、交易市场、交易时间、交易条件、付款方式等因素。

第三十二条　注册资产评估师运用收益法进行以财务报告为目的的评估，根据评估对象的特点和应用条件，可以采用现金流量折现法、增量收益折现法、节省许可费折现法、多期超额收益折现法等具体评估方法。

第三十三条　注册资产评估师运用收益法进行以财务报告为目的的评估，应当结合相关会计准则的要求，按照资产评估准则对收益法应用的有关规定，恰当考虑收益法的适用性，选择恰当的收益口径。

第三十四条　注册资产评估师运用收益法进行以财务报告为目的的评估，应当从委托方或相关当事方获取被评估对象的经营状况和相关收益的预测资料，按照会计与评估相关准则的规定，对其进行必要的分析、判断和调整，并应充分考虑未来各种情况可能发生的概率及其影响，不得采用不合理的假设。

第三十五条　注册资产评估师应当按照资产评估准则的规定，确信折现率与预期收益的口径保持一致。

第三十六条　注册资产评估师运用成本法进行以财务报告为目的的评估，应当按照资产评估准则的规定，考虑评估对象的实体性贬值、功能性贬值和经济性贬值。

会计准则规定的资产减值测试不适用成本法。

第三十七条　注册资产评估师应当知晓对于非以资产减值测试为目的且不存在相同或相类似资产活跃市场的，或不能可靠地以收益法进行评估的资产项目，可以采用成本法进行评估。但注册资产评估师应当获取企业的承诺，并在评估报告中披露，其评估结论仅在相关资产的评估值可以通过资产的未来运营得以全额回收的前提下成立。

第三十八条　注册资产评估师对同一评估对象采用多种评估

方法时,应当对形成的各种初步价值结论进行分析,在综合考虑不同评估方法和初步价值结论的合理性及所使用数据的质量和数量的基础上,适当地评价、权衡各结果所在范围的合理性,并确定价值范围内最具代表性的结果作为评估结论。

第三十九条 注册资产评估师应当知晓相关经济合同上记载与资产或负债价值相关的金额不一定等同于该项资产或负债于某一时点的公允价值。

第四十条 注册资产评估师应当知晓相关税收法律、法规对评估对象价值估算的影响,并在相关评估过程中予以恰当的考虑和处理。

第六章 披露要求

第四十一条 注册资产评估师执行以财务报告为目的的评估业务,所出具的评估报告应当符合资产评估报告准则的要求。

第四十二条 评估报告应当包含必要信息,使报告使用者能够合理理解评估结论,其中应当重点披露以下内容:

(一)评估对象的具体描述;

(二)价值类型的定义及其与会计准则或相关会计核算、披露要求的对应关系;

(三)评估方法的选择过程和依据;

(四)评估方法的具体运用,结合相关计算过程、评估参数等加以说明;

(五)关键性假设及前提;

(六)关键性评估参数的测算、逻辑推理、形成过程和相关评估数据的获取来源;

(七)对企业提供的财务等申报资料所做的重大或实质性调整。

第四十三条　注册资产评估师执行以财务报告为目的的评估业务,应当在评估报告中披露评估结论所受到的限制,并提醒委托方关注其对财务报告的影响。

第四十四条　评估报告应当披露本次与前次评估相同或类似资产或负债时采用的评估方法是否一致;当出现不一致时,应描述相应的变动并说明变动的原因。

第七章　附　　则

第四十五条　本指南自2007年12月31日起施行。

主要参考文献

[1] 杨纪琬著. 1988. 社会主义会计理论建设[M]. 大连:中国财政经济出版社

[2] A. C. 利特尔顿著,林志军译. 1989. 会计理论结构[M]. 北京:中国商业出版社

[3] 迈克尔·查特菲尔德著. 1989. 会计思想史[M]. 北京:中国商业出版社

[4] 庞元正、李建华著. 1989. 系统论、控制论、信息论经典文献选编[M]. 大连:求实出版社

[5] 〔美〕FASB 编,娄尔行译. 1992. 论财务会计概念[M]. 北京:中国财政经济出版社

[6] 王世定著. 1996. 我的会计观[M]. 北京:人民出版社

[7] Watts&Zimmerman 著,陈少华等译. 1999. 实证会计理论[M]. 大连:东北财经大学出版社

[8] 葛家澍等著. 1999. 会计大典第一卷(会计理论)[M]. 北京:中国财政经济出版社

[9] 葛家澍等著. 1999. 会计大典第二卷(会计史)[M]. 北京:中国财政经济出版社

[10] 〔美〕威廉·H. 比弗著,薛云奎主译. 1999. 财务呈报——会计革命[M]. 大连:东北财经大学出版社 1999 年版

[11] 科斯、哈特等著,李凤圣主译. 1999. 契约经济学[M]. 北京:经济科学出版社

[12] 卡普兰、阿特金森著. 吕长江译. 1999. 高级管理会计[M]. 大连:东北财经大学出版社

[13] 阎达五、于玉林编. 2000. 会计学[M]. 北京:中国人民大学出版社

[14] 杨瑞龙、周业安著. 2000. 企业的利益相关者理论及其应用[M]. 北

京:经济科学出版社

[15] 葛家澍、林志军著.2001.现代西方会计理论[M].厦门:厦门大学出版社

[16] 王世定等主编.2001.企业内部控制制度设计[M].北京:企业管理出版社

[17] 葛家澍、林志军著.2001.现代西方会计理论[M].厦门:厦门大学出版社

[18] 于玉林、李端生编.2001.会计基础理论研究[M].北京:经济科学出版社

[19] 〔德〕柯武刚、史漫飞著.2001.制度经济学[M].北京:商务印书馆

[20] 杨瑞龙、周业安主编.2001.企业共同治理的经济学分析[M].北京:经济科学出版社

[21] FASB编,王世定、李海军主译.2002.美国财务会计准则[M].北京:经济科学出版社

[22] IASB编.2004.国际财务报告准则[M].北京:中国财政经济出版社

[23] 谢诗芬著.2004.公允价值会计:国际前沿问题研究[M].湖南:湖南人民出版社

[24] 中国会计学会编.2004.中国会计国际化专题[M].北京:中国财政经济出版社

[25] 〔美〕阿迈德·里亚希—贝克奥伊著,钱逢胜等译.2004.会计理论[M].上海:上海财经大学出版社

[26] 葛家澍、杜兴强著.2005.会计理论.上海:复旦大学出版社

[27] 财政部编.2006.企业会计准则[M].北京:经济科学出版社

[28] 财政部编.2006.企业会计准则应用指南[M].北京:中国财政经济出版社

[29] 财政部编.2006.中国注册会计师执业准则指南[M].北京:经济科学出版社

[30] 财政部编.2006.中国注册会计师执业准则指南[M].北京:中国财政经济出版社

[31] 财政部编.2007.企业会计准则讲解(2006)[M].北京:人民出版社

[32] 徐玉德著.2007.知识经济视角的会计发展观[M].北京:经济科学出版社

[33] 中国注册会计师协会编.2007.会计[M].北京:中国财政经济出版社

[34] 中国资产评估协会编.2008.中国资产评估执业准则[M].北京:经济科学出版社

[35] 黄世忠著.1997.公允价值会计:面向21世纪的计量模式[J].会计研究,12

[36] 储一昀、林华著.2001.合并会计方法的信息质量比较[J].会计研究,10

[37] 曲晓辉、陈瑜著.2003.会计准则国际发展的利益关系分析.会计研究,1

[38] 杨顺华、杨海濒、沃夫冈·米勒著.2004.欧盟会计国际化进程与启示[J].财经理论与实践,6

[39] 赵向东著.2004.欧盟会计协调及其本质[J].财会通讯(综合),7

[40] 黄世忠、陈箭深、张象至、王肖健著.2004.企业合并会计的经济后果分析——兼论我国会计准则体系中计量属性的整合[J].会计研究,8

[41] 冯巧根著.2004.扩张的欧盟及其会计战略的走向[J].审计与经济研究,11

[42] 刘峰、王吴庆著.2004.从FSAB第141、142号准则制定过程看会计准则的性质[J].财会通讯,11

[43] 汪祥耀、邓川著.2005.主权国家会计准则与国际财务报告准则趋同的经验与启示——以澳大利亚为例[J].会计研究,1

[44] 谭劲松、刘炳奇著.2005.企业合并:政府主导下的多方利益博弈[J].管理世界,2

[45] 丁友刚著.2005.企业合并会计方法:问题争论与选择[J].会计研究,3

[46] 汪祥耀、李连华、姚旻霏著.2005.欧盟推进会计准则国际趋同的积极举措及启示[J].http://www.google.cn,3

[47] 陆建桥著.2005.关于会计计量的几个理论问题[J].会计研究,5

[48] 邓传洲著.2005.公允价值的价值相关性:B股公司的证据[J].会计研究,10

[49] 陈敏著.2005.公允价值的本质及其理论缺陷浅探[J].财会月刊,10

[50] 李永波著.2006.新会计准则变革中的投资机遇[J].证券市场周刊,2.20

[51] 侯芳著. 2006. 欧盟会计国际协调过程及现状分析[J]. 科技与经济,3

[52] 郝振平、卢彬彬著. 2006. 欧盟会计趋同的措施及其借鉴意义[J]. 现代审计与经济,3

[53] 路晓燕著. 2006. 公允价值会计的国际应用[J]. 会计研究,4

[54] 王跃堂、赵娜等著. 2006. 美国财务报告业绩模式极其借鉴[J]. 会计研究,5

[55] 王乐锦著. 2006. 我国新会计准则中公允价值的运用:意义与特征[J]. 会计研究,5

[56] 陈晓芳、韩芳著. 2006. 现代风险导向审计在实际运用中的难点探析[J]. 会计之友,5

[57] 葛家澍、徐跃著. 2006. 会计计量属性的探讨——市场价格、历史成本、现行成本与公允价值[J]. 会计研究,9

[58] 窦仁政、黄威著. 2006. 欧盟银行监管机构应对会计准则变化的做法及启示[J]. 金融会计,10

[59] 罗胜强著. 2006. 公允价值计量对我国银行业的影响分析[J]. 会计研究,12

[60] 陆宇健、张继秀、刘国艳著. 2007. 基于不确定性公允价值计量与披露问题研究[J]. 会计研究,2

[61] 张西萍著. 2007. 新会计准则与盈余管理[J]. 会计研究,2

[62] 刘玉廷著. 2007. 中国企业会计准则体系——架构、趋同与等效[J]. 会计研究,3

[63] 李远鹏、牛建军著. 2007. 退市监管与应计异象[J]. 管理世界,5

[64] 闵连春、薛春香著. 2007. 我国经济环境下会计准则的经济后果分析[J]. 时代财贸,5

[65] 王海著. 2007. 公允价值的演进逻辑与经济后果研究[J]. 会计研究,7

[66] 方拥军著. 2008. 会计准则国际趋同:欧盟经验及对中国的启示[J]. http://www.crifs.org.cn,2.26

Baker, George, Robert Gibbon and Kevin J. Murphy, 1999, "Relational contracts and the theory of the firm", Working Paper, Harvard Business School

Karl Eric Sveiby, The Intangible Assets Monitor, Journal of Human Resource Costing & Accounting, 1997. 2(1)

Leif Edvinsson, Michael S. Malone Intellectual Capital: realizing your company's true value by finding its hidden brainpower. New York. Harper Business, 1997

Preston: The Stakeholder Theory of the Corporation: Concept, Evidence and Implications, Academy of Management, 1995 Vol 20

FASB. 2000. Business Reporting Research Project: Electronic Distribution of Business Information. http://www. iasc. orc. com

Public Company Accounting Reform and Investor Protection Act of 2002, http://www. fasb. orc. com

Hanbn and Peasnell. Wall Street's Contribution to Management accounting. Management Accounting Research, 1998; 9: 421—444

Bromwich and Walker. Residual income past and future. Management Accounting Research, 1998; 9: 391—419

Fair Value Measurements, Statement of Financial Accounting Standards No. 157, Financial Accounting Standards Board of the Financial Accounting Foundation, September 2006

Benston. C. 2006. Fair value Accounting: A Cautionary Tableform Enron. Jpurnal of Accounting and Public Policy, 25

International Accounting Standards Board. 2007. Discussion Paper Fair Value Measurements, 4

International Accounting Standards Board. 2007. Latest Revision: Fair Value Measurements, 6